상속의
질의답변&서식
(상속 법대로 해결하기)

감수 박근영

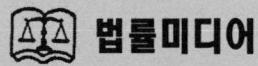 법률미디어

머리말

    법은 사람의 공동생활에 있어서 행위의 준칙으로서 국가에 의하여 강행되는 사회규범이다.

    사회가 복잡하여지고 신속 정확한 지식과 정보가 필요로 한 변화와 개혁이 일어나고 있는 이 때에도 우리는 주위에서 법률상식을 몰라서 막대한 손해를 입고 불이익을 당하는 사람과 반면에 법률을 잘 활용해서 어려운 일들을 해결해 나가는 사람을 두루 볼 수 있다.

    법은 많이 알수록 재산이 된다는 이야기를 많이 들었을 것이다. 알 때와 모를 때의 차이를 엄청나게 느낄 수 있는 것이 바로 법률이다.

    특히 경제가 급속도로 발전하고 점차 세분화하는 이 사회를 살아가려면 법률상식은 필수라 하겠다.

    시대의 흐름에 따라 사회·경제·문화의 여러 분야에서 급속한 변화와 개혁이 일어나고 있고 특히 법률은 새로 제정되고 개정되는 일이 많아 그 변화가 심하다고 할 수 있다.

    이처럼 하루가 다르게 변하는 법률을 따라가는 것은 쉬운 일이 아니다. 일일이 공부하며 법률지식을 넓힌다든가 법률 전문가라도 두어 자문을 받으면 되겠지만 현실이 그렇지 못하여 뜻하지 않게 손해를 보는 경우가 많을 것이다.

    법률 지식은 어느 정도만 알고 있어도 혼자서 해결할 수 있는 문제를 가지고 일일이 법률사무소나 법률전문가를 찾을 수도 없는 노릇이다. 또 법률전문가에게 찾아간다 해도 어느 정도 기초적인 지식을 알고 상담해야 많은 도움을 받을 수 있고 유익한 것이다.

    오늘날과 같은 법률문화와 법률적 분쟁이 증가하는 시대에서는 자기관리와 방어를 잘해야 경쟁에서 살아남을 수 있을 것인데 법률지식도 급변하는 사회에 적응하는 중요한 경쟁력이라 할 것이다.

이에 본사에서는 상속에 관한 길라잡이가 될 수 있는 책으로 분석 정리하며 확실하고 명쾌하게 해결할 수 있는 방법을 제시하였다.

끝까지 마무리할 것 이 책의 편찬은...

제1편 상속이란?
　제1장 상속의 개요
　제2장 상속시기
　제3장 상속의 순위
　제4장 상속관계 실체법의 정리
　제5장 상속관계사건
　제6장 상속 및 상속세와 관련된 법률상식
　제7장 상속법 관련 Q&A
제2편 상속증여세
제3편 상속 관련서식

를 실어 체계적이고 일목요연하게 편집하였다.

　이 책으로 각종 법률 문제들의 해결방법을 자세히 알아 법률상식을 알지 못해 당할 수 있는 피해를 예방하는데 도움이 되고 권익을 찾는데 보탬을 주려 한다. 이 책이 복잡한 사회를 살아가는 사람들의 반려자로서 자리매김할 것을 믿으며 신속 정확한 법률업무처리와 법률문화창달에 이바지 할 것을 기대한다.

　마지막으로 이 상속총서가 출간되기까지 집필과 자료분석교정에 수고한 여러 편집진의 노고에 깊은 사의를 표하고 또 출판시장의 어려운 현실에서도 집필을 도와주시고 상속총서를 출간한 법문출판사 김현호 대표와 편집팀 여러분께도 감사드린다.

2005. 8

편저자 드림

참고문헌

법률규조공단상담사례
친족 상속법(가족법)   법문사
상속법   박영사
상속 증여세 실무해설   광고TNS
민법 2   법원사
결혼이혼상속법대로해결하기   법률미디어
친족상속법   박문각
상속과세금   가림출판사
상속세및증여세법   사법연수원교재
상속증여세실무   조세통람사
친족상속법   박영사
재산상속의법률지식   청림출판
친족상속법(주석)   법문사

차 례

제1편 상속이란?

제5장 상속관계사건 · 12

제6장 상속 및 상속세와 관련된 법률상식 · 15

제7장 상속법 관련 FAQ · 37

1. 고스톱씨는 시가 1억원 상당의 부동산과 천만원의 채무를 남기고 세상을 뜨고야 말았다. "큰 아들놈 도리는 자신이 장남이므로 아버지의 재산을 혼자서 독차지하겠다는 입장이고, 시집간 딸 양이는 아버지 편찮으실 때 수발은 전부 나 혼자서 하지 않았느냐"며 재산을 나눠달라고 농성중이다. ·············· 37

2. 나한심씨는 이혼 후 전남편과의 사이에서 낳은 너무해군이 있습니다. 이혼하면서 아이의 양육권을 전남편에게 주었고 전남편은 혼자서 아이를 키울 능력이 없다는 이유로 큰아버지에게 너무해군을 양자로 보내 버렸습니다. 그 후에 만난 남자 삼세판씨와 제2의 인생을 꿈꾸던 나한심씨는 마흔의 나이에 또 잉태하여 옥동자를 생산하게 되었는데, 나한심씨는 이제 제법 재산가이며 비록 자식을 나몰라라 하긴 하였지만 상속으로나마 보상해 주고 싶습니다. 그렇다면 나한심씨의 재산은 새로

제2편 상속증여세

제1장 상속세 · 55

제2장 증여세 · 83

제3편 상속 관련서식

제4편 상속의 질의 답변

12　차 례

제1편. 상속이란?

제1장 상속의 개요

　상속이란 피상속인이 가지고 있던 재산과 재산상의 권리·의무가 상속인(상속을 받는 자)에게 포괄적으로 이전하는 것을 말합니다.

　피상속인이 사망하면 피상속인 개인만이 행사할 수 있는 권리·의무를 제외한 모든 재산상의 권리와 의무가 포괄적으로 상속인에게 이전됩니다. 따라서 권리만을 얻거나 의무만을 면하는 상속은 존재하지 않습니다.

※ 상속개시원인
　　피상속인의 사망으로 개시됩니다. 상속은 사망 및 이에 준하는 실종선고·인정사망으로 개시됩니다.

제2장 상속시기

> **■ 상속분이란 ■**
>
> 상속재산중 상속인 각자가 자신의 몫으로 받을 수 있는 비율을 말합니다.

(1) 사망의 경우에 의한 상속

피상속인이 사망한 시점에 상속은 개시되며, 상속인 및 상속분이 그 일시에 확정됩니다.

사망일시의 확인은 사체검안서 · 사망진단서 · 호적등본에 의합니다.

(2) 실종선고의 경우에 의한 상속

일정기간 피상속인의 생사가 불명인 경우 이해관계인(배우자 · 4촌 이내의 친족 · 호주 · 후견인)이나 검사의 청구에 의해 법원은 실종 선고를 합니다.

일반실종은 최후소식 이후 5년, 특별실종은 위난 종료 후 1년이 경과한 때 사망한 것으로 간주하여 상속이 개시됩니다.

실종선고로 사망보험금을 지급하기 위해서는 실종기간이 만료할 때까지 보험료가 납입되어야 합니다.

(3) 인정사망의 경우에 의한 상속

사변(삼풍참사 · 수해 등)으로 사망이 확실하나 사체를 찾을 수 없는 경우, 시·군·읍·면장이 사망을 확인하고 호적에 그 사실이 기재되면 사망으로 추정되어 상속이 개시됩니다.

※ 간주의 효과 : 다른 증거가 있더라도 법원의 판결에 의하지 않는 한 효과가 부정되지 않습니다.

※ 추정의 효과 : 추정되는 사실과 다른 증거에 의해 추정사실의 효과가 부인됩니다.

제3장 상속의 순위

(1) 상속순위

상속순위상 선순위의 상속인이 존재하면 후순위의 상속인은 상속권이
없습니다.

① 1순위 : 피상속인의 직계비속

직계비속이란 子(아들, 딸), 孫(손자, 손녀) 등과 같이 본인으로
부터 출생된 친족을 말합니다. 양자도 양부모의 직계비속으로 1순
위 상속인이 됩니다.

② 2순위 : 피상속인의 직계존속

직계존속이란 부모, 친조부모, 외조부모와 같이 본인을 출생토록한
친족을 말합니다. 양부모도 양자의 직계존속이다.

③ 3순위 : 피상속인의 형제자매

형제자매는 친 형제자매 뿐만 아니라 이복형제자매도 포함됩니다.

④ 4순위 : 피상속인의 4촌이내의 방계혈족

방계혈족이라 함은 자신과 같은 시조로 부터 갈려나간 혈족을 말합
니다.

⑤ 3촌 : 형제자매의 직계비속(조카, 생질), 백부·숙모, 고모(및 배
우자), 이모(및 배우자)

⑥ 4촌 : 3촌의 직계비속

(2) 배우자의 상속순위

① 배우자는 1, 2순위의 상속인이 있는 경우에는 그 상속인과 공동으
로 상속인이 되고, 없는 경우에는 단독으로 상속인이 됩니다.

② 동 순위 상속인이 수인 있는 경우

동 순위의 상속인이 수인인 경우에는 최근친을 선순위로 하고, 동
친 등의 상속인이 수인인 경우에는 공동상속인으로 합니다.

(3) 태아의 상속순위

태아는 상속순위에 관해서 이미 출생한 것으로 봅니다.

이미 출생한 것으로 본다는 의미는 상속이 개시된 때에 비록 태어나지
는 않았지만, 후에 살아서 태어난 경우에는 상속이 개시된 당시에 이미
존재한 것으로 보아 상속권을 인정해 준다는 것입니다.

(4) 상속권자

① 양자의 상속 : 생가에 대해서도 상속권을 가집니다.
② 다른 집에 입양된 자도 생가의 부모 기타 혈족에 대한 친족관계는
여전히 유지되므로 생가에 대해서도 상속권을 가집니다.
③ 양자의 친권은 양부모가 대리행사

피상속인의 미성년인 자녀가 타가에 양자로 간 경우 피상속인의 사
망으로 인한 보험금은 친권을 행사하는 양부모가 대리수령 합니다.

(5) 계모와 적모의 상속문제

① 계모자관계와 적모서자관계란?

자의 부가 자의 모가 아닌 다른 여자와 재혼함으로써 그 여자와 전
처의 출생자사이에 발생하는 관계를 '계모자관계'라고 합니다.

부의 인지를 받은 혼인 외의 출생자가 부의 처와의 사이에 발생하
는 관계를 '적모서자관계'라고 합니다.

② 계모·적모의 상속권 유무

계모와 적모는 법률상 인척관계일뿐이고, 직계존속은 아닙니다. 따라서 직계존속으로서의 상속권은 발생하지 않습니다.

(6) 대습상속

① 대습상속이란?

대습직계비속, 형제자매가 상속인인 경우 해당 상속인이 상속개시 전에 사망하거나 상속결격이 된 때 그 직계비속이 해당 상속인의 순위로 상속인이 되는 것을 대습상속이라 합니다.

② 배우자의 대습상속

상속개시 전에 사망하거나 상속결격이 된 자의 배우자는 그 직계비속과 동순위로 공동 대습상속인이 되고, 직계비속이 없는 경우에는 단독으로 대습상속인이 됩니다.

(7) 상속인의 결격 결격사유

① 상속인이 피상속인에 대해 민법 제1004조 제1항과 제2항에서 규정한 부덕행위를 하거나, 동조 제3항에서 제5항까지 규정한 피상속인의 유언에 관한 부정행위를 한 경우 상속인으로서의 자격을 상실합니다.

② 상속결격의 효과

결격사유가 발생하면 별도의 절차없이 당연히 재산상속권을 상실합니다. 이 경우 대습상속에서 언급한 그 직계비속과 배우자의 대습상속이 이루어지게 됩니다.

(8) 동시사망한 경우 상속문제

① 동시사망이란?

2인 이상이 동일한 위난으로 사망의 선후를 구별할 수 없는 경우 동시에 사망한 것으로 추정하여 사망자 상호간에 상속이 이루어 지지 않도록 하는 것을 말합니다. 사망의 시간에 차이가 있음을 증명할 수 있는 순차사망은 사망자 상호간에 상속이 이루어지므로 동시사망과는 구별해야 합니다.

② 동시사망의 효과

상속의 효력은 피상속인이 사망한 당시 생존해 있는 자에게 발생하는 바, 동시사망의 추정을 받는 자는 처음부터 존재하지 않는 것으로 하여 동시 사망자 상호간에는 상속이 이루어 지지않고 나머지 상속인에게 상속의 효력이 발생합니다.

예) 자 A, B와 처를 두고 있는 피보험자가 A와 비행기 여행중 사고로 A와 함께 사망한 경우, 상속은 A가 처음부터 존재하지 않는 것으로 하여 B와 처에게만 효력이 발생합니다.

③ 대습상속 발생

동시사망의 추정을 받는 자에게 직계비속이나 배우자가 있는 경우에는 대습상속이 이루어집니다.

(9) 사실혼의 상속문제

사실혼 동사실혼이란 실제 혼인생활을 하고 있으면서 혼인신고만 없기 때문에 법률상 혼인으로서 인정되지 않는 부부관계입니다. 그러나 사실혼 관계의 당사자 간에는 동거·부양·협조·정조의 의무가 있습니다. 그러므로 사실혼의 배우자도 다른 배우자가 제3자의 불법행위로 상해를 입은 경우, 자기가 받은 물질적·정신적 손해에 대한 손해배상을 청구할 수 있습니다.

사실혼 관계의 당사자 간에는 일상적인 가사에 대해서는 서로가 대리권을 갖습니다.

제4장 상속관계 실체법의 정리

(1) 법정상속

① 개시 : 사망(민법 제997조), 효력(민법 제1005조), 상속회복청구
(민법 제999조)

② 상속분 : 법정상속분(민법 제1009조), 대습상속분(민법 제1010
조) 공동상속분의 양도(민법 제1011조), 특별수익자(민법 제
1008조) 기여분(민법 제1008조의2)

③ 상속인의 결정 : 상속의 승인과 포기, 상속인의 부존재

    ㉠ 승인 : 단순승인, 한정승인

    ㉡ 포기

    ㉢ 상속인의 부존재

④ 상속인 : 상속순위(민법 제1000조~제1003조), 상속결격(민법 제
1004조)

(2) 유언상속

① 유언의 방식 : 요식성(민법 제1060조), 자필증서(민법 제1066
조), 녹음(민법 제1067조), 공정증서(민법 제1068조), 비밀증서
(민법 제1069조), 구수증서(민법 제1070조)

② 유언의 효력 : 사망시 효력발생(민법 제1073조)

③ 상속인의 결정 : 유증의 승인과 포기

④ 유언의 집행 : 검인절차, 유언 집행자

⑤ 유언의 철회와 저촉

(3) 유류분

(4) 상속재산

  ① 상속재산의 분리(민법 제1045조)

  ② 상속재산의 분할(민법 제1012조), 협의분할과 재판상 분할

  ③ 상속재산에 대한 과세문제

제5장 상속관계사건

(1) 일반 민사소송사건

① 상속회복의 소 : 민법 제999조
② 유언의 무효
③ 유류분반환청구

(2) 가사소송법상의 라류 비송사건

라류사건 : 순수한 비송사건. 상대방이 없고 당사자의 일방적인 청구로 심리

① 승계권쟁송 중의 재산관리에 관한 처분(민법 제994조)
② 상속의 승인 또는 포기를 위한 기간의 연장허가(민법 제1019조 제1항 단서)
   한정승인이나 포기를 위한 3개월의 기간의 연장허가의 청구. 위 기간 내에 한정승인이나 포기를 아니하면 단순승인으로 봅니다(민법 제1026조 제2호).

   ※ 민법 제1026조 제2호의 위헌결정으로 인한 법적용 문제 : 서울지법 19 민사부 2000가합33206호

② 상속재산보존을 위한 처분(민법 제1023조, 동법 제1044조의 규정에 의하여 준용되는 경우를 포함)
③ 상속의 한정승인 또는 포기신고의 수리와 그 취소신고의 수리 (민법 제1024조 제2항, 동법 제1030조, 동법 제1041조)
⑤ 감정인의 선임(민법 제1035조 제2항, 동법 제1040조 제3항, 동법 제1051조 제3항, 동법 제1056조 제2항의 규정에 의하여 준용되는 경우를 포함, 동법 제1113조 제2항)

⑥ 공동상속재산을 위한 관리인의 선임(민법 제1040조 제1항)

⑦ 상속재산의 분리(민법 제1045조) : 상속재산과 상속인의 고유재산의 혼입을 막기 위해 상속채권자, 유증을 받은자, 상속인의 채권자가 상속재산의 분리를 청구

⑧ 상속재산분리 후의 상속재산의 관리에 관한 처분(민법 제1047조)

⑨ 관리인의 선임 및 그 공고와 재산관리에 관한 처분(민법 제1053조)

⑩ 상속인수색의 공고(민법 제1057조)

⑪ 상속재산의 분여(민법 제1057조의2)

⑫ 유언의 검인(민법 제1070조 제2항) : 구수증서의 검인

⑬ 유언의 증서 또는 녹음의 검인(민법 제1091조) : 자필증서, 비밀증서, 녹음의 검인

⑭ 유언증서의 개봉(민법 제1092조)

⑮ 유언집행자의 선임 및 그 임무에 관한 처분(민법 제1096조)

⑯ 유언집행자의 승낙 또는 사퇴를 위한 통지의 수리(민법 제1097조 제2항)

⑰ 유언집행자에 대한 보수의 결정(민법 제1104조 제1항)

⑱ 유언집행자의 사퇴에 대한 허가(민법 제1105조)

⑲ 유언집행자의 해임(민법 제1106조)

⑳ 부담 있는 유언의 취소(민법 제1111조)
  부담 있는 유증을 받은 자가 부담의무를 이행하지 아니한 때에 상속인이나 유언집행자는 상당한 기간을 정하여 이행을 최고하고 그 기간 내에 이행치 아니한 때에 유언취소청구

(3) 가사소송법상의 마류 비송사건

마류사건 : 상대방이 있는 대심적구조의 분쟁사건

① 기여분의 결정(민법 제1008조의2 제2항 및 제4항)

　　공동상속인중에서 피상속인의 재산의 유지, 증가에 특별히 기여한 사람이 있을 경우로서 협의가 안된 경우

② 상속재산의 분할에 관한 처분(민법 제1013조 제2항)

　　상속인이 여러명인 경우의 공유관계인 상속재산의 재판상의 분할

■ 효도한 자식에게 상속이 더 된다. ■

　　현재 우리나라의 상속제도는 과거와는 달리 균등상속을 원칙으로 합니다. 따라서 피상속인이 특별한 유언없이 사망한 경우 공동 상속인들은 남·여 혼인여부에 무관하게 똑같은 상속분을 받게 됩니다. 단, 배우자는 자식보다 1.5배의 상속을 받습니다. 이것은 부모를 부양한 경우에도 마찬가지입니다. 즉 공동상속인 중 상속재산을 늘이는데 특별한 기여를 했거나 특별히 피상속인을 부양한사람이 있는 경우 그 기여도에 해당하는 몫을 기여분이라 하여 상속 재산 중 미리 빼두도록 하는 것입니다. 그러므로 기여분을 빼고 남은 상속 재산을 가지고 공동상속인들의 상속분을 정한 후 기여자는 상속분이외의 기여분을 더 상속 받게 하는 것입니다. 이러한 것을 '기여분제도'라고 합니다. 참고로 기여분을 정할 때 공동상속인간에 원만히 합의가 되면 무방하나 분쟁이 일어날 경우 가정법원에 소송을 제기하여 자신의 기여도를 증명하면 적절한 기여분을 인정받을 수 있습니다.

제6장 상속 및 상속세와 관련된 법률상식

(1) 상속세와 관련된 법률상식

가. 상속세란?

상속세는 사망(실종에 의한 사망 포함)으로 인하여 피상속인(사망자)의 재산을 무상으로 취득하는 경우 그 취득재산의 가액에 대하여 과세하는 세금입니다.

나. 상속과 관련된 법률상식

① 사망한 사람 또는 실종된 사람을 피상속인이라고 하며, 재산을 상속받을 사람은 상속인이라고 합니다. 그리고 상속개시일은 사망일·실종선고일이 됩니다.

② 재산 상속의 순위와 법정상속분은 민법에 규정되어 있습니다.

③ 재산 상속의 순위는 다음과 같습니다(민법 제1000조~제1004조).

혈족	직계비속 1순위	항상 상속인이 된다.
	직계존속 2순위	직계비속이 없는 경우 상속인이 된다.
	형제자매 3순위	1, 2순위가 없는 경우 상속인이 된다.
	4촌 이내의 혈족 4순위	
배 우 자		항상 상속인이 된다. 직계비속 또는 직계존속과 동순위의 상속인 된다.

④ 법적상속분(민법 제1009조)의 예시

구 분	상 속 인	법 정 상 속	
		상속분	배분율
피상속인의 자녀 및 배우자가 있는 경우	장남·배우자만 있는 경우	장남 1	2/5
		배우자 1. 5	3/5
	장남·장녀(미혼) 배우자가 있는 경우	장남 1	2/7
		장녀 1	2/7
		배우자 1.5	3/7
	장남·장녀(출가) 2남, 2녀 배우자가 있는 경우	장남 1	2/11
		장녀 1	2/11
		2남 1	2/11
		2녀 1	2/11
		배우자 1.5	3/11
피상속인의 자녀가 없고 배우자 및 직계존속(부·모)이 있는 경우		부 1	2/7
		모 1	2/7
		배우자 1.5	3/7

다. 상속세 과세대상

상속으로 재산을 물려 받으면 상속세를 내셔야 합니다.

① 상속세는 피상속인(사망자)의 유산(상속재산)이 '상속세 공제액' 등을 초과하는 경우 그 초과액에 대해 과세되며, 상속인의 수나 재산의 분배내용에 관계없이 유산액을 기준으로 합니다.

② 상속세는 피상속인(사망자)이 가지고 있던 모든 재산에 대하여 과세되며 사망하기 전 10년 안에 상속인에게 증여한 재산과 5년 안에 상속인이 아닌 다른 사람에게 증여한 재산도 상속재산에 포함시켜 상속세를 계산합니다.

③ 다음 경우에도 상속재산으로 보아 상속세가 과세됩니다.

　- 상속개시일 전 사망자가 상속재산을 처분한 경우 재산 종류별로

1년 내 2억원 이상이거나 2년 내 5억원 이상인 경우 및 부담한
채무액이 1년 내 2억원 이상이거나 2년 내 5억원 이상인 경우
로서 사용처가 명백하지 아니한 때
- 사망으로 인하여 받게되는 생명보험 · 손해보험금
- 피상속인이 신탁한 재산과 신탁으로 인한 이익
- 사망으로 인하여 받게 되는 퇴직수당 등

④ 상속받은 재산의 가액은 상속 당시의 시가로 평가하여 계산합니다.
- 그러나 그 시가를 산정하기 어려울 때에는 뒤에서 설명드리는 '증여
받은 재산가액의 평가'와 같은 방법에 의하여 평가합니다.

생산재산가액 - 공과금 - 불산입재산 - 기초 · 인적공제
(장례비 · 채무)   (또는 일괄공제)
= 과세표준
과세표준 × 세율 = 산출세액

---

⑤ 상속세 과세대상을 요약하면 다음과 같습니다.
  ㉠ 본래의 상속재산
    - 금전으로 환가할 수 있는 경제적 가치가 있는 물건
    - 재산적 가치가 있는 법률상 또는 사실상의 권리
  ㉡ 증여재산
    - 상속개시일 전 10년 이내에 상속인에게 증여한 재산
    - 상속개시일 전 5년 이내에 상속인 이외의 자에게 증여한 재산
  ㉢ 간주상속 재산
    - 상속개시일 전 처분한 재산의 가액이나 채무부담액이 1년 이
      내에 2억원 이상이거나 2년 내 5억원 이상인 경우로서 용도
      가 불분명한 것 등
    - 피상속인의 사망으로 인하여 지급받는 보험금

> - 피상속인이 신탁한 재산
> - 퇴직금 · 퇴직수당 · 공로금 등

⑥ 다음의 경우에는 상속세를 과세하지 않습니다.

　㉠ 과세가액 불산입 재산

> - 국민연금법, 산업재해보상보험법, 근로기준법 등에 의하여 지급하는 유족연금 등
> - 일정요건을 갖추어 종교 · 자선 · 학술 등 공익사업에 출연한 재산

　㉡ 비과세

> - 전사 및 이에 준하는 사망 또는 전쟁 및 이와 유사한 공무로 사망한 경우 피상속인의 모든 재산
> - 국가 또는 공공단체에 유증한 재산
> - 분묘에 속한 9,900㎡ 이내의 금양임야와 1,980㎡ 이내 의 묘토인 농지

라. 상속세의 계산방법 및 상속세 세율

① 상속재산가액에서 과세가액 불산입재산 및 각종공제, 공과금 등을 제외한 나머지 상속재산(과세표준)에 세율을 곱하여 계산합니다.

② 기초공제

> - 기초공제액은 2억원이며, 이와는 별도로 가업상속은 가업상속재산가액(1억원 한도), 영농상속은 영농상속재산 가액(2억원 한도)을 추가로 공제합니다.

※ 가업상속이란 5년 이상 피상속인이 계속 영위한 사업의 재산을 당해 사업에 종사하는 상속인(상속개시일 현재 18세 이상으로서 2년 이상 가업에 종사한 자)이 상속받는 경우를 말하며.

※ 영농상속이란 피상속인 및 상속인 모두 상속개시 2년 전부터 영농에 종사하면서 농지·초지·산림지 등을 상속받는 경우를 말합니다.

③ 배우자 상속공제
- 민법상 배우자의 법정상속분 내에서 배우자가 실제로 상속받은 가액을 전액 공제합니다(다만, 30억원의 한도액이 있습니다).
- 배우자가 실제 상속받은 금액이 없거나 상속재산을 분할신고하지 않았을때 또는 상속받은 금액이 5억원 미만인 경우에는 5억원을 공제합니다.

④ 기타 인적공제
- 자녀공제 : 1인당 3,000만원을 공제하며, 공제대상 자녀 수 제한은 없습니다.
- 미성년자 공제 : 500만원에 20세에 달하기까지의 연수를 곱하여 계산한 금액을 공제
- 연로자공제 : 남녀 구분없이 60세 이상인 자에 대하여 3천만원을 공제
- 장애자 공제 : 500만원에 75세에 달하기까지의 연수를 곱하여 계산한 금액을 공제

⑤ 일반공제제도
- 기초공제 2억원과 기타 인적공제의 합계금액을 항목 별로 공제받는 대신에 일괄적으로 5억원을 공제할 수도 있습니다. 다만, 배우자 단독상속의 경우에는 일괄 공제를 적용할 수 없습니다.

⑥ 금융재산 상속공제
- 금융기관이 취급하는 예금·적금·신탁·예탁금·출자금·보험금 등(최대주주 등의 주식 등은 제외)금융재산에서 금융채무를 차감한 가액의 20%를 공제합니다(공제한도 : 2억원).

- 금융재산을 2,000만원까지 보유하는 경우에는 전액공제하되, 금융재산 가액의 20%에 상당하는 금액이 2,000만원에 미달될 경우에는 2,000만원을 공제합니다.

〈금융재산 상속공제의 계산사례〉

순금융 재산가액	금융재산 공제액	비 고
1천만원	1천만원	금융재산이 2천만원 이하이므로 전액공제
2천만원	2천만원	금융재산이 2천만원 이하이므로 전액공제
5천만원	2천만원	5천만원×20%에 상당하는 금액이 2천만원에 미달하므로 2천만원을 공제
1억원	2천만원	1억원×20%공제
10억원	2억원	10억원×20%공제
20억원	2억원	공제한도 2억원

⑦ 상속개시 후 발생하는 특별손실비용 공제
  - 신고기한(사망 후 6월)내에 화재·천재지변 등으로 상속재산에 발생한 손실은 상속재산가액에서 공제합니다. 다만, 보험금에 의하여 보상되거나 구상권 행사가 가능한 경우는 제외됩니다.
⑧ 장례비용
  - 묘지조성에 실제 소요된 묘지구입비 등을 공제대상에 포함하되 1천만원까지 공제됩니다.
  - 또한, 장례비용이 5백만원 미만인 경우에는 5백만원을 공제합니다.

〈상속세 및 증여세 세율〉

종전(97~99년)			현행(2000년 이후)		
과세표준	세율	누진공제액	과세표준	세율	누진공제액
1억원 이하	10%	-	1억원 이하	10%	-
5억원 이하	20%	1천만원	5억원 이하	20%	1천만원
10억원 이하	30%	6천만원	10억원 이하	30%	6천만원
50억원 이하	40%	1억 6천만원	30억원 이하	40%	1억 6천만원
50억원 초과	50%	4억 1천만원	30억원 초과	50%	4억 6천만원

마. 상속세의 신고·납부요령 및 계산사례

1) 피상속인의 사망일로부터 6월 이내에 신고하셔야 합니다.

재산을 상속받은 사람은 상속개시일(사망일)로부터 6개월(외국에 주소를 둔 경우는 9개월)안에 사망자의 주소지 관할세무서에 상속세 신고를 하고 자진납부해야 하며,이 기간 내에 신고를 하면 내야할 세금의 10%를 공제받게 되고 신고를 하지 않거나 미달하게 신고하면 20%의 가산세를 더 물게 됩니다.

2) 상속세를 신고만 하고 납부를 하지 않으면

미납기간에 따라 내야할 세금의 10%~20%의 가산세를 더 물게 됩니다. 따라서 상속세 신고·납부를 모두 하지 않으면 내야할 세금에 대하여 최고 40%까지의 가산세를 물게 됩니다.

3) 신고시에는 서류를 빠짐없이 제출하셔야 세금부담이 가벼워집니다.

① 제출하실 서류(해당되는 서류만 내시면 됩니다)

- 상속세과세표준신고 및 자진납부계산서
- 상속재산명세 및 그 평가명세서
- 상속재산분할명세 및 그 평가명세서

- 연부연납(물납)허가신청서 및 납세담보제공서
- 기타 첨부서류

  주민등록등본, 호적등본 또는 사망진단서, 재산평가관련 서류 등

② 상속재산의 평가에 관한 서류
- 토지의 경우 : 등기부등본·토지가격확인원
- 건물의 경우 : 등기부등본·건축물대장
- 예금의 경우 : 예금잔액증명서 등
- 신고에 사용되는 모든 서식은 전국 세무관서에서 무료로 배부해 드리고 있습니다.
- 세율은 과세표준의 크기에 따라 10%~50%까지 적용됩니다.

바. 상속세의 계산 사례

1) 사례
- 상속재산 : 주택 2억 8천만원, 토지 10억 5천만원, 합계 13억 3천만원, 채무 1,500만원
- 증빙서류 있는 장례비용 300만원, 각종공과금 200만원, 배우자와 자녀 2명(23세와 18세)이 있는 경우

2) 계산내용
① 상속과세가액 : 13억 800만원
② 기초공제 : 2억원
③ 배우자상속공제 : 5억원
④ 기타인적공제
- 자녀공제 : 6,000만원(자녀1인당 3,000만원)
- 미성년자공제 : 1,000만원(연간 500만원×18세 자녀의 20세까지 기간 2년)

⑤ 일괄공제 : 5억원(②+④대신 적용 가능함)

⑥ 과세표준 : 3억 800만원(①-③-⑤ 선택, 일괄공제 유리)

⑦ 산출세액 : 5,160만원(3억 800만원×세율 20% - 누진공제 1,000만원)

⑧ 납부할 상속세액 : 4,644만원(자진신고시 ⑦의 10% 공제)

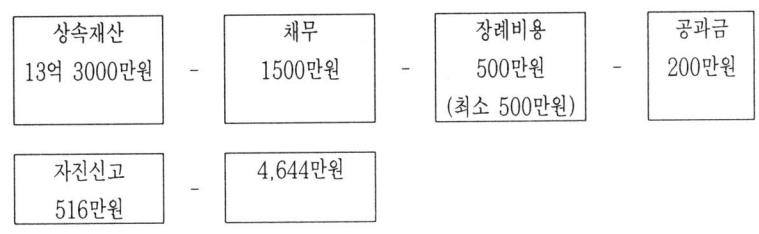

상속재산 13억 3000만원	-	채무 1500만원	-	장례비용 500만원 (최소 500만원)	-	공과금 200만원

자진신고 516만원	-	4,644만원

※ 세금이 많으면 나누어 내거나 부동산 등으로도 내실 수 있습니다.

3) 세금이 많으면 연부연납 제도를 이용하여 나누어 내실 수 있습니다.

① 세액이 1,000만원을 넘는 경우 : 그 세액의 4분의 1을 내고 나머지 4분의 3에 대하여는 세무서에 신청하여 담보를 제공하고 3년 내에 나누어 내실 수 있는데 이를 연부연납이라고 합니다(이자 : 100원에 대하여 1일 3전).

② 연부연납을 하려면 자진신고시 또는 세금고지서의 납부기한 내에 관할세무서에 신청하셔야 합니다.

③ 세금을 나누어 낼 수 있는 기간은 연부연납허가일로 부터 3년내 (가업용 상속재산은 5년내)입니다.

4) 상속세는 부동산이나 유가증권으로도 내실 수 있습니다.

① 상속재산 중 부동산과 유가증권의 합계액이 절반을 넘고 세액이 1,000만원을 초과하는 경우에는 관할세무서에 신청하여 허가를 받으시면 됩니다.

② 연부연납 또는 물납신청 구비서류

- 연부연납 : 상속세연부연납 허가신청서, 납세담보 제공서 및
  관련 구비서류
- 물납 : 물납허가신청서 및 관련 구비서류
③ 상속세 개정사항 비교표
  (상속세법 → '상속세및증여세법'으로 법률의 제명변경)
- 개정사항 적용시기 : 법개정 후 최초로 상속이 개시되거나 증
  여하는 것부터 적용합니다.

〈구·신 상속세공제 일괄표〉

구 분		96년 이전	97년~98년	99년	비 고
① 기초공제		1억원	일반인 : 2억원 가업상속인 : 3억원 영농상속인 : 4억원	기초공제 : 2억원 가업상속공제 : 가업상속 재산가액(1억원 한도) 영농상속공제 : 영농상속 재산가액(2억원 한도)	일괄공제 (5억원) 선택가능
② 물적공제 (주택· 농지 등)		1억원	폐 지		
③ 인 적 공 제	자녀공제 미성년자공제 장애자공제 연로자공제	2,000만원×2명 300만원×20세까지 잔여연수 300만원×75세까지 잔여연수 3,000만원(남60세, 여55세)	- 1인당 3,000만원(자녀수 제한 없음) - 500만원×20세까지 잔여연수 - 500만원×75세까지 잔여연수 - 3,000만원(남녀 60세 이상)		
④ 배우자공제		1억원+1,200 만원×결혼연수 와 법정상속분인 일정비율 내에서 실제 상속받은 가액(10억한도) 중 선택	법정상속분인 일정 비율내에서 실제 상속받은 가액 최소 : 5억 한도 : 30억		
⑤ 금융재산공제		신설	금융재산가액의 20% 상당 금액 - 2억	99. 1. 1. 부터는 순금 융재산가액	
⑥ 장례비용		500만원 표준 공제	1,000만원 한도설정		
⑦ 세율		5,000만원 이하 10% 2억5,000만원 이하 20% 5억5,000만원 이하 30% 5억5,000만원 초과 40%	1억원 이하 10% 5억원 이하 20% 10억원 이하 30% 50억원 이하 40% 50억원 초과 45%		상속· 증여세의 세율을 통합

(2) 사실혼 관계에서의 상속

가. 상속문제 사실혼 배우자의 상속권 유무

상속권이 인정되는 배우자는 법률혼의 배우자이므로, 사실혼의 배우자가 사실혼관계를 보호받는다 할지라도 상속권은 인정되지 않습니다.

나. 사실혼관계 자녀의 상속권 유무

사실혼관계에서 태어난 자녀도 상속권을 갖습니다. 사실혼관계에서 태어난 자녀는 호적등본에 의해 확인합니다.

호적기재가 없는 경우 직계존비속관계 인정할 수 없습니다. 가정법원에 의해 인지나 친자관계확인을 받지 않는 한 법률상의 직계존비속관계를 판단할 근거가 없으므로 상속권을 인정할 수 없습니다.

1) 인지제도

① 인지란

혼인 외에 출생한 자를 그 생부 또는 생모가 자기의 자라고 인정하는 제도입니다.

- 인지권자와 효과

인지는 부 또는 모만이 할 수 있습니다.

② 인지는 신고함으로써 효력이 생깁니다.

인지를 함으로써 친생자관계가 발생하여 혼인 중의 출생자와 동일한 권리의무가 생깁니다.

③ 인지청구 가능(인지청구의 소)

부 또는 모가 인지를 하지 않고 있으면 재판으로 인지를 청구할 수 있습니다.

④ 청구를 할 수 있는 자

- 혼인 외의 출생자
- 혼인 외의 출생자의 직계비속
- 혼인 외의 출생자 또는 그 직계비속의 법정대리인

청구는 부 또는 모, 부 또는 모가 사망하여 상대방이 없는 경우에는 검사를 상대로 제기합니다.

부의 생존중에는 언제든지 청구할 수 있으나, 사망한 때에는 사망을 안 날로부터 1년 내에 한하여 청구할 수 있습니다.

2) 친생부인이란

친생자추정을 받는 자를 자신의 친생자가 아니라고 가정법원에 소로써 주장하는 것을 말합니다.

① 친생자추정 : 혼인신고가 된 부부사이에서 혼인 성립일로부터 200일 후 또는 혼인관계종료의 날로부터 300일 이내에 출생한 자는 친생자의 추정을 받습니다.

② 친생부인의 소 : 친생부인은 원칙적으로 친부의 추정을 받는 자만이 할 수 있습니다. 예외적으로 금치산자인 경우 후견인이 친족회의 동의를 얻어 부인의 소를 제기할 수 있습니다. 친생부인은 가정법원의 조정을 거치고, 조정이 성립하지 않으면 판결로써 합니다. 부인의 소는 친생의 추정을 받는 자나 그 친권자인 모를 상대로 제기하여야 하나, 친권자인 모가 없는 경우 가정법원은 특별대리인을 선임해야 합니다.

부인의 소는 친생추정을 받는 子의 출생을 안 날로부터 1년내에 제기해야 합니다.

③ 친생부인 판결의 효력 : 친생부인의 판결이 확정되면 친생자추정은 깨어지고 부자관계는 확정적으로 소멸합니다. 부자관계의 소멸로 상속인의 지위도 상실합니다.

※ 친생자관계존부확인의 소란?

특정인 사이에 친생자관계가 존재하거나 존재하지 않음을 주장하는 소를 말합니다. 호적상의 기재를 정정함으로써 신분관계를 명백히 할 수 있는 경우 확인을 구할 필요성이 있습니다.

④ 어떤 경우에 제기할 수 있나?

㉠ 허위의 출생신고를 한 경우 : 호적의 기재대로 상속 등의 관계가 규율되므로 호적상의 부모와 자 사이에 친생자관계부존재확인 청구 가능

㉡ 친생자의 추정을 받지 않는 경우 : 생부가 인지를 않고, 자도 인지청구를 하지 않고 있는 경우 친생자관계존재확인 청구 가능

㉢ 형식상 친생자 추정을 받으나 부부가 사실상 별거하고 있었던 경우와 같이 추정이 미치지 않는 경우 : 출생자에 대해 친생자관계부존재확인 청구 가능

㉣ 호적상 기재는 있으나 다른 부부와의 사이에 친생자관계가 존재 : 그 다른 부부에 대해 친생자관계존재확인 청구 가능

⑤ 청구방법

㉠ 자가 친생자관계의 확인을 청구하는 경우 : 생존 중의 부모 모두를 상대로 청구. 단, 부모 중 일방만이 친생자관계확인을 청구하는 경우에는 다른 일방은 청구대상에 포함시킬 필요는 없습니다.

㉡ 子에 대한 청구 : 부모쌍방이 공동으로 청구합니다.

㉢ 이해관계인의 청구 : 이해관계인이 청구하는 경우에는 '부모와 子'를 모두 상대방으로 해야 합니다. 부모와 子가 모두 사망한 경우에는 사망을 안 날로부터 1년 이내에 검사를 상대로 소를 제기합니다.

※ 친생자관계확인 대상자의 친족 : 친생자관계가 존재하거나 존재하지 않음으로 인하여 특정한 권리를 가지게 되거나 특정한 의무를 면하게 되는 자

⑥ 청구 인용의 효과 : 명확하지 않던 친생자관계가 확정되어 친생자관계에 따른 상속권·친권 등을 행사할 수 있습니다.

(3) 보험금 수익자와 상속인

가. 보험금수익자와 상속인 직계보험계약에서 특정의 상속인을 수익자로 한 경우

생명보험의 경우 상속인 중 특정한 1인을 수익자로 하였을 때에는 보험금 수령은 보험계약의 효과로써 그 특정인 고유의 권리에 의해 취득하는 것이므로 그 특정인이 상속을 포기하더라도 자기 고유의 권리에 의해 보험금을 수령할 수 있습니다.

※ 상속의 한정승인 : "상속받은 재산의 범위 내에서 상속채무를 이행하겠다"는 것을 조건으로 상속을 승인하는 것을 말합니다.
※ 상속의 포기 : 상속재산에 속한 모든 권리의무의 승계를 부인하고 처음부터 상속인이 아니었던 효력을 생기게 하려는 것을 말합니다.

나. 수익자를 단지 '상속인'으로만 표시한 경우

원칙적으로 피보험자 사망시에 지급되는 사망보험금은 상속인의 고유재산이며 상속재산에는 포함되지 않습니다.

다. 사망시 수익자가 먼저 사망한 경우

사망시 수익자가 사망한 경우에는 보험계약자가 보험수익자를 변경할 수 있습니다.

라. 보험계약자가 변경권을 행사하지 않고 사망한 경우

① 보험계약자의 승계인이 변경권을 행사할 수 있다는 약정 존재 : 승
  계인이 변경권 행사
② 보험계약자의 승계인이 변경권을 행사할 수 있다는 약정 부존재 :
  보험수익자의 상속인이 보험수익자로 됨.

(5) 핵심정리 - 상속의 정의

가. 공동상속

상속인이 수인인 경우 상속재산은 공동소유입니다. 수인의 공동상속인
이 있는 경우 각자의 상속분에 따라 권리의무를 승계하나, 상속재산을
분할할 때까지는 상속인의 공동소유입니다.

나. 지정상속분 유언에 의한 상속분의 지정

피상속인은 공동상속인의 유류분에 반하지 않는 범위 내에서 공동상속
인의 상속분을 지정할 수 있습니다. 그러나 상속채무는 그 부담비율을
유언으로 지정할 수 없습니다.

다. 법정상속분 동순위의 상속분은 균등하다.

동순위의 상속인이 수인 있는 경우에는 장남·차남, 미혼·기혼, 아
들·딸의 구분없이 상속분을 똑같습니다. 혼인 중의 출생자와 혼인 외의
출생자 사이에도 차별을 두지 않습니다.

라. 배우자의 상속분

배우자가 직계비속과 공동상속하는 경우에는 직계비속의 상속분에 5

할을 가산하고, 직계존속과 공동상속하는 경우에도 동일합니다.

　남편이 사망하여 처가 상속하는 경우 뿐 아니라, 처가 사망하여 남편
이 상속하는 경우도 동일합니다.

　마. 대습상속인의 상속분

　대습상속인의 상속분은 사망 또는 결격된 상속인의 상속분 범위내에서
대습상속인의 법정상속분에 의해 결정됩니다.

　바. 특별수익자의 상속분

① 특별 수익자란?

　　공동상속인 중 피상속인으로부터 재산의 증여 또는 유증을 받은 자
　　를 특별 수익자라 합니다.

② 특별 수익자의 상속분 산정

　　특별 수익자는 이미 받은 재산이 자신의 법정상속분에 미달한 때에
　　는 미달액만큼 받을 권리가 있습니다.

③ 특별 수익자의 반환의무

　　특별 수익자는 자신의 상속분을 초과하여 받은 재산이 있는 경우
　　상속을 승인한 때에는 다른 공동상속인의 상속분을 침해하는 부분
　　의 반환 의무를 집니다. 그러나 상속을 포기한 경우에는 다른 공동
　　상속인의 유류분을 침해하지 않는 한 받은 재산을 완전히 보유할
　　수 있습니다.

　　　※ 유류분 : 법정상속분 중 최소보장금액을 유류분이라 합니다.

④ 특별수익의 범위 및 평가시기

　　혼인을 위하여 혹은 생계의 자금으로 받은 것이 그 전형적인 것이
　　될 것이며, 대학원과 같은 고등교육을 위한 학자금도 이 범위에 들

어갑니다.

⑤ 상속재산의 평가는 상속개시시를 기준으로 하므로 증여의 평가도 상속개시시를 기준으로 하여 평가할 것입니다.

사. 기여상속인의 상속분

① 기여분이란?

공동상속인 중 피상속인의 재산유지. 증가에 특별한 기여를 하였거나, 피상속인을 특별히 부양한 자가 있을 경우 상속분을 계산할 때 이를 고려하는 제도를 말합니다.

② 기여분권리자는 공동상속인이어야 합니다.

③ 공동상속인이 아닌 사실혼의 배우자나 포괄적으로 유증을 받은 자는 기여분권리자가 될 수 없습니다.

④ 협의 또는 가정법원의 심판으로 결정

⑤ 공동상속인은 누구나 기여분 산정 협의를 요구할 수 있고, 협의가 성립하지 않으면 가정법원이 기여분을 정하게 됩니다.

⑥ 기여분은 상속재산에서 제외됩니다.

⑦ 공동상속인의 협의나 가정법원의 결정에 의해 기여분이 산정되면 상속재산에서 기여분을 제외한 나머지 부분으로 공동상속인의 상속분을 정합니다.

아. 상속의 승인과 포기

① 단순승인

㉠ 단순승인이란?

피상속인의 권리 · 의무를 무제한 · 무조건으로 승계하는 상속방법을 말합니다.

ⓛ 상속재산의 포괄승계

상속인은 상속이 된 때로부터 피상속인의 재산에 관한 권리·의무를 포괄적으로 승계합니다.

ⓒ 재산적 권리뿐만 아니라 의무도 포함

재산적 권리에는 소유권·점유권 등의 물권과 채권이 포함됩니다. 상속재산에는 피상속인의 빚도 포함되므로 주의하여야 합니다. 상속인이 수인인 경우 상속재산은 공동소유입니다.

② 한정승인

㉠ 한정승인이란?

상속인이 상속으로 얻은 재산을 한도로 피상속인의 채무와 유증을 변제할 것을 조건으로 상속을 승인하는 것을 말합니다.

ⓒ 한정승인의 효과

상속인은 상속으로 얻은 재산의 한도로 피상속인의 채무와 유증을 변제하면 됩니다. 그러나, 상속인이 피상속인에 대하여 가졌던 재산상의 권리·의무는 소멸하지 않습니다.

자. 상속포기

① 상속의 포기란?

상속재산에 속한 모든 권리의무의 승계를 부인하고 처음부터 상속인이 아니었던 것과 같은 효력이 생기게 하려는 의사를 말합니다.

② 상속포기 방법

상속개시 있음을 안 날로부터 3월 이내에 가정법원에 포기의 신고를 함으로써 이루어집니다.

공동상속의 경우에도 각 상속인은 단독으로 포기할 수 있습니다. 포기신고서가 제출된 경우 가정법원이 포기의사의 진위를 심사하고 신고서를 수리한 때 상속포기가 성립합니다.

③ 상속포기자의 상속분 처리

나머지 공동상속인에게 그 상속분의 비율로 귀속됩니다. 이러한 상속분의 귀속은 법률상 당연히 발생합니다.

상속포기한 자의 상속분은 대습상속 되지 않습니다.

공동상속인중 특정인을 위한 상속포기는 인정되지 않고, 상속분의 양도로 해야합니다.

(6) 상속세 기본상식

가. 세금이 부과되는 상속재산은?

① 상속인 수나 재산 분배내용에 관계없이 유산의 전제를 기준으로 세금이 부과됩니다.

② 사망하기 전 10년 안에 상속인에게 증여한 재산과 3년 안에 상속인이 아닌 다른 사람에게 증여한 재산도 상속재산에 포함됩니다. 또 사망하는 날부터 1년 전에 사망자가 상속재산을 처분했을 때 재산 종류별로 2억원이거나 빚이 2억원 이상이고 사용처가 명확하지 않으면 역시 세금추징 대상이 됩니다.

나. 신고하지 않으면 최대 30% 가산세 부과

① 상속 신고 기간안(6개월 내)에 신고하면 10% 감해주며,

② 신고기간을 넘겨 신고하거나 정당한 금액에 미달해서 신고하면 20% 가산세를 물게됩니다.

(7) 상속계획표 작성의 필요성

60세 이전에 상속계획표를 작성. 상속계획은 최소한 20년 정도의 기

간을 두고 시작하는 것이 좋은데, 수명을 80세로 예상했을 때 60세 이전에 상속계획표를 작성하는 것이 바람직하다고 봅니다.

그 순서를 살펴보면 다음과 같습니다.

① 우선 자신이 상속할 재산이 얼마나 되는지 추정해 봅니다. 예를 들어 현재 10억원의 재산이 있고 다른 소득이 없다면, 그것을 쓰지 않고 예금해 두는 경우 5년마다 2배로 늘어나 10년 후면 40억원이 될 수 있다고 가정하고, 그리고 연간 지출액이 3,000만원이라면 10년간 3억원이 아니라 6억원을 빼야 합니다. 따라서 10년 후 그 재산은 34억(재산 40억 - 지출 6억 = 34억)원이 됩니다.

② 상속세를 추정하고 사전상속이 유리한지 검토합니다.

앞으로 상속세가 어떻게 바뀔지는 아무도 모릅니다. 예측하건대 상속공제나 세율 면에서는 납세자에게 유리하게 될 가능성이 많습니다. 즉, 배우자공제는 점점 늘어나고 세율은 점점 내릴 것으로 예상됩니다. 그러나 사전상속 등을 통한 절세는 더욱 어렵게 될 가능성이 크다고 봅니다.

③ 자신의 사정에 맞는 사전상속 방법을 선택합니다.

예컨대 10년 간격으로 성인 자녀 1인당 3,000만원씩, 미성년 자녀 1인당 1,500만원씩, 부인에게는 5억원을 증여를 한다면 증여세 없이 증여할 수 있습니다. 이를 사전상속이라 하는데, 상속세 절세를 위한 가장 중요한 방법입니다. 또한 부실기업을 이용한 사전상속(부실기업을 매입하여 그 평가액이 적은 적절한 시기에 자녀에게 증여하는 방법), 부동산이나 만기가 긴 채권 등을 이용한 사전상속의 방법이 동원되기도 합니다. 특히 사업을 하는 사람은 회사의 재무상태가 좋지 않을 때 자녀에게 주식을 증여하면 증여세를 물지 않고 주식을 사전 상속할 수 있습니다.

④ 전문가와 상의합시다.

자신의 상속계획표를 직접 작성하기 어려우면 상속세와 증여세를 깊이 연구한 전문상담가에게 의뢰하는 것도 좋은 방법입니다. 적절한 상속계획을 위해서는 상속세와 증여세뿐만 아니라 재무관리의 지식도 필요하기 때문에 그 방면으로 연구한 전문가가 큰 도움이 될 것입니다(세무사, 회계사, 변호사).

제7장 상속법 관련 FAQ

1. 고스톱씨는 시가 1억원 상당의 부동산과 천만원의 채무를 남기고 세 상을 뜨고야 말았다. "큰 아들놈 도리는 자신이 장남이므로 아버지의 재산을 혼자서 독차지하겠다는 입장이고, 시집간 딸 양이는 아버지 편찮으실 때 수발은 전부 나 혼자서 하지 않았느냐"며 재산을 나눠 달라고 농성중이다.

    그저 법대로 원만히 처리되었으면 하는 마음뿐인데, 과연 시집간 딸 양이의 상속분은 어떻게 돌아가는 것일까? 고스톱씨의 유족으로는 미망인인 아내와 장가든 아들 도리, 시집간 딸 양이, 그리고 아직 처 녀인 리라가 있다.

    양이는 오빠와 똑같은 액수의 유산을 상속받을 수 있습니다.

    사망한 사람의 처와 아들딸은 법률상 동순위의 상속권자이므로, 출가 한 딸이라 할지라도 친정아버지 유산에 대한 상속권이 있습니다. 어 느 정도의 상속지분을 가지는지는 다른 상속인들과의 관계에 따라 달라지는데, 자녀들의 상속분을 1로 볼 때, 배우자는 거기에 5할을 가산한 1.5가 되고(여기서 자녀랑 장남, 결혼 여부 등의 구분 없이 모든 아들딸을 말합니다), 시집간 딸의 경우, 친정어머니를 3(계산의 편의를 위하여 1.5의 배수인 3으로 봄)으로 볼 때, 나머지 자녀들은 2가 됩니다.

    따라서 전체의 상속분은 3+(2+2+2)=9가 되어, 친정어머니는 3/9, 친정오빠와 미혼인 여동생과 출가한 양이는 각 2/9씩의 상속지 분이 있습니다.

    구체적으로, 친정아버지의 유산 1억원에서 채무 1천만원을 빼고 남 은 유산 9,000만원 중, 친정어머니가 3,000만원(=9,000만원×

3/9), 형제들이 각각 2,000만원(=9,000×2/9)씩 나누어 가지면 된다. 따라서 친정식구들이 모두 모여 위 상속지분에 따른 공동상속 등기를 하거나, 위 부동산을 처분하여 현금화 한 후 위에서 말한 비율에 따라 분여하면 됩니다.

만일 친정오빠가 끝끝내 모든 재산을 단독 상속하겠다고 고집한다면 부득이 재판을 통해 분할하는 수밖에 없습니다.

법원에 재산분할청구소송을 제기하면, 법원에서 재산을 분할하거나, 분할할 수 없는 재산인 경우에는 감정가격에 따라 처분한 후 현금으로 나누어주게 됩니다.

2. 나한심씨는 이혼 후 전남편과의 사이에서 낳은 너무해군이 있습니다. 이혼하면서 아이의 양육권을 전남편에게 주었고 전남편은 혼자서 아이를 키울 능력이 없다는 이유로 큰아버지에게 너무해군을 양자로 보내 버렸습니다. 그 후에 만난 남자 삼세판씨와 제2의 인생을 꿈꾸던 나한심씨는 마흔의 나이에 또 잉태하여 옥동자를 생산하게 되었는데, 나한심씨는 이제 제법 재산가이며 비록 자식을 나몰라라 하긴 하였지만 상속으로나마 보상해 주고 싶습니다. 그렇다면 나한심씨의 재산은 새로 낳은 옥동자 뿐 아니라 먼저 낳은 너무해군에게 까지 상속이 가능한지, 만일 전남편이 재혼을 하여 아이를 낳는다면 너무해군도 그 재산을 상속받을 수 있는지? 그렇다면 큰아버지의 양자가 된 너무해군은 양부모는 물론 친부모로부터도 상속을 받을 수 있을 것인지...

친부모 뿐아니라 양부모의 유산까지 상속받을 수 있습니다.

부모의 이혼이나 입양으로 인하여 새로이 양친자관계가 생겨서 법정 친자관계가 성립한다 할지라도 종래의 친족관계에는 아무런 영향이 없으므로 너무해군과 전남편, 나몰라씨와의 친자관계는 그대로 유지됩니다. 우리 민법은, 제1순위 상속인으로서 피상속인이 직계비속 아들딸을, 친생자 또는 양자인 여부나 동일 호적 내에 있는지 여부 등을 구분하지 않고 있습니다. 따라서 이혼한 부모의 재혼 여부를 불문하고, 둘 사이에서 출생한 자식은 친생자로서 당연히 법정상속분을 가지게 되어 재혼한 후에 태어난 자녀들과 같은 비율의 상속을 받게 됩니다. 아울러, 큰아버지에게 양자로 간 너무해군은 양부모로부터도 그 자녀로서 법정상속분만큼의 상속을 받을 수 있습니다.

3. 이인분 여사는 남편 유세차씨의 갑작스런 죽음으로 시부모님과 함께 남편의 재산을 공동상속하게 되었습니다. 그러나 얼마 후, 자신이 임신 3개월 째 접어들었음을 알게 된 이여사, 약 7개월이 지난 후 떡두꺼비 같은 아들 유복자를 출산하였건만, 시부모님의 상속분에 해당하는 부동산은 이미 시부모님 앞으로 상속등기까지 끝난 상태이고 현금 5천만원은 전부 시부모님이 써버린 상태이다. 허나 유복자는 엄연한 유씨 집안의 장손인데 상속 배분이 다 끝났다 하여 상속권도 주장할 수 없는 건지....

이인분 여사와 시부모님들은 유복자의 상속분을 내놓아야 합니다. 아직 태어나지도 않은 태아도 상속에 관한 한 출생한 것으로 보아야 하므로(민법 제1000조 제3항), 법정상속분을 정하거나 상속재산을 구체적으로 분할함에 있어서는 태아도 한 사람의 몫으로 간주하고 계산하여야 합니다. 그런데 이여사의 경우와 같이 상속 당시 임신중인 사실을 모르고 상속인들이 상속재산을 나누어 가짐으로써 상속절차가 종결된 경우를 대비해, 우리 민법 제104조에서는 태어난 아이가 피상속인의 자식이라는 조건 하에 다른 공동상속인들은 상속절차가 종결된 후라도 상속인 자격을 갖춘 태아의 상속분을 내놓도록 규정하고 있습니다.

한편, 이여사는 피상속인의 직계비속(자녀)이 없으면 직계존속(시부모)와 공동으로 재산을 상속받도록 되어있는 민법 제1000조 제1항, 제1003조 제1항에 의하여 시부모님들과 함께 남편의 재산을 공동상속 받았지만, 이여사의 직계비속인 아들이 태어난 이상 시부모들은 상속권이 없어지게 되고 이여사와 이여사의 아들만이 공동으로 상속을 받게 됩니다. 따라서 시부모들은 뒤늦게 태어난 유복자의 상속분에 해당하는 부동산 및 금액을 유복자에게 물어주어야 합니다.

4. 가장 고생문씨는 설상가상으로 교통사고를 당해 갑자기 죽게 되었다. 경황이 없는 가운데 고씨의 유족들은 아버지 영전에 향불을 피워놓고 슬퍼하고 있었건만, 갑자기 시커먼 남자 대여섯 명이 나타나서 "고생문씨가 빌려간 돈 8천만원을 빨리 내놓으라"고 소리를 지르며 영안실을 난장판으로 만들었다. 그러나 고생문씨가 남긴 유산이라고는 3천만원짜리 전세보증금이 고작인데 8천만원이란 돈은 아무리 노력해도 만들 수가 없다. 결국 결혼한 고씨의 장남이 자신의 아파트를 팔겠다고 나서고 있는데, 과연 자식들이 부담할 아버지 채무는?

3개월 이내에 한정승인이나 상속포기신고를 해야 합니다. 상속이란 적극적인 재산 뿐 아니라 소극적인 재산, 즉 부채도 포함하는 의미이기 때문에, 상속한 재산만으로 빚을 갚을 수 없다면 상속인의 고유재산을 통해서라도 변제하여야 합니다(단순상속). 그러나 유산이라고 하여 반드시 상속하여야 되는 것은 아니고 상속을 포기하거나 조건부로 상속을 할 수도 있습니다. 남겨 준 상속재산 보다 부채가 더 많은 경우에 상속인들이 상속을 포기하면 부채를 전혀 갚지 않아도 되

며(상속의 포기), 상속한 재산의 범위 내에서만 상속한 부채를 갚는
것도 가능합니다(한정상속). 이러한 상속의 포기나 한정상속은 상속
재산의 범위 내에서만 빚을 갚고 상속인들 각자의 재산으로 빚을 갚
지 않겠다는 의미로서, 상속이 개시된 것을 안 날로부터 3개월 이내
에 호적등본 1통과 신고인 인감증명서 1통 등을 첨부하여 가정법원
에 신고하여야 그 효력이 있습니다.

한 가지 주의할 점은 위 한정승인이나 상속의 포기는 상속이 개시된
것을 안 날, 즉 아버지가 사망한 날부터 3개월이 지나면 할 수 없으
므로 위 기일 전에 서둘러 신고하여야 한다는 점입니다. 1999년 '사
망한 날로부터 3개월 내'라는 규정이 위헌결정이 났지만, 아직까지
위 결정에 따른 민법개정이 되지 않았기 때문에 현행 민법은 그대로
효력이 있으며, 위 민법이 개정된 후부터 예컨대 '사망한지 3개월 내'
가 아니라 '사망사실을 안 날로부터 3개월 내' 등 개정된 민법에 따
라 신고기간이 바뀌어 적용될 것입니다.

5. 자신 중에서 다른 형제와 달리 어렵게 사는 작은딸 김도금 에게 유일한
   재산인 아파트 한 채를 주기로 한 김한갑씨, 다른 형제들도 큰 반대가
   없을 것 같은데 전재산을 작은딸에게만 주기 위해 자신이 죽기 전에 어
   떤 절차를 취해 두어야 하는지?

사망 전에는 유언, 사망 후에는 다른 형제들의 협의 상속분할, 상속포
기 등이 있습니다. 김한갑씨가 사망하기 전에 취할 수 있는 절차는 작
은딸에게 아파트를 준다는 뜻을 밝히는 방법(유언)이 있습니다. 다만
김한갑씨가 작은딸에게 전재산을 상속한다는 내용의 유언을 하더라도
김한갑씨의 사망 후 다른 형제들이 자신들의 유류분을 청구하면 김도
금은 그 유류분에 해당하는 지분을 주어야 하는 문제가 있습니다. 다

행히 다른 형제들이 김한갑씨의 사망 후 유류분 반환을 포기한다면 김
한갑씨의 유언에 따라 김도금씨만 아파트를 상속받을 수 있습니다.

위의 조치를 취하기 전에 김한갑씨가 사망한다면, 사망 후에 딸 김도
금씨가 취할 수 있는 방법으로는, 친정 형제들이 모두 작은딸의 상속
재산인 아파트를 전부 상속하는 결과가 나오도록 상속재산을 1억9천
만원, 나머지 형제들이 천만원을 나누어서 상속받도록 합의하는 방법
과, 아버지 김한갑씨가 사망한 날로부터 3개월 이내에 김도금 이외
의 다른 형제들이 가정법원에 상속포기신고를 하는 방법이 있습니다.
이러한 방법들, 즉 다른 형제들의 유류분 포기나 상속재산의 분할협
의, 상속포기 등은 모두 김한갑씨의 사망으로 상속이 개시된 후에만
가능하며, 김한갑씨가 생전에 미리 형제들을 불러 모아서 그런 내용
의 각서를 쓰게 하거나 강제로 동의를 시키더라도 아무런 효력이 없
음을 주의해야 합니다. 또 유류분 포기나 재산의 분할 협의는 특별한
절차나 방식이 없지만, 상속포기는 꼭 가정법원에 신고해야 그 효력
이 있습니다.

6. 아무데도 쓸모 없는 남편 아무짝씨는 죽어서도 원한을 남기고야 말았
다. 그것은 다름 아닌 유산상속에 관한 문제였는데 아내 파르르 여사
와 평생 함께 모은 재산을 제멋대로 처분해버린 것이었다. 아무짝씨는
10년 전에 후처에게서 아들 형제를 낳아 호적에 입적시켰었는데 그는
사망 몇 달 전, 후처소생의 두 아들에게 재산의 일부를 떼어 주었고
나머지 재산도 그 아이들에게만 상속시킨다는 내용으로 유언을 남긴
채 세상을 뜨고 만 것이었다. 아무짝씨 본처인 파르르 여사와 하나 뿐
인 파르르여사 소생의 아이는 상속을 전혀 받을 수 없는 것일까?

파르르 여사는 유류분을 청구할 수 있습니다. 우리 민법은 자기의 재

산 전부를 생전에 다른 사람에게 증여하든지, 사후에 남에게 준다는 유언을 하였을지라도, 나머지 가족들의 보호를 위하여 처와 아들딸은 법정상속분의 1/2, 부모, 조부모 등과 형제자매는 법정상속분의 1/3을 남겨주도록 규정하고 있다. 이를 '유류분 제도'라고 하며, 모든 상속인은 법에서 정하고 있는 법정상속분의 반을 유류분으로 항상 주장할 수 있습니다. 유류분을 계산할 때에는 사망 당시 망인이 남긴 재산에다 사망 전 1년 이내 증여한 재산을 더하여 계산하며, 1년 전에 증여한 것이라도 상속인의 유류분을 침해할 것을 알고 증여한 것도 역시 유류분 계산에 포함됩니다. 이러한 유류분은 상속개시 날로부터 10년 이내에 행사하여야 하며, 위 기간이 지나지 않았더라도 망인의 사망 사실과 증여나 유증이 있다는 사실을 안 날로부터 1년이 지나면 청구할 수 없게 됩니다. 파르르 여사와 그 자녀들은, 남편이 외도해서 얻은 아들을 상대로 남편이 미리 증여한 재산 및 남아있는 재산에 대하여 상속지분의 비율에 따른 유류분 청구를 할 수 있습니다. 구체적으로는 파여사가 3, 파여사의 자녀와 외도해서 얻은 두 아들이 각각 2의 비율에 따른 상속지분이 있으므로 전체의 상속분은 9(3+2+2+2)가 되고, 이 중에서 파르르 여사의 몫인 3/9, 파르르 여사의 자녀 2/9의 1/2에 해당하는 부분인 3/18, 2/18이 유류분으로 보장되고 있으니, 위의 지분만큼 재산을 청구하면 됩니다.

7. 올해 여든의 아이고씨 임종 후, 평소 애비 보기를 돌같이 하던 장남 아가리가 모든 형제를 불러놓고 호언하기를 "아버님께서 돌아가시며 모든 재산은 장남인 나에게 주기로 유언을 남기셨으니 그리 알라"며 아버지가 남긴 전재산에 대해 단독적으로 권리를 행사하고 있다. 이러한 큰오빠의 처사에 반발하던 딸 아궁이, "아버지 살아 생전에 불효만 일삼더니 유산은 웬 유산?"이냐며 아버지가 나린 유언을 믿을

수 없다고 맞서고 나섰는데, 과연 유언이란 구두로도 가능한 것인지, 미혼인 딸 아궁이가 자신의 권리를 행사하기 위한 절차는?

구두로 한 유언은 아무런 효력이 없습니다. 유언은 일정한 요건을 갖추어야 하는데, 유언의 방식에는 자필증서, 녹음, 공증, 비밀증서, 구술증서 등 다섯 가지가 있습니다. 아이고씨의 경우 이러한 증서나 녹음이 없이 구두로 유언을 하였다고 하는데, 그런 유언은 있을 수도 없고, 있었다고 하더라도 아무런 효력이 없습니다. 따라서 아궁이씨는 지금이라도 변호사나 법무사 등 법률전문가의 도움을 받아 큰오빠가 상속을 원인으로 한 이전등기 등을 마치지 않았다면 아버지 유산에 대한 상속절차를 밟고, 만일 이전등기 등 상속절차가 이미 행해진 상태라면 상속회복청구권 등의 절차를 밟아 법에서 정하고 있는 상소지분만큼의 상속을 받도록 하면 됩니다.

8. 을과 혼인하여 미성년의 아들을 두고있는 갑은 교통사고로 사망하여 사체검안서에 91. 4. 19.로 사망일자가 기재되었으나, 호적에는 91. 5. 27.로 기재되어 있다. 한편 을과의 혼인신고는 91. 5. 22.로 기재되어 있는 경우 갑의 사망으로 인한 사망보험금은 누구에게 어떻게 지급하는가?

호적상의 사망일자 사망사실의 신고에 의해 기재되는 바, 사망사실의 확인과 호적상 사망일자의 기재는 시간상 차이가 생길 수 있습니다. 사망사실을 확인한 의사는 사체검안서를 작성하거나, 사망진단서를 작성하는 바, 이러한 검안서나 진단서에 기재된 일자에 의해 사망일자를 확정하고, 이에 의해 사망일자를 알 수 없는 경우 호적상의 사망일자가 진정한 사망일자로 추정됩니다. 본 사안의 경우 사체검안서에 기재된 91. 4. 19.이 사망일자이므로 5. 22.기재된 혼인신고는 사망한 사람을 상대로 이루어진 것으로 무효입니다. 따라서 을은 갑의 법률상 처로 인정될 수 없고 단지 미성년자인 아들의 친권자일 뿐입니다. 결론적으로 갑의 아들이 갑의 친자로 확인되면 아들에게 단독으로 상속되고 어머니가 친권자로 보험금을 대리 수령합니다.

9. **갑은 처 을과의 사이에 아들 A를 두고 사망했는데, 을은 갑이 사망하기 6년 전에 가출하여 현재 행방불명이다. 상속은 어떻게 되는가?(을의 실종은 일반실종으로 봄)(병·정 : 갑의 부모, C· D : 을의 부모)**

   ① 을이 아직 실종선고를 받지 않은 경우
      을이 6년 전에 가출하여 현재 행방불명이더라도 호적상 아직 갑의 배우자이므로 을의 상속권이 없어지는 것은 아닙니다. 따라서 A와 을이 공동의 상속인이 됩니다.
   ② 을이 실종선고를 받아 사망으로 간주되는 경우
      실종기간이 만료한 때 사망한 것으로 간주되므로, 일반실종기간인 5년이 지난 때 사망한 것이 되어 갑보다 을이 먼저 사망한 것으로 됩니다. 따라서 A가 단독으로 상속합니다.

10. **홀어머니를 모시고 살던 갑은 을과 결혼하여 딸을 임신하게 되었다. 임신하고 6개월이 지난 어느날 갑은 불행히도 암으로 사망했으나, 불행 중 다행히도 갑은 만일을 대비하여 홈닥터보험을 들고 있었고 자신의 사망시 수익자를 상속인으로 해 두었다. 보험금은 어떻게 상속되고 지급되나?**

   민법에서는 상속에 있어서 태아는 이미 출생한 것으로 본다고 규정하여 태아에게도 상속이 이루어짐을 규정하고 있습니다. 이 경우 태아에게도 상속이 이루어진다고 함은 태아인 상태에서 상속을 받는다

는 것이 아니라 나중에 출생하면 상속이 개시된 때로 소급해서 상속
된다는 것을 말합니다. 본 사안의 경우 태아의 출생으로 비로소 상속
관계가 명확해지므로 출생 전에는 피상속인의 모와 처(을)가 공동상
속인이 될지, 태어날 태아와 처(을)가 공동상속인이 될지는 알 수 없
으므로 보험금의 지급은 태아의 출생시까지 보류하여야 할 것입니다.

11. 피보험자인 미혼의 갑이 사망한 경우 누나인 을과 외조모만 생존하고 있다면 사망보험금은 누구에게 지급하여야 하는가?(부모(병ㆍ정), 조부모(A ㆍ B), 외조부(C) 모두 사망)

현행법상 상속순위는 1순위 - 직계비속, 2순위 - 직계존속, 3순위 -
형제자매, 4순위 - 4촌 이내의 방계혈족 순으로 정해져 있고, 직계
에는 부계와 모계를 구별하지 않으므로, 보험금은 외조모인 D가 단
독으로 상속하게 됩니다.

※ 관련예규 : "직계혈족이라 함은 특히 부계직계혈족이라 제한한 바 없고 또 이를 부계직
계혈족에 한한다고 해석할 이유도 없으므로 직계혈족은 부계이거나 모계이거나 관계없
이……"

12. 빚에 쪼달리던 병은 아버지의 재산을 빨리 상속받아 빚을 청산할 목적으로 강도를 위장해 아버지를 살해했다. 이 경우 상속관계는 어떻게 되는가?(을 : 병의 母, 정ㆍ무 : 병의 형제, A : 병의 처, B : 병의 子(미성년))

민법 제1004조 제1호는 고의로 직계존속, 피상속인, 그 배우자 또는
상속의 선순위나 동순위에 있는 자를 살해하거나 살해하려한 자는
상속인이 되지 못함을 규정하고 있습니다. 이러한 상속결격사유는 사
유가 발생한 당사자에게만 효력이 미치고, 상속자격을 잃은 자의 배
우자나 자녀가 대습상속하는 것을 막는 것은 아닙니다. 본 사안의 경

우 일찍 재산을 상속받아 자신의 빚을 청산하려한 천하의 불효자인 병은 자신의 의도와는 달리 한푼도 상속받지 못하고 자신이 지은 죄에 대한 엄중한 법의 심판을 받게 될 것입니다. 결론을 내리면 A(병의 처)와 B(병의 자)는 병이 상속받았을 상속분의 범위 내에서 대습상속합니다. 위 대습상속분에 관하여 B는 미성년자이므로 A가 친권자로서 대리 지급 받습니다.

13. 갑에게는 결혼하여 처와 두자녀를 둔 장남과 미혼인 차남이 있다. 갑의 사망 전에 장남은 이미 사망하였고, 이후 갑도 사망하였다. 이 경우 상속은 어떻게 이루어 지나?(을 : 장남, A : 을의 처, B · C : 을의 자녀)

피상속인이 사망하기 전에 상속인이 사망하면 그 피상속인은 상속인 자격을 결하게 됩니다. 위의 경우 상속자격을 결한 자에게 직계비속이나 배우자가 있는 경우에는 사망한 피상속인의 몫을 대습상속하게 됩니다. 결국 병의 사망으로 인한 사망보험금은 병과 A, B, C가 공동으로 상속하게 됩니다. 병에게 절반이 상속되고, 나머지 절반을 A, B, C가 대습상속합니다. A는 B, C의 상속분에 5할을 가산하여 상속받습니다.

14. 부인과 세자녀 A, B, C를 두고 있는 갑이 장남 A와 자동차여행 중 사고를 당하여 병원으로 옮기던 중 사망하고 그와 거의 동시에 A도 사망하였다. 갑이 피보험자, 사망시 수익자가 상속인으로 되어있는 보험의 보험금 지급은?

① 동시사망추정이 적용되는 경우

동일한 위난으로 사망한 경우에도 사망의 선후를 알 수 있으면 동시사망으로 보지 않습니다.

② 위 사안의 경우 아버지인 갑보다 장남인 A가 시간상으로 뒤에 사
  망한 사실을 인정할 수 있으므로 보험금은 갑의 부인과 세자녀를
  공동상속인으로 하여 지급됩니다.

③ 장남인 A에게 지급될 보험금은 그의 사망으로 상속이 개시되고
  제1순위인 직계비속이 존재하지 않으므로 제2순위 상속인인 모
  (갑의 처)에게 지급될 것입니다.

15. 갑과 을은 부부로 세살 난 아들과 단풍놀이 후 귀가하던 중 교통사
  고로 동시에 사망하였다. 다행히도 둘은 자신들을 각각 피보험자로
  하고 사망시 수익자를 상속인으로 한 M, N 보험계약을 체결해
  두었다. 갑과 을의 부모가 각각 생존해 있다면 사망보험금은 누구
  에게 지급해야 하는가 ?

① 동시사망의 확인
  동시사망은 사체검안서나 사망진단서에 의해 확인합니다.

② 동시사망으로 인정되는 경우추정을 받는 상호간에는 상속이 이루
  어 지지 않으므로 갑을 피보험자로 하는 보험계약의 보험금은
  갑의 부모들이, 을을 피보험자로 하는 보험계약의 보험금은 을의
  부모들이 각각 상속인이 되어 보험금을 지급받습니다.

16. 피보험자인 갑은 처인 을과 여행 중 교통사고로 사망하고 3 시간
  뒤 처도 사망하였다. 갑의 부모와 을의 부모가 모두 생존하고 있다
  면 사망보험금은 누구에게 지급되어야 하나 ?

을이 갑보다 시간상으로 뒤에 사망하였으므로 갑의 사망보험금은 을
과 갑의 부모인 A, B가 공동으로 상속합니다. 을의 사망으로 을의

상속분은 C, D가 상속하므로, 결국 A, B, C, D가 공동으로 상속하게 됩니다. 상속분은 A, B가 각 2/7, C, D가 각 3/14이 됩니다.

17. 갑은 을과 사실상의 혼인관계를 맺고 미성년자인 자식 A와 B를 두어 자신의 호적에 올렸다. 을이 A와 B의 모로 기재되어 있는 경우 갑이 사망하면 상속은 어떻게 되는가?

사실혼관계의 배우자는 상속인이 될 수 없습니다. 위의 경우 상속인은 자식인 A와 B가 됩니다. A, B는 미성년자이므로 생모인 을이 친권자로서 A, B에 대한 보험금 지급분을 대리 수령하게 됩니다.

18. 미혼인 갑은 아버지 사망 후 타인과 재혼한 母와 형이 있다. 피보험자인 갑이 사망한 경우 수익자가 상속인으로 되어 있는 이 보험금의 지급은 어떻게 되는가?

미혼인 갑에게는 직계비속이 없으므로 제2순위 상속인인 모가 상속인이 됩니다. 모가 타인과 혼인하였다고 하여 자녀와의 모자관계가 소멸되는 것은 아닙니다. 본 사안의 경우 타인과 재혼한 갑의 모가 단독상속인으로 보험금을 수령하게 됩니다.

19. 갑은 자신의 본처인 정과의 사이에 두 자녀(A, B)를 두고 있던 중 을과 사통하여 피보험자인 C를 또 두었다. 갑과 을이 이미 사망한 후 피보험자인 C가 사망한 경우 보험금의 지급은?(C는 갑의 호적에 올라 있음. 사망시 수익자는 상속인임)

직계비속이 없는 C의 사망으로 인한 상속인은 2순위의 직계존속이되나 C의 부모는 이미 사망했으므로 형제자매가 3순위로 상속인이 됩니다. 형제자매에는 이복인 경우도 포함되므로 A, B 가 상속인이 됩니다. C의 친모가 아닌 정(적모)은 상속권이 없습니다.

20. 교육보험 계약자인 갑은 을과 결혼하여 두자녀 A, B(둘다 미성년임)를 두고있던 중 사망하고 을은 이후 타인과 재혼하였다. 갑의 사망 직 후 발생하였던 유자녀학자금은 을이 이미 수령하였는데, 추후 지급되는 유자녀학자금은 누구에게 지급하여야 하나?

상속은 피상속인의 사망시를 기준으로 이루어지므로 을이 갑의 사망 후 타인과 재혼하였다고 하더라도 상속인의 지위에는 변화가 없습니다. 따라서 상속인은 을과 두자녀 A, B가 됩니다. A, B는 미성년자이므로 생모인 을이 친권자로서 대리수령하게 됩니다.

   ※ A, B를 친할머니(정)가 양육하고 있고, 생모인 을도 유자녀학자금을 정이 수령하는데 동의하는 경우 처리 방안은?
     ① 학자금을 대리 수령할 수 있는 권한을 정에게 위임한 을의 위임장 작성
     ② 을의 위임장을 공증
     ③ 매년 학자금 지급시 공증된 위임장을 받아 이의 사본을 보관하고 학자금 지급

21. 부모가 모두 생존해 있는 피보험자 갑은 처 을과의 사이에 1살난 아들(A)을 두었으나 호적에 子로 등재하지 않은 상태로 지내다 사망하였다. 을은 A가 갑과 자신과의 사이에 태어난 아들이라고 주장하며 보험금 지급을 주장하고 있다. 어떻게 처리하여야 하나?(사망시 수익자는 상속인)(병, 정 : 갑의 부모)

호적상 자로 등재 안된 상태에서 A가 갑의 직계비속으로 인정될 근거는 없습니다. 따라서 갑의 부모인 병, 정과 처인 을이 공동상속인으로서 보험금을 지급받습니다.

   ※ A가 상속인으로 보험금을 지급받는 방법은 무엇인가?
     갑의 사망 후 1년 이내에 A의 모인 을이 법원에 검사를 상대로 친생자관계확인의 소

또는 인지청구의 소를 제기하고 동시에 지급정지 가처분을 신청한 후 인용결정을 받게
되면 갑의 자로 상속인 자격을 갖게 되어 을과 A가 보험금을 지급받을 수 있다(을이
친권자로 대리 수령).

※ 호적상의 기재사항을 믿고 보험금을 지급한 경우에 회사로서는 민법상채권의 준점유지
에 대한 변재로 그 지급에 대한 책임은 없다 할 것입니다.

22. 부 갑은 을과의 사이에 세자녀 A, B, C를 두고 있었다. 그런데 A는 병의 집에 양자로 갔다. 갑이 사망한 경우 상속은 어떻게 되는가?(A, B, C는 미성년자임)

입양된 자도 친부모와의 부자관계가 소멸되는 것은 아닙니다. 다른
집에 입양된 A도 갑의 자로 을, B, C와 더불어 공동상속인이 됩니
다.
A, B, C는 미성년자이므로 친권자가 대리 수령하여야 합니다.

※ A에 대해서는 양부모가 친권을 행사하므로 병이 대리 수령합니다.

23. 피보험자인 을이 사망하기 전에 사망시 수익자로 지정된 갑이 먼저 사망하였으나 사망시 수익자를 재지정하지 않았다. 이 경우 을이 사망하면 사망보험금은 누구에게 지급해야 하나?

현행 상법에서는 지정된 수익자가 사망한 경우 계약자는 수익자를
다시 지정할 수 있다고 규정하므로, 계약자가 수익자를 변경한 경우
에는 보험회사에 통지하여야 효력이 있습니다.
계약자가 수익자를 변경하지 않고 보험사고가 발생한 경우에는 수익
자의 상속인이 보험금을 수령하게 됩니다. 따라서 갑의 상속인이 을
의 사망에 따른 사망보험금을 수령합니다.

※ 관련조문 상법 제733조 : 보험수익자의 지정 또는 변경의 권리
   ② 보험계약자가 제1항의 지정권을 행사하지 아니하고 사망한 때에는 피보험자를 보험
   수익자로 하고 보험계약자가 제1항의 권리를 행사하지 아니하고 사망한 경우에는
   보험수익자의 권리가 확정된다. 그러나 보험계약자가 사망한 경우에는 그 승계인이
   제1항의 권리를 행사할 수 있다는 약정이 있는 때에는 그러하지 아니하다.

제2편. 상속증여세

제1장 상속세

1. 상속세의 의미

상속세는 자연인의 사망을 계기로 무상으로 이전되는 재산을 과세물건으로 하여 그 취득자에게 부과하는 조세를 말합니다.

우리 민법은 상속에 관하여 호주승계와 재산상속 두 가지 형태를 인정하고 있으나(민법 제997조·제980조·제1005조). 상속세는 상속재산을 그 과세대상으로 한다는 점에서 호주승계와는 직접 관련이 없습니다.

사유재산의 집중을 방지하기 위하여, 생산수단인 재산, 즉 토지나 공장·광산·유전 등은 전부 국유로 하고 그 밖의 소비재라든가 순 개인용 동산만을 사유재산으로 하여 그것에 대해서만 상속을 인정하는 것이 공산주의 제국이 실시하고 있는 방식입니다. 이 방식을 취하면 재산의 편중은 크게 감소하나 여기에서도 개인소유 재산의 총량이 많아지면 재산의 편재가 발생할 수밖에 없고 그 편재는 대를 잇는 상속에 의하여 더욱 강화되기 마련입니다. 따라서 이러한 국가들에 있어서도 재산의 집중을 방지하기 위하여 상속의 기회에 상속세 부과를 통하여 개인 소유 재산의 재분배 기능을 추구하고 있습니다.

상속되어야할 재산을 개인소유의 재산에 국한시키는 경우에도 이와 같이 상속세가 필요하다는 것을 생각하면, 무제한적인 사유재산제도위에 구축된 자본주의 국가에 있어서 상속세가 필요하다는 것은 말할 나위도 없습니다. 사유재산의 편재는 특히 생산수단까지 포함되는 경우 상속에 의하여 비약적으로 증대되기 때문에 이에 상응하여 상속과세의 필요성도 점점 더 커지게 되었습니다.

상속세는 생전의 무상이전에 대하여 부과되는 증여세와 함께, 부의 집중현상을 직접적으로 조정하고, 소득재분배 기능면에서 소득세의 기능을 보완·강화시키며, 조세의 형평기능을 보강하는 사회정책적 성격을 갖습니다.

다른 한편 상속세의 경제적 측면에서, 상속세의 부과가 개인의 노동의욕을 감퇴시키는가에 관하여 많은 경제학자들은 이를 부정적으로 보고 있습니다. 즉 경제적 성취의 동기는 화폐적 보상에 한정되는 것이 아니고 사회적 위신·권력·노동의 미덕 등 그 밖의 동기가 복합적으로 작용하므로 각 개인은 상속세의 부과와 무관하게 노동의욕을 가진다는 것입니다. 이러한 경제이론은 소득세의 경우 한계세율과 한계적 소득창출노력은 밀접한 상호관계가 없다는 것과 상통합니다.

2. 상속세의 성격

상속세는 조세분류의 방식에 따라 분류하면 국세(내국세), 직접세, 인세, 보통세, 자산세, 종가세, 누진세에 속하고, 납세의무의 확정방식과 관련하여서는 부과과세방식에 조세에 속합니다.

3. 상속세의 과세방식

상속세의 과세방식은 크게 유산세방식과 유산취득세방식의 두가지가 있습니다. 전자는 피상속인의 유산전체를 과세대상으로 보고 분할 이전의 상속재산 총액을 기준으로 세율을 적용하여 과세하는 방식이고, 후자는 상속인의 유산취득액을 과세대상으로 보고 각 상속인이 분할취득한 상속가액을 기준으로 세율을 적용하여 과세하는 방식을 말합니다.

현재 우리나라에서는 유산세방식을 채택하고 있으므로 유산취득세방식은 설명하지 않겠습니다.

유산세방식은, 개인의 생존중 부의 축적이 가능한 것은 그 사람이 보유한 경제적 수완에 의하여 사회로부터 위탁받은 재산을 관리·운용한 결과로 볼 수 있는데 상속인이 반드시 피상속인과 같은 수준의 경제적 수완을 가진다고 단정할 수 없기 때문에 상속의 개시에 의하여 피상속인으로부터 상속인 앞으로 재산이 이전되는 기회에 피상속인의 유산의 일부가 사회에 반환되어야 한다는 것을 그 잉론적 바탕으로 하고 있습니다. 또한 사람의 사망시점은 그 사람이 생전에 세제상의 특전이라든가 조세의 회피 등에 의하여 축적한 재산을 파악학기 위한 가장 적절한 시점이므로 이 기회에 소득세 혹은 재산세를 후불받기 위해 과세함에 있어서는 유산총액을 과세표준으로 하는 것이 타당하다는 것입니다.

유산세방식의 장점으로는, 피상속인의 유산총액에 대하여 누진세율로 과세함으로써 부의 집중을 억제한다고 하는 상속세의 사회정책적 의미에 부합하고, 피상속인의 일생을 통한 경제활동의 종결에 따른 조세부담의 청산이라는 면에서 적합하고, 유산취득세방식에 의하는 것보다 세부담을 경감하기 위하여 유산분할을 가장하거나 허위의 신고를 할 우려가 적고, 그에 따라 세무집행이 보다 용이하다는 점이 지적되고 있습니다.

유산세방식의 단점으로는, 유산취득자 각자의 담세력에 상응한 공평한 과세가 어렵고, 상속인의 수나 유산의 분할여부에 관계없이 세부담이 동일하므로 유산의 분할을 방해하고, 이에 따라 부의 집중억제나 분할촉진이라고 하는 측면에서 상대적으로 효과가 적을 수 있다는 점입니다.

4. 우리나라의 과세방식

현행 상속세및증여세법은 유산세방식을 채택하고 있습니다.

법 제1조 제1항은 상속이 개시된 경우 피상속인이 거주자인 경우에는 모듬 상속재산(1호), 비거주자인 경우에는 국내에 있는 모든 상속재산(2호)에 대하여 상속세를 부과한다는 취지를 규정하고, 법 제13조 제1항은 상속세 과세가액을 상속재산의 가액에 상속개시 전 일정한 기간 내의 증여재산을 가산한 금액에서 법 제14조의 공과금 등을 차감한 금액으로 할 것을 규정하고 있는바, 이와 같이 상속세 과세가액을 피상속인을 기준으로 산정하고 공동상속의 경우에도 유산을 상속분으로 분할하기 전의 총유산액에 누진세율을 적용하여 세율을 산출하는 구조를 취한 것은 유산세방식의 가장 핵심적인 내용을 채택하고 있는 것입니다.

다만, 법은 이렇게 계산된 세액의 납부에 관하여는 법 제3조 제1항에서 "상속인 또는 수유자는 이 법에 의하여 부과된 상속세에 대하여 상속재산 중 각자가 받았거나 받을 재산을 기준으로 대통령령이 정하는 바에 의하여 계산한 비율에 따라 상속세를 납부할 의무가 있다."고 규정하여 분할전의 상속재산에 대한 세액을 원칙적으로 공동상속인 각자의 상속분에 따라 배분 계산하여 각 상속인이 그 배분된 세액을 납부하는 것으로 하면서, 단지 공동상속인이 그 배분된 세액을 납부하는 것으로 하면서, 단지 공동상속인 사이에 각자가 받았거나 받을 재산을 한도로 연대납부책임을 지우고 있다는 점에서 자소 절충적인 요소를 부가하고 있습니다.

5. 세액산출방식

먼저 상속재산에서 비과세감면재산을 제외한 재산이 과세대상이 되고(법 제7조·제12조), 여기에서 공과금·채무·장례비를 제외한 것이 과세가액이 됩니다(법 제13조·제14조).

상속개시 전 일정 기간 내의 증여재산과 생전처분재산은 과세가액에 산입되는 한편 같은 기간 내의 채무부담액은 채무로서 공제되지 않습니다. 또한 일정한 요건 아래에서 공익법인 등에 대한 출연재산과 공익신탁재산은 과세가액에 산입되지 않습니다(법 제16조·제17조).

과세가액에서 기초공제(2억원)·배우자공제 및 기타 인적공제·금융재산공제·재해손실공제를 한 금액이 과세표준이 됩니다.

과세표준에 해당세율(10%~50%의 5단계 누진과세형)을 적용하면 산출세액이 되고, 여기에 세대를 건너뛴 상속에 대한 할증과세액을 가산하고 증여세액공제·외국납부세액공제·단기재상속에 대한 세액공제·신고세액공제를 한 것이 신고세액이 됩니다.

　신고세액에서 연부연납 신청금액(법 제71조)·물납 신청금액(법 제73조)·문화재자료 등의 징수유예세액(법 제74조)을 공제한 금액이 신고납부세액이 됩니다.

〔상속세의 과세체계〕

| 상속재산 : 협의의상속재산 ＋ 간주상속재산 |

| 과세재산 : 상속재산 － 비과세상속재산 |

| 과세가액 : 과세재산 가액 － 공과금·장례비용·채무 － 과세가액
　　　　　 불산입　재산〔공익법인출연재산·공익신탁재산〕가액
　　　　　 피상속인의 증여재산 및 생전처분재산 가액 |

| 과세표준 : 과세가액 － 상속공제〔기초공제·배우자공제·기타 인
　　　　　 적공제·금융재산공제·재해손실공제 |

| 산출세액 : 과세표준 × 세율 |

신고세액·결정세액 : 산출세액 + 세대를 건너뛴 상속의 할증과세
　　　　　　　　 － 세액공제〔증여세액공제·외국납부세액공
　　　　　　　　　　 제·단기재상속공제·신고세액공제〕

↓

납부세액 : 신고(결정)세액 － 연부연납신청세액 － 물납신청세액
　　　　 － 문화재자료 등 징수유예세액 + 가산세

6. 상속세의 납세의무자

상속세의 납세의무자는 상속인, 유증 또는 사인증여(법 제14조 제1항 제3호의 규정에 의한 증여채무의 이행 중에 증여자가 사망한 경우의 당해 증여를 포함한다 - 피상속인이 생전에 증여계약을 체결하고 소유권을 이전하기 전에 사망한 경우 이론상 상속인에 대하여는 상속개시시점을 기준으로 한 상속세가, 수증자에 대하여는 재산취득시점에 다시 증여세가 부과되어야 할 것이나, 상속인은 실제로 취득한 재산이 없음에도 상속세를 부담하게 되는 부당한 결과가 초래되므로〔상속인은 그가 이행하여야할 증여채무를 공제받지 못할 뿐만 아니라 증여재산을 취득한 수증자가 납부하는 증여세도 공제받지 못한다), 이를 시정하기 위하여 증여계약이행중에 피상속인이 사망한 경우에는 사인증여와 동일하게 취급하여 상속인에게 상속세를 부과하지 않고 당해 증여재산을 취득하는 수증자에게 상속세만 과세하는 것을 말한다)를 받은 자 및 민법 제1057조의2에 의하여 상속재산을 분여받은 특별연고자입니다.

상속세법상 광의의 상속인은 민법상의 순수한 상속인만을 가리키지 않고 위와 같은 특별연고자와 유증 및 사인증여의 수증자까지 포함한다는 점에 특색이 있습니다.

상속세의 과세원인이 되는 상속·유증 또는 사인증여가 무엇을 의미하

는지에 관하여는 상속세법상 아무런 정의규정을 두고있지 않습니다. 이는 조세법률주의의 한 내용인 과세요건명확주의의 관점에서 볼 때 문제가 될 수 있으나, 조세법률관계의 획일성 및 안정성의 요청에 따라 다른 법 분야로부터의 차용개념은 원칙적으로 그 원천이 된 법 분야에서의 의미와 동일한 것으로 해석해야 한다는 견해가 지배적이므로, 상속세법상 상속·유증 또는 사인증여의 개념도 원칙적으로 민법상 개념과 마찬가지로 해석해야 할 것입니다. 납세의무의 범위와 관련되는 상속인의 범위·상속분·상속시점·상속인의 순위 등에 관하여도 마찬가지입니다.

상속세의 납세의무자는 원칙적으로 자연인인 개인이지만 예외적으로 태아와 법인도 상속세의 납세의무자가 될 수 있습니다. 법인도 유언자유의 원칙에 의하여 유증의 상대방이 되거나 사인증여의 계약상대방이 될 수 있으므로 유증 또는 사인증여를 받은 법인은 그 받은 재산의 범위내에서 상속세의 납세의무자가 됩니다. 다만, 영리법인이 수유자인 경우에는 수유재산의 가액이 법인의 소득계산상 익금에 가산되어 법인세의 과세대상이 되므로, 상속세법은 수유자가 영리법인인 경우에는 상속세를 면제하도록 규정하고 있습니다. 따라서 자연인 이외의 상속세 납세의무자는 비영리법인과 상속세및증여세법상 비영리법인으로 보도록 규정되어 있는 법인격 없는 사단·재단·기타 단체에 한하게 됩니다.

내연의 처 등에 관하여는 민법상 상속권이 인정되지 않기 때문에 내연관계자는 유증 또는 사인증여 계약에 의해서만 피상속인의 재산을 취득하게 되고, 그 경우에는 상속의 경우와 마찬가지로 상속세 납세의무를 지게 됩니다.

내연의 처가 피상속인으로부터 생전에 증여를 받아 그 재산가액이 상속세 과세가액에 산입되는 경우에도 내연의 처가 곧 "상속인"에 해당하는 것은 아니므로 그 산입되는 재산의 범위는 법 제13조 제1항 제2호가 적용되어 상속개시일전 5년 내에 증여한 재산에 한정되고, 그 산입으로 인하여 증가된 세액 부분에 대해서도 내연의 처는 상속세 납세의무가 없고 결국 이는 다른 상속인들이 부담하게 됩니다.

7. 상속포기의 경우

상속인이 상속을 포기한 경우에도 상속을 포기한 자도 상속재산 중 받은 재산의 비율에 따라 상속세 납세 의무를 부담한다는 법 제3조 제1항에 의거하여 상속을 포기하더라도 상속세납부의무를 면할 수 없습니다

상속인이 확정되지 않았거나 상속인이 상속재산에 대하여 처분권한이 없는 경우에는 특별한 규정이 없는 한 추정상속인 · 유언집행자 또는 상속재산관리인에 대하여 상속인 또는 수유자에 관한 규정을 적용할 수 있습니다.

8. 상속세의 납세의무 성립시기

상속세의 납세의무는 상속을 개시하는 때에 성립하고, 상속은 사망으로 인하여 개시되므로 상속세납세의무의 성립시기는 원칙적으로 피상속인의 사망시점입니다.

상속세법상 상속은 유증이나 사인증여에 의한 재산취득을 포함하는 개념이므로 그로 인한 상속세 납세의무의 성립시기도 같습니다.

그러나 실종선고가 있는 경우의 상속개시일은 실종선고일이 됩니다. 실종선고가 있는 경우에는 실종기간이 만료한 때를 기준으로 상속이 개시되나, 실종기간 만료시를 상속세 납세의무의 성립시기로 한다면 실종기간이 만료되고 상속세의 자진신고납부기한 6월이 경과한 때부터 기산하여 10년 또는 15년이 경과한 후에 실종선고를 청구하여 실종선고가 되는 경우에는 이미 상속세부과권의 제척기간이 도과하여 상속세를 부과할 수 없게되는 것을 방지하기 위하여 실정선고일을 상속개시일로 의제

하여 상속세납세의무의 성립시기를 특별히 규정하고 있습니다.

한편 상속세는 대가의 수반없이 재산이 이전되는 것을 계기로 과세하는 것이므로 그 세액 산정의 전제로서 상속재산의 가액을 평가하여야 하는바, 법은 그 평가를 상속개시일 현재의 시가에 의하도록 함으로써 상속재산 평가의 기준시기와 상속세 납세의무의 성립시기를 일치시키고 있습니다.

위와 같이 상속세 납세의무는 피상속인의 사망시에 성립하고, 상속인은 피상속인의 사망과 동시에 그 권리의무를 포괄적으로 승계하고 공동상속인 사이에 법률상 당연히 공유관계가 성립하므로 상속인이 상속재산을 현실적으로 취득하여 구체적으로 지배관리할 수 있느냐 하는 점은 납세의무의 성립과는 무관합니다.

9. 유증과 사인증여로 인한 납세의무의 성립

유증과 사인증여는 모두 유증자의 생전의 재산처분행위로서 유증자의 사망에 의하여 효력이 발생한다는 점에서 공통점이 있으나 유증이 단독행위인데 반하여 사인증여는 계약이라는 점에서 차이가 있습니다.

민법은 이들에 관하여 상속과 별개의 조문을 두고 있으나, 상속세및증여세법은 이들이 사망을 원인으로 재산이 무상이전된다는 점에서 공통성을 가지므로 동일하게 취급하고 있습니다.

유증에는 포괄유증과 특정유증이 있는데 포괄적 유증을 받은 자는 상속인과 동일한 권리의무가 있으므로, 상속의 경우와 다를 것이 없습니다. 특정유증의 경우에는 민법의 해석상 유증의 효력을 채권적인 것으로 보는 기초위에서 특정유증물은 상속재산으로서 일단 상속인에게 귀속되며, 수증자는 상속인에 대하여 유증의 이행을 청구할 수 있는 권리가 있다고 보는 것이 일반적입니다. 그러나 상속세및증여세법은 포괄유증과 특정유증의 구별 없이 유증에 의한 재산의 취득을 모두 상속의 개념에 포함시키고 있고, 수유자는 상속재산 중 받았거나 받을 재산의 비율에 따라 상속세를 납부할 의무가 있다고 규정하여 반드시 현실적인 취득을 요구하고 있지 않으므로, 특정유증의 경우에도 유언자가 사망한 날에 상속세 납세의무가 성립한다고 할 것입니다.

한편 유증에 부담이 붙은 경우, 즉 부담부유증의 경우에는 부담이 붙은 상태 그대로 유증자의 사망시점에 유증의 효력이 발생할 것이므로 납세의무의 성립시기는 일반 유증의 경우와 다르지 않습니다.

정지조건부 유증의 경우에도 수증자는 유언의 효력에 의하여 유언자가 사망한 때에 정지조건적인 권리를 취득하고 조건이 성취된 때에 완전한 권리를 취득하는 것이므로, 상속세 납세의무는 조건미성취 상태이더라도 상속개시 시점에 성립합니다.

10. 납세지

납세지란 납세의무자가 세법에 의한 의무를 이행하고 권리를 행사하는 데 기준이 되는 장소를 말하며 관할세무서를 정하는 기준이 됩니다.

상속세의 납세지는 피상속인이 거주자인 경우에는 상속개시지가 되고, 비거주자인 경우에는 국내에 있는 상속재산의 소재지가 되며, 국내의 재산소재지가 2 이상인 경우에는 주된 재산의 소재지가 됩니다.

피상속인이 비거주자인 제한납세의무자인 경우에는 상속재산이 국내에 있는 때에만 납세의무가 발생하고, 그 상속재산의 소재지에 의해 납세지가 결정되기 때문에 상속재산소재지가 중요한 의의를 갖습니다.

상속재산소재지는 상속 개시 당시의 현황에 의하여 재산의 종류별로 판정하도록 하고 규정하고 있습니다.

11. 상속재산의 범위

상속재산은 금전으로 환가할 수 있는 경제적 가치가 있는 모든 물건과 재산적 가치가 있는 법률상 또는 사실상의 모든 권리를 포함하고, 다만 피상속인의 일신에 전속하는 것으로서 피상속인의 사망으로 인하여 소멸되는 것은 제외됩니다. 부동산·동산·주식·출자지분·국공채 등 유가증권·지상권·광업권·무체재산권·어업권·일반 금전채권·시설이용권·회원권 등 모든 종류의 물건과 권리가 포함되나, 담보물권은 피담보채권과 독립하여 상속재산을 구성하지 않습니다.

한편, 민법 제1005조는 "상속인은 상속개시된 때로부터 피상속인의 재산에 관한 포괄적 권리의무를 승계한다"고 하여 적극재산과 소극재산을 모두 상속재산에 포함시키고 있으나, 상속세및증여세법에서는 상속재산의 가액에서 소극재산인 채무를 공제하여 상속세 과세가액을 산출하고 있어서, 민법상의 상속재산 중 적극재산만을 상속재산으로 파악하고 있고, 유증과 사인참여로 인하여 취득하는 재산도 상속재산의 개념에 포함시키고 있다는 점에 특색이 있습니다.

상속세의 과세대상은 상속 또는 유증이나 사인증여에 의한 취득재산이므로, 그러한 원인에 의하지 않은 취득재산은 설사 피상속인의 사망으로 인하여 취득하게 되더라도 본래 의미의 상속재산은 아닙니다. 그러나 실질적으로 상속이나 유증에 의하여 재산을 취득한 것과 동일하게 볼 수 있는 경우라면 상속세를 부과하는 것이 과세형평에 부합합니다. 이런 이유로 상속개시 당시 피상속인의 보유재산이 아니고 상속인이 그 재산을 취득한 원인이 상속이나 유증이 아님에도 불구하고 상속세의 과세대상인 상속재산으로 법에 의하여 의제되는 경우도 있고, 이를 의제상속재산 또는 간주상속재산이라고 합니다.

피상속인이 보험계약자이거나 또는 보험계약자는 아니라도 실질적으로 보험료를 지불한 경우에 피상속인의 사망으로 인하여 상속인 또는 상속인 이외의 자가 지급받는 생명보험 또는 손해보험의 보험금·피상속인이 신탁한 재산·퇴직금·퇴직수당·공로금·연금 또는 이와 유사한 것으로서 피상속인에게 지급될 것이 피상속인의 사망으로 인하여 상속인과 상속인 이외의 자에게 지급되는 것(다만 국민연금법이나 공무원연금법·사립학교교원연금법·군인연금법 등에 의한 유족연금, 산업재해보상보험법·근로기준법 등에 의한 유족연금 등은 제외)이 위와 같은 의제상속재산으로 규정되어 있습니다.

12. 매매 또는 증여 중에 사망한 경우

① 매매 중에 사망한 경우

부동산에 대한 매매계약을 체결하고 대금 전액이 완불되고 이전등기만 이루어지지 않은 상태에서 매도인이 사망하고 아직 등기명의가 그 피상속인의 명의로 남아 있어도 이미 양도는 완결된 상태이므로 당해 부동산은 상속재산이 아닌 것이 되고, 반대로 매수인이 사망하였다면 아직 등기를 넘겨받기 이전이라도 상속재산에 속하는 것으로 보게됩니다.

중도금까지만 지급된 상태에서 매도인이 사망하고 상속인이 그 후 잔대금을 지급받고 매수인에게 소유권이전등기를 해준 경우에는 상속개시 시점에서는 아직 부동산의 양도가 완성되지 않은 상태이므로 그 부동산 자체가 상속재산이 되고 그에 대한 상속세를 부담하여야 하고, 잔대금지급청구 채권이 상속재산이 되는 것은 아닙니다.

다만, 이 경우 상속재산의 실체를 부동산으로 보건 혹은 대금채권으로 보건간에 과세가액 산정에 있어서는 차이가 없습니다. 왜냐하면 상속재산을 부동산으로 보더라도 그 과세가액은 전체 매매대금에서 피상속인이 이미 수령한 대금을 공제한 나머지 가액으로 평가될 것이기 때문입니다.

반대로 위와 같이 중도금까지만 지급된 상태에서 매수인이 사망한 경우에는 아직 피상속인이 토지에 대한 이전등기를 넘겨받지 못하고 또 잔대금을 지급하지 않았으므로 소득세법상의 양도가 일어나지 않아 토지는 아직 피상속인의 상속재산에 귀속된 상태로 볼 수 없고, 위 이전등기청구권을 상속재산으로 보게 되는데 상속개시 당시를 기준으로 한 그 가액은 피상속인이 매도인에게 지급한 매매대금으로 평가하게 됩니다. 상속인은 잔대금의 지급이라는 반대급부를 부담한 상태의 이전등기청구권을 상속받은 것이므로 목적물의 전체가액에서 위 반대급부에 해당하는 잔대금을 공제한 금원인 이미 지급한 매매대금을 현실적인 상속재산의 가액으로 평가할 수 있습니다. 그것은 부동산으로 전화되는 과정의 현금으로서 만일 계약이 제대로 이행된다면 나머지 대금과 함께 부동산으로 전화되고 계약이 중도 해제된다면 부당이득반환채권을 구성하게 되는 성질의 것입니다.

	대금청산 전 상속개시		대금청산 후 상속개시	
	양도인 사망	양수인 사망	양도인 사망	양수인 사망
상속재산	부동산	이전등기청구권	매매대금	부동산
과세가액	미수령대금	기지급대금	매매대금	부동산 전체 가액
상속세 부담	○	○	부동산상속세 ×	○
양도소득세 부담	상속인 자신의 채무	-	피상속인의 의무승계	-

② 증여 중에 사망한 경우

토지를 증여하고 인도하여 준 후 이전등기를 하기 전에 증여자 또는 수증자가 사망한 때에는 토지의 경우 증여세 납세의무의 성립시기를 이전등기일로 규정하고 있으므로, 이에 의하면 등기 전에 증여자가 사망하면 증여행위에 따른 증여세 납세의무는 아직 성립한바 없으므로 증여세는 과세되지 않지만, 상속세의 측면에서 위 토지가 상속재산에 포함되는가 하는 점은 상속개시시점에서 세법상의 증여가 완성되었다고 볼 수 있느냐를 기준으로 판별하여야 합니다. 따라서 이전등기가 되지 않은 이상 부동산은 증여자의 재산으로 남아 있다고 할 것입니다. 이때 상속인은 부동산을 상속받음과 동시에 피상속인의 증여로 인한 소유권이전등기의 무도 승계하게 되지만 대부분 법 제14조 제1항 제3호에 의하여 채무공제의 대상에서 배제될 것이므로 결과적으로 증여대상인 부동산에 대한 상속세를 부담하게 됩니다.

하지만 이 경우 사인증여로 보아 증여자의 상속인이 상속세를 부담하지 않고 수증자만이 상속세를 부담합니다.

	증여자 사망의 경우	수증자 사망의 경우
상속재산	부동산	×(이전등기청구권)
상속세	수증자부담(사인증여)	×
증여세	×	상속인에게 이전등기시

13. 기여분

공동상속인 중에 피상속인의 재산의 유지 도는 증가에 관하여 특별히 기여하거나 피상속인을 특별히 부양한 자가 있을 때에는 상속개시 당시의 피상속인의 재산가액에서 공동상속인의 협의로 정한 그 자의 기여분을 공제한 것을 상속재산으로 보고 법정상속분에 의하여 산정한 기여분을 가산한 액으로써 그 자의 상속분으로 하며, 기여분에 관한 협의가 성립되지 않은 경우에는 기여자의 청구에 의하여 가정법원이 이를 결정하게 됩니다.

민법상 기여분의 성질에 관하여는 공유설·부당이득설·보수설 등 여러 가지 학설이 있으나 상속세법은 이에 관하여 아무런 특별규정을 두지 않고 있습니다. 따라서 기여분으로 인정되는 재산이 있어도 공동상속인들의 협의나 법원의 심판을 거쳐 확정된 기여분의 내용에 따라 상속인들 사이의 상속분만이 달라질 뿐 그 전부가 상속세의 과세대상으로 된다는 점에서는 변함이 없습니다.

14. 비과세재산

상속으로 인하여 권리의 승계가 이루어지지만 국가정책적 고려 또는 사회복지나 전통의 계승과 같은 공익목적에서 법이 상속세 과세대상에서 제외시킨 것이 있습니다. 전사나 공상으로 인한 사망으로 상속이 개시된 경우에는 피상속인이 소유한 모든 재산에 대하여 상속세를 부과하지 않고, 그 밖에 국가·지방자치단체 또는 공공단체에 유증한 재산, 문화재보호법의 규정에 의한 국가 및 시·도지정문화재와 보호구역안의: 대통령령이 정하는 토지, 일정범위의 금양임야 및 묘토, 정당이나 대통령령이 정하는 사회단체에 유증한 재산, 이채구호금품 등이 상속세 비과세재산으로 규정되어 있습니다.

비과세재산 중 자주 문제가 되는 것은 금양임야 및 묘토 등 민법 제1008조의3에 규정된 재산입니다. 민법은 분묘에 속한 1정보 이내의 금양임야와 600평 이내인 묘토인 농지·족보·제구의 소유권은 제사를 주재하는 자가 이를 승계한다고 하고, 상속세및증여세법 제12조 제3호 및 시행령 제8조 제3항은 제사를 주재하는 상속인(다수의 상속인이 공동으로 제사를 주재하는 경우에는 그 공동으로 주재하는 상속인 전체)을 기준으로 피상속인이 제사를 주재하고 있던 선조의 분묘에 속한 9,900㎡ 이내의 금양임야 및 1,980㎡ 이내의 묘토인 농지와 족보 및 제구를 상속세 비과세대상으로 규정하고 있습니다. 다만, 금양임야와 묘토인 농지의 재산가액의 합계액이 2억원을 초과하는 경우 2억원을 한도로 비과세 한도액으로 설정되어 있습니다.

금양임야한 벌목을 금지하는 임야를 뜻하며 제사용 자원으로서 특정한 제신에게 제공된 토지 중 분묘에 부속된 임야 즉 종산 내지 묘산에서 분묘기지를 제외한 수익용부분을 말하고 묘토인 농지와 함께 관습상의 위

토를 구성하는 토지를 말합니다.

민법 제1008조의3에 의한 위 금양임야 등의 승계는 "사망으로 인한 포괄적인 재산의 승계"를 뜻하는 것으로서 넓은 의미의 상속에 포함되고, 따라서 원칙적으로 상속세의 규율대상에 속하지만, 이를 특별히 일반상속의 대상에서 제외한 이유는 제사용 재산을 공동상속하게 하거나 평등분할하도록 하는 것은 조상숭배나 가통의 계승을 중시하는 우리의 습속이나 국민감정에 반한다는 데 있는 것으로 설명되고, 다라서 금양임야가 수호하는 분묘의 기지가 제3자에게 이전된 경우에도 그 분묘를 사실상 이전하여 이장하기 전까지는 그 임야는 여전히 금양임야로서의 성질을 지니고 있다는 것이 판례의 입장입니다. 또한 위 규정범위에 속하는 금양임야는 특별한 사정이 없는 한 종손이 제사주재자로서 이를 승계하고 설사 종손이외의 상속인들 앞으로 소유권이전등기를 했더라도 이는 무효이므로 그 임야는 금양임야로서의 성격을 유지합니다. 다만, 금양임야의 상속인과 제사주재자가 다른 경우에는 그 금양임야는 상속인들의 일반상속재산으로 돌아가며 상속인이 아닌 제사주재자에게 그 소유권이 승계되지 않는다는 것이 판례의 입장입니다.

비과세대상인 묘토는 이를 경작하여 얻은 수확으로 분묘의 수호, 관리비용이나 제사의 비용을 조달하는 자원인 농토를 말하고 반드시 제사비용을 조달하는 농토만을 의미하지는 않습니다. 그러나 비과세 대상이 되려면 상속개시 당시에 이미 묘토로 사용되고 있어야 하고 원래 묘토로 사용하기로 한 경우는 이에 해당하지 않습니다.

여러개의 분묘가 있는 경우, 분묘에 속한 묘토의 범위는 그 승계자를 기준으로 한 600평 이내가 아니고 봉사의 대상이 되는 분묘 매1기당 600평 이내를 기준으로 합니다.

15. 상속세의 과세가액

상속세의 과세가액이란 순수 이론적으로 말하면 상속에 의하여 상속인이 취득하는 순증재산의 금액, 즉 상속세의 과세대상이 되는 적극재산의 전체가액에서 상속인에게 승계되는 소극재산의 가액을 공제한 나머지 금액을 의미하고, 이는 과세표준 산정의 기초가 됩니다. 그러나 법은 피상속인의 생전증여재산과 같이 상속개시시점에서 보면 이미 본래 의미의 상속재산에는 해당하지 아니하는 재산의 가액을 과세가액에 가산하기도 하고, 일정한 채무는 피상속인이 부담하고 있는 것이 밝혀지더라도 공제대상에서 배제하는 한편, 상속개시 전 일정 기간내에 처분한 재산이나 부담한 채무의 금액은 피상속인이 이를 현금으로 보유하고 있다가 상속해 준 것으로 추정하는 방식으로 과세가액에 산입하고, 공익목적에 출연한 재산의 가액은 본액 의미의 상속재산에 해당함에도 불구하고 일정한 조건하에서 과세가액에 불산입하도록 규정하고 있습니다. 결국 조세정책적 필요나 사회정책적 필요에 의하여 상속만에 의하여 변동된 재산순증액 이외에 일정 범위의 재산가액을 과세가액의 산정에 가산하거나 차감함으로써 과세범위를 조정하여 규정하고 있다고 할 수 있습니다.

또한 법은 피상속인이 거주자인 경우와 비거주자인 경우의 과세가액 산정방식을 다르게 규정하고 있습니다.

피상속인이 거주자인 경우의 상속세 과세가액은, ① 상속재산 가액에 ② 상속개시일 전 10년 이내에 피상속인이 상속인에게 증여한 재산가액과 ③ 상속개시일 전 5년 이내에 피상속인이 상속인 아닌 자에게 증여한 재산가액을 합한 금액에서 공과금·장례비용 및 채무(상속개시일 전 10년 이내에 피상속인이 상속인에게 진 증여채무와 상속개시일 전 5년 이내에 피상속인이 상속인이 아닌 자에게 진 증여채무는 제외)를 공제하여 계산합니다.

이에 비해 피상속인이 비거주자인 경우에는, 국내에 있는 증여재산만을 위 상속재산의 가액에 가산하고, 공제금액도 ① 당해 재산에 관한 공과금, ② 당해 상속재산을 목적으로 하는 유치권·질권 또는 저당권으로 담보된 채무, ③ 피상속인의 사망 당시 국내에 사업장이 있는 경우로서 비치·기장한 장부에 의하여 확인되는 사업상의 공과금 및 채무만이 그 대상이 됩니다.

(1) 공과금

상속개시일 현제 피상속인이 납부할 의무가 있는 것으로서 상속인에게 승계된 조세, 공공요금 기타 이와 유사한 공과금은 상속재산의 과세가액을 산정함에 있어 공제해야 합니다.

피상속인이 비거주자인 경우에는, 국내소재 상속재산만을 상속세 과세대상으로 하고 있으므로 그 재산에 관한 공과금만이 공제대상이 됩니다.

(2) 장례비용

장례비용은 상속개시 당시에 존재한 채무는 아니나, 상속개시에 수반하는 필연적인 비용으로서 그만큼 상속인의 담세력을 감소시킨다는 점에서 이를 과세가액산출에 있어서 상속재산가액에서 공제하도록 하였습니다.

공제대상인 장례비용은 피상속인의 사망일부터 장례일까지 장례에 직접 소요된 금액으로서 사회통념이나 풍속 등에 비추어 합리적인 범위 내의 비석 및 상석 설치비용, 묘지구입 및 조경비용이 모두 포함되고, 그 금액이 500만원 미만인 경우에는 500만원으로 하고 1천만원을 초과하는 경우에는 1천만원으로 합니다.

또한 납골시설비용은 500만원을 한도로 추가공제됩니다.

따라서 장례비용으로 총 1,500만원까지 공제가 가능합니다.

(3) 채무

상속개시 당시 피상속인이 부담하고 있는 채무는 원칙적으로 모두 상속재산가액에서 공제합니다. 그러나 공제대상 및 범위에 관하여 논란이 있는 몇가지 채무가 있습니다.

① 미확정채무 - 상속개시 시점에서 채무가 성립은 하였으나 아직 금액이 미확정인 경우 공제대상이 될 수 있는가 하는 점이 문제가 됩니다. 그러나 채무부담이 확정되어 있다면 비록 금액이 피상속인의 사망 후 확정되더라도 공제대상에 포함된다고 봄이 상당합니다. 피상속인이 타인의 채무에 대하여 계속적 보증을 한 후 보증기간 중에 사망하였으나 그 후 보증기간 만료시점에서 채무액이 확정되는 경우, 피상속인이 생전에 제기한 소송사건의 변호사비용으로서 피상속인의 사망 후 그 금액이 확정되는 경우 등을 예로 들 수 있습니다.

이러한 채무는 피상속인의 생존하였더라면 이행하였을 채무이므로 공제하는 것이 맞습니다.

② 보증채무 - 피상속인이 부담하고 있는 보증채무는 주채무자가 변제불능의 무자력 상태에 있기 때문에 피상속인이 그 채무를 이행하지 않으면 안될 뿐만 아니라 주채무자에게 구상권을 행사하더라도 변제받을 가능성이 없다고 인정되는 때에 한하여 그 채무금액을 상속재산가액에서 공제할 수 있습니다.

공제대상인 채무는 피상속인이 종국적으로 부담하여 이행할 것이 확실하다고 인정되는 채무를 뜻한다고 해석되지 때문입니다.

이 경우 주채무자의 변제불능 상태 여부는 일반적으로 주채무자에 대하여 파산, 회사정리 혹은 강제집행절차가 개시되거나, 사업폐쇄·행방불명·형의 집행 등에 의하여 채무초과 상태가 상당기간 계속되면서 달리 융자를 받을 가능성도 없고 계기의 방도도 서 있지 않는 등의 사정에 의하여 사실상 채권을 회수할 수 없는 상황에 있는 것이 객관적으로 인정될 수 있는가에 따라 결정해야 합니다. 그와 같은 사유는 상속세 과세가액을 결정하는데 예외적으로 영향을 미치는 특별한 사유이므로 납세의무자가 그 사유의 존재에 대한 주장·입증책임을 부담합니다.

수인이 연대보증을 한 경우 그 공제대상은 원칙적으로 피상속인의 부담부분인 보증채무에 한하는 것이지만, 연대보증인 중에 변제불능의 상태이고 구상하여 변제를 받을 가능성이 없는 자가 있어서 그 부담부분까지 피상속인의 상속재산에서 변제되었다면 그 부분도 상속채무로서 상속세 과세가액에서 공제될 수 있습니다.

계속적 보증의 경우에도 상속인은 특별한 사정이 없는 한 보증인의 지위를 승계하므로, 위와 같은 주채무자의 무자력 사실이 입증되면 피상속인의 사망 후 보증기간 만료시점까지 사이에 발생된 주채무금액 전액이 공제대상이 됩니다.

피상속인이 물상보증을 한 경우에는 직접 채무를 부담하는 것은 아니지만, 보증채무에서와 같은 주채무자의 무자력 사정이 입증되면 그 부동산의 평가가액에서 근저당권의 채권최고액 범위내에서 사싱상 부담하게 될 부담금액 만큼의 공제가 인정되어야 합니다.

③ 연대채무 - 피상속인이 연대채무자인 경우에 상속재산에서 공제할 채무액은 상속인의 부담분에 상당하는 금액에 한합니다. 다만 다른 연대채무자가 변제불능의 상태가 되어 피상속인이 그의 부담분까지 부담하게 되었고 그 부담분에 대하여 상속인이 구상권을 행사하더라도 변제받을 수 없다고 인정되는 경우에는 그 다른 연대채무자의 부담분까지 공제대상이 됩니다.

④ 퇴직금 지급채무

피상속인의 사업과 관련하여 고용한 사용인에 대한 상속개시일까지의 퇴직금 상당액은 상속개시 당시의 피상속인의 채무에 포함됩니다.

16. 생전 처분재산 및 예금인출에 대한 과세

피상속인이 재산을 처분하여 받거나 피상속인의 재산에서 인출한 금액이 상속개시일 전 1년 이내에 재산종류별로 계산하여 2억원 이상인 경우와 상속개시일 전 2년 이내에 재산종류별로 계산하여 5억원 이상인 경우로서 대통령령이 정하는 바에 의하여 용도가 객관적으로 명백하지 않은 경우, 그 부담한 채무의 합계액이 상속개시일 전 1년 이내에 2억원 이상인 경우와 상속개시일 전 2년 이내에 5억원 이상인 경우로서 대통령령이 정하는 바에 의하여 용도가 객관적으로 명백하지 않은 경우에는 이를 각 상속받은 것으로 추정하여 법 제13조 규정에 의한 상속세과세가액에 산입하고, 나아가 피상속인이 국가·지방자치단체 및 대통령령이 정하는 바에 의하여 상속인이 변제할 의무가 없는 것으로 추정되는 경우에도 이를 법 제13조 규정에 의한 상속세 과세가액에 산입합니다.

종전에는 재산의 처분·인출가액이나 채무부담액이 기준금액 이상일 경우에는 한도액 초과부분만이 아닌 용도를 입증하지 못한 부분 전부가 과세가액에 산입되었으나, 2002년 개정으로 사용처 미소명금액에서 20% 상당액과 2억원 중 작은 금액을 차감하여 상속세 과세가액에 산입하도록 하였습니다. 또한 용도가 객관적으로 명백한 부분은 이를 과세가액에 포함시킬 수 없습니다.

위 규정이 적용되면 처분된 재산의 처분금액을 상속세 과세가액에 산입한다는 취지이지 그 재산 자체가 과세대상인 재산이 된다는 의미는 아닙니다. 다만, 그 처분가액이 확인되지 않는 경우에는 처분당시를 기준으로 한 평가액에 의할 수밖에 없을 것입니다.

한편 상속세법 제15조의 규정에 의하여 재산처분대금 등이 상속세과세가액에 포함되더라도 그것이 현금으로 상속되었음이 증명되지 않는 한 국세기본법 제24조 제1항 소정의 '상속으로 인하여 얻은 재산'이라고 할 수 없고, 그와 같이 상속재산처분대금이 현실적으로 상속되어 위 '상속으로 인하여 얻은 재산'의 범위에 포함되었다는 점에 대한 입증책임은 원칙적으로 과세관청이 부담하게 됩니다.. 그러나 상속재산 처분대금이 상속인에게 현금으로 상속되었다고 추정할만한 간접사실을 입증하는 것으로도 충분합니다.

17. 공익목적 출자재산의 과세

상속개시 이전에 피상속인이 이미 처분하였지만 법에 의하여 상속세 과세가액에 산입대상이 되는 재산 또는 상속개시 당시 피상속인이 보유하는 본래 의미의 상속재산에 해당하지만, 공익목적의 달성을 위한 상호 정책적 이유에서 일정한 경우에 그 재산을 상속세 과세가액 산입에서 제외하는 경우가 있고, 그러한 재산을 과세가액 불산입재산이라고 합니다.

법은 제4절에서 공익사업 출연재산과 공익신탁재산을 그 대상으로 규정하고 있습니다.

과세가액 불산입재산과 비과세재산은 과세에서 제외되는 법적 효과에 있어서는 동일하나, 과세가액 불산입재산은 재산의 일부에 대하여만 과세가액에 산입하지 않거나 또는 일정한 조건 아래 다시 과세할 수 있다는 점 등에서 차이가 있습니다.

상속재산 등 피상속인 또는 상속인이 종교·자선·학술 기타 공익을 목적으로 하는 사업을 영위하는 공익법인 등에게 과세표준 신고기한내에 출연한 재산의 가액은 상속세 과세가액에 산입하지 않습니다. 이는 문화의 향상, 사회복지 및 공익의 증진 등을 목적으로 하는 공익사업은 국가나 지방재정으로 하여야 할 일이고 개인이 여기에 출연하는 것은 국가나 지방재정을 대신하는 것이므로 이를 장려·촉진하고자 하는 취지입니다.

그러나 재벌기업의 주주 등이 공익법인을 설립하고 소유기업의 주식을 출연하여 기업에 대한 지배력은 간접적으로 유지하면서 상속세의 부담을 줄이는 편법을 사용하는 등, 공익사업을 앞세워 변칙적인 재산출연행위를 하여 탈세나 부의 증식수단으로 악용하는 것을 방지하기 위하여 공익법인 등에 재산을 출연하였을지라도 그 법인의 조직상 공익성 보장에 장애가 될 수 있는 요소를 지니고 있는 에는 과세가액 불산입을 배제하는 불산입의 예외규정을 두고 있습니다.

즉, 공익법인 등에 내국법인의 의결권 있는 주식 또는 출자지분을 출연한 경우 그 공익법인 등의 주식 등의 기본 보유분과 합하여 발행주식총수 또는 출자가액의 5%를 초과하는 경우에는 그 초과부분을 상속세 과세가액에 산입하되, 다만 법 제49조 제1항 각 호 외의 부분단서에 해당하는 것으로서 독점규제및공정거래에관한법률에 이한 상호출자제한기업집단과 특수관계에 있지 아니하는 공익법인 등에 당해 공익법인 등의 출연자와 특수관계에 있지 아니하는 내국법인의 주식 등을 출연하는 경우로서 대통령령이 정하는 경우에는 그러지 않습니다.

또한 공익사업 출연재산 및 그 재산에서 생기는 이익의 전부 또는 일부가 상속인 및 그와 특수관계에 있는 자에게 귀속되는 경우에는 대통령령이 정하는 가액이 상속된 것으로 보아 그에 대한 상속세를 즉시 부과하도록 규정하고 있습니다.

이러한 규정은 재벌기업의 주주 등이 공익법인을 설립하고 소유기업의 주식을 출연하여 기업에 대한 지배력은 간접적으로 유지하면서 상속세의 부담을 줄이는 편법의 이용을 차단하고자 하는 것입니다. 법은 같은 취지에서 출연자와 특수관계에 있는 자가 당해 공익사업의 운영에 간섭하는 것을 배제하고, 출연된 재산의 목적내 사용을 보장하기 위한 장치를 마련하고 있습니다.

18. 기초공제

상속세의 과세표준을 계산함에 있어 과세가액에서 일률적으로 금액을 공제하는 것을 기초공제라 하고, 현재는 2억원으로 규정되어 있습니다.

다만, 가업상속에 대해서는 1억원을 한도로 가업상속재산가액을, 영농상속에 대해서는 2억원을 한도로 영농상속재산가액을 각 추가하여 공제하되, 그 공제를 받은 상속인은 상속개시일부터 5년 이내에 대통령령이 정하는 정당한 사유 없이 그 상속받은 재산을 처분하거나 가업 또는 영농에 종사하지 아니하게 된 경우에는 다시 상속세를 부과합니다.

가업상속 또는 영농상속을 받은 상속인은 가업상속 및 영농상속에 해당됨을 입증하기 위한 서류를 납세지관할세무서장에게 제출하여야 하지만, 기한 내에 위 서류제출이 없었다고 하여 공제의 혜택이 사라진다고는 볼 수 없습니다. 영농상속과 가업상속의 인정범위와 요건은 시행령에 상세한 규정이 있습니다.

위와 같은 기초공제의 확장은 농·어민의 경제활동을 지원하는 한편, 농림어업을 제외한 제조업·건설업·도소매업·음식숙박업 등의 가업상속인에 대하여도 가업상속을 장려·지원한다는 취지에서 일반인보다 추가공제의 혜택을 부여한 것입니다.

19. 배우자 공제

배우자가 실제 상속받은 금액 전부를 상속세 과세가액에서 공제하되, 상속재산(상속재산 중 상속인이 아닌 수유자가 유증 등을 받은 재산은 제외하고, 법 제13조 제1항 제1호에 규정된 생전증여재산은 가산)의 가액에 민법 제1009조에 규정된 배우자의 법정상속분(공동상속인 중 상속을 포기한 자가 있는 경우에는 그 자가 포기하지 아니한 경우의 배우자의 법정상속분)을 곱하여 계산한 금액에서 법 제13조의 규정에 의하여 상속재산에 가산한 증여재산 중 배우자에게 증여한 재산에 대한 과세표준(제55조 제1항의 규정에 의한 과세표준)을 차감한 가액(그 금액이 30억원을 초과하는 경우에는 30억원을 한도로 함)을 한도로 하는데 이를 배우자 공제라 합니다.

즉 실제 상속받은 금액이 위 법정상속분을 기초로 산정한 금액보다 적으면 실제 상속금액을 공제하고, 이를 초과하는 경우 위 법정상속분을 기초로 산정한 금액을 공제하는 것입니다.

> [(상속재산) + 사전증여재산 − 상속인의 유증재산) × 배우자 법정상속지분] − 배우자에게 10년 내 증여한 재산에 대한 과세표준

배우자 상속공제는 원칙적으로 과세표준 신고기한의 다음날부터 6월이 되는 날까지 상속재산을 분할(등기·등록·명의개서 등을 요하는 경우에는 그 등기·등록·명의개서 등이 된 것에 한한다)하여 배우자의 상속지분을 신고한 경우에 한하여 적용합니다. 다만, 신고기한 이내에 상속재산을 분할할 수 없는 부득이한 일정한 사유가 있는 경우에는 기한을 연장하여 주는 특칙이 있습니다.

배우자가 실제 상속받은 재산이 없거나 상속받은 금액이 5억원 미만인 경우에는 위 신고가 없더라도 5억원의 정액을 공제합니다. 따라서 배우자 상속공제의 최소한도는 신고유무에 관계없이 5억원이 됩니다.

20. 기타 인적공제

거주자의 사망으로 상속이 개시된 경우 피상속인과 상속인의 인적관계 등을 기초로 일정금액을 과세가액에서 공제합니다.

① 자녀공제 : 자녀 1인에 대하여 각 3,000만원

② 미성년자공제 : 상속인(배우자 제외) 및 동거가족 중 미성년자에 대하여 500만원에 20세에 달하기까지 연수를 곱한 금액

③ 연로자공제 : 상속인 및 동거가족 중 60세 이상인 자에 대하여 6,000만원

④ 장애자공제 : 상속인 및 동거가족중 장애자에 대하여 500만원에 75세에 달하기까지의 연수를 곱한 금액

위 각 공제 중 자녀공제와 미성년자공제는 중복적용하고, 장애자공제 해당자가 배우자공제 및 다른 기타 인적공제에 해당하면 모두 적용하여 합산한 금액을 공제합니다. 그러나 그 밖의 다른 인적공제, 예를 들어 자녀공제와 연로자공제는 중복하여 적용할 수 없습니다.

그리고 공제금액 산정에 있어 1년 미만의 단수는 1년을 적용합니다.

21. 상속세의 세율

상속세의 세액은 과세표준에 세율을 적용하여 산출하는데, 그 과세표준은 법 제13조 내지 제15조에 의한 과세가액에서 제18조 내지 제24조의 상속공제 금액(과세가액공제 금액)을 차감한 금액입니다.

각종 상속공제를 하여 산출된 과세표준이 50만원 미만인 경우에는 상속세를 부과하지 않습니다.

상속세는 5단계의 다음과 같이 초과누진세율로 되어있습니다.

과세표준	세율
1억원 이하	과세표준의 100분의 10
1억원 초과 5억원 이하	1천만원 + 1억원 초과금액의 100분의 20
5억원 초과 10억원 이하	9천만원 + 5억원 초과금액의 100분의 30
10억원 초과 30억원 이하	2억4천만원 + 10억원 초과 금액의 100분의 40
30억원 초과	10억4천마원 + 30억원 초과금액의 100분의 50

22. 상속세의 납부신고

　상속세납부의무가 있는 상속인 또는 수유자는 상속개시일(유언집행자 또는 상속재산관리인에 대하여는 지정 또는 선임되어 직무를 시작하는 날)부터 6개월(피상속인 또는 상속인이 외국에 주소를 둔 경우에는 9개월)이내에 상속재산의 종류·수량·평가가액·재산분할 및 각종 공제 등을 입증할 수 있는 서류 등을 첨부·제출하여 납세지관할세무서장에게 과세가액 및 과세표준을 신고해야 합니다.

　신고기한 내에 상속인이 확정되지 않은 경우에는 과세표준 신고와는 별도로 상속인이 확정된 날로부터 30일 이내에 확정된 상속인의 상속관계를 기재하여 관할세무서장에게 제출해야 합니다.

　상속세는 부과납세방식의 조세이므로 위와 같은 신고는 과세관청이 조사결정을 하는데 참고자료가 될 뿐이지만, 신고를 유도함으로써 과세행정상의 부담을 경감하기 위하여 법은 신고기한 내에 신고를 하면 세액공제의 혜택을 부여하는 한편, 신고의무를 제대로 이행하지 않으면 신고불성실가산세를 부과하고 있습니다.

　신고한 경우 세액공제금액은, 상속세산출세액에서 ① 문화재자료 등에 대한 징수유예금액, ② 상속세및증여세법 또는 다른 법률의 규정에 의하여 산출세액에서 공제 또는 감면되는 금액을 각 공제한 금액의 10%에 상당하는 금액입니다. 즉 신고액 전부가 아니고 그 중 정당한 평가가액을 기초로 하게됩니다.

　상속납부액이 1천만원을 초과하는 경우에는 연부연납을 허가받은 경우를 제외하고는 대통령령이 정하는 바에 따라 그 납부할 금액의 일부를 납부기한 경과 후 45일 이내에 분납할 수 있습니다.

　연부연납은 허가받은 날로부터 3년 이내의 연부연납을 허가받을 수 있습니다.

　상속인 또는 수유자가 과세표준과 세액을 신고기한 내에 신고하지 않거나 미달하여 신고한 때(납부할 세액이 없는 경우는 제외)에는 결정한 과세표준에 대한 미신고금액의 비율을 산출세액과 세대생략 할증과세액의 합계액에 곱하여 계산한 금액의 100분의 20(법 제132h 제1항 및 제2항 또는 제47조 제2항의 규정에 의하여 상속세 과세가액 또는 증여세과세가액에 가산할 금액 중 가산하여 신고하지 않은 부분은 100분의 10)에 상당한 금액을 상속세산출세액에 가산합니다.

다만, 신고한 재산으로서 대통령령이 정하는 평가가액의 차이로 인하여 신고하여야할 과세표준에 미달한 금액과 법 제18조 내지 제24조 및 제53조 제1항의 규정에 의한 공제적용의 착오로 인하여 미달된 금액은 미달가액의 산정에서 제외합니다.

제2장 증여세

1. 증여세란?

증여세는 재산의 수증을 과세물건으로 하여 부과되는 국세입니다. 증여세와 상속세는 모두 부의 무상이전을 대상으로 합니다. 하지만 상속세는 피상속인의 사망을 계기로 무상으로 이전되는 피상속인의 유산을 과세대상으로 함에 비하여, 증여세는 생존 중의 증여로 인하여 수증자가 취득한 재산을 과세대상으로 한다는 점에서 차이가 있습니다.

증여세가 없다면 생전이전의 방법으로 상속세는 얼마든지 회피될 수 있다는 점에서 증여세는 상속세의 보완세라고 일컬어지고, 실제로 증여세에 관한 많은 규정은 증여가 상속세의 회피수단으로 이용되는 것을 방지하려는 뜻을 담고 있고, 그 반면 상속세의 세액계산에 있어 증여세액을 공제하는 등 중복과세를 방지하기 위한 여러 장치들이 마련되어 있습니다.

한편 사인증여는 생전의 증여계약이지만 사망을 계기로 재산이 이전된다는 점에서 상속세의 과세대상을 되어 있습니다.

2. 증여세의 과세방식

증여세의 과세방식은 납세의무자를 증여자로 하느냐 수증자로 하느냐에 따라 증여자과세방식과 수증자과세방식이 있습니다.

증여자과세방식은 상속세의 유산세방식에 상응하고, 수증자과세방식은 유산취득세방식에 상응하는 것이나 우리나라 법에서는 상속세에 대해서는 유산세방식을 취하면서도 증여세에 대해서는 수증자과세방식을 취하고 있습니다.

현행법에서는 증여세는 타인의 증여로 인한 증여재산이 있는 경우에 그에 대하여 부과하고, 수증자가 거주자인 경우에는 증여받은 모든 증여재산에 대하여, 비거주자인 경우에는 국내에 있는 증여재산에 대해서만 과세합니다.

세액의 산출방식은, 먼저 증여재산에서 비과세재산을 제외한 재산이 과세재산이 되고, 그 가액에서 증여재산에 의하여 담보된 채무를 공제한 것이 과세가액이 되나, 일정한 요건 아래에서 공익목적 출연재산·공익신탁재산 및 장애인이 증여받은 재산의 가액은 과세가액에 산입되지 않습니다.

과세가액에서 증여재산공제 및 재해손실공제를 한 금액이 과세표준이 되고, 과세표준에 해당세율을 적용하면 산출세액이 됩니다. 여기에 직계비속에 대한 증여의 할증과세액을 가산하고, 외국납부세액공제, 기납부세액공제, 신고세액공제를 한 것이 신고세액 내지 결정세액이 되며, 신고세액에서 연부연납신청세액, 물납신청세액, 문화재자료 등에 대한 징수유예세액을 공제한 금액이 신고납부세액이 됩니다.

〔증여세의 과세체계〕

증여재산 : 협의의 증여재산 + 증여의제 및 추정재산

과세재산 : 증여재산 − 증여세 비과세재산

과세가액 : 과세재산 가액 − 담보된 채무금액 − 과세가액 불산입 재산(공익목적출연재산·공익신탁재산·장애인이 증여받은 재산) 가액 − 증여세면제 재산가액

↓

> 과세표준 : 과세가액 – 증여재산공제 – 재해손실공제

> 산출세액 : 과세표준 × 세율

> 신고세액·결정세액 : 산출세액 + 직계비속에 대한 증여의 할증과
> 세 – 세액공제(외국납부세액공제·기납부세액공제·신고세액공제)

↓

> 신고·납부할 세액 : 신고(결정)세액 – 연부연납신청세액 – 물납신
> 청세액 – 문화재자료 등 징수유예세액 + 가산세

3. 증여세의 납세의무자

증여세의 납세의무자는 증여에 의하여 재산을 무상으로 취득한 자, 즉 수증자를 말합니다. 즉, 우리 법은 수증자 과세방식을 취하고 있습니다.

증여자도 일정한 경우에 수증자와 연대하여 납세할 의무를 부담하지만 고유의 납세의무는 수증자입니다. 수증자는 개인이든 법인이든 상관이 없지만, 영리법인이 증여받은 경우에는 법인세의 부과대상이 되므로 따로 증여세는 부담하지 않지만, 법 제41조의2의 규정(명의신탁재산의 증여의제)에 의한 증여세를 명의자인 영리법인이 면제받은 경우에는 실제 소유자(영리법인 제외)가 당해 증여세를 납부할 의무가 있습니다. 법인격 없는 사단·재단·기타 단체는 비영리법인으로 간주되므로 증여세의 납세의무자가 될 수 있습니다.

4. 증여세의 납세의무의 성립

① 권리의 이전이나 그 행사에 등기·등록을 요하는 재산·부동산(신축건물 제외)·자동차·중기 등이 이에 해당합니다.

등기·등록일이 기준이 되고, 다만 법률의 규정에 의한 부동산 취득의 경우에는 실제로 부동산 소유권을 취득한 날이 됩니다.

현실적으로 가장 많이 문제되는 부동산에 관하여 판례는 특별한 사정이 없는 한 이전등기시에 증여세의 과세요건이 완성된다고 수차례 판결하였습니다. 이는 재산이전이 외부적으로 명백히 드러나는 등기이전시를 증여세의 과세요건이 완성되는 때로 보는 것이 제척기간 등과 관련하여 그 시기를 객관적으로 명확히 할 수 있고, 그로써 당사자의 담합 등으로 인한 분쟁의 여지를 줄일 수 있다는 점 등을 고려한 것입니다. 소득세법상의 양도는 원칙적으로 등기이전시가 아닌 대금청산시로 보고 있으나 유상양도의 경우에는 상대적으로 담합의 여지가 적다는 점에서 무상양도인 증여의 경우와 동일하게 볼 수 없습니다.

다만, 명의신탁이 되어 있는 부동산을 신탁자가 그 등기명의를 그대로 둔 채 제3자에게 증여함에 있어서 수탁자가 그 증여사실을 알고 신탁자의 지위 이전에 대하여 동의 내지 승낙을 하여 수증자에게 신탁자의 지위가 승계되는 경우에는 수탁자가 그 동의 내지 승낙을 한 때를 증여재산의 취득시기로 봅니다.

② 건물을 신축하여 증여할 목적으로 수증자의 명의로 건축허가를 받거나 신고를 하여 완성한 경우에는 그 건물의 사용승인서 교부일이 납세의무의 성립일이 됩니다. 다만, 사용승인 전에 사실상 사용하거나 임시사용승인을 얻은 경우에는 그 사실상의 사용일 또는 임시사용승인일로 하고, 건축허가를 받지 아니하거나 신고하지 아니하고 건축하는 건축물에 있어서는 그 사실상의 사용일이 증여재산의 취득시기가 됩니다.

③ 동산의 경우에는 인도한 날 또는 사실상의 사용일이 증여재산의 취

득시기가 됩니다.

④ 주식 또는 출자지분은 수증자가 배당금의 지급이나 주주권의 행사 등에 의하여 당해 주식 등을 인도받은 사실이 객관적으로 확인되는 날. 다만, 당해 주식 등을 인도받은 날이 불분명하거나 당해 주식등을 인도 받기 전에 상법 제337조 또는 제557조의 규정에 의하여 취득자의 주소 와 성명 등을 주주명부 또는 사원명부에 기재한 경우에는 그 명의개서일 또는 그 기재일이 증여재산의 취득시기가 됩니다.

⑤ 무기명채권은 당해 채권에 대한 이자지급사실 등에 의하여 취득사 실이 객관적으로 해당되는 날이 증여재산의 취득시기가 됩니다. 다만 그 취득일이 불분명한 경우에는 당해 채권에 대하여 취득자가 이자지급을 청구한 날 또는 당해채권의 상환을 청구한 날이 됩니다.

5. 증여세의 과세대상

법 제2조의 규정에 의하여 증여세의 과세대상이 되는 증여재산에는 수증자에게 귀속되는 재산으로서 금전으로 환가할 수 있는 경제적 가치 가 있는 모든 물건과 재산적 가치가 있는 법률상 또는 사실상의 모든 권 리를 말합니다.

다만 증여재산이라 하더라도 사회정책적 고려 또는 사회복지 등 공익 목적의 달성을 위하여 증여세를 과세하지 않는 것도 있습니다.

국가 또는 지방자치단체로부터의 증여재산, 우리사주조합을 통하여 취 득한 주식, 국가 · 지방자치단체 · 공공단체 · 사내노동복지기금 · 신용보증 기금이 증여받은 재산, 이재구호금품, 교육비, 학자금, 부의금, 혼수용품 등이 비과세 증여재산으로 규정되어 있습니다(법 제46조).

6. 증여의 종류

① 신탁이익의 증여

신탁계약에 의하여 위탁자가 타인을 신탁의 이익의 전부 또는 일부를 받을 수익자로 지정한 경우에는 다음 각 호의 1에 규정하는 경우에 신탁의 이익을 받을 권리의 가액을 수익자에 대한 증여재산가액으로 합니다. 이 경우 수회로 분할하여 원본 및 수익을 받는 경우에는 대통령령이 정하는 방법에 의하여 증여재산가액을 계산합니다.

ㄱ. 원본의 이익을 받을 권리를 소유하게 한 경우에는 수익자가 원본을 받은 경우

ㄴ. 수익의 이익을 받을 권리를 소유하게 한 때에는 수익자가 그 수익을 받은 경우

수익자가 특정되지 않거나 존재하지 않을 경우에는 위탁자 또는 상속인을 그 수익자로 보고, 수익자가 특정되거나 존재하게 된 경우에 새로운 신탁이 있는 것으로 봅니다.

② 보험금의 증여

생명보험 또는 손해보험에 있어서 보험금수취인과 보험료불입자가 다른 경우에는 보험사고가 발생한 경우에 보험금상당액을 보험금수취인에 대한 증여재산가액으로 하며, 보험계약기간 안에 보험금수취인이 타인으로부터 재산을 증여받아 보험료를 불입한 경우에는 그 보험료불입액에 대한 보험금상당액에서 당해 보험료불입액을 차감한 가액을 보험금수취인에 대한 증여재산가액으로 봅니다.

불입한 보험료 중 보험금수취인이 불입한 금액이 있을 경우에는 그 비율에 따라 증여가액을 산정하게 됩니다.

피상속인의 사망으로 인하여 지급받는 생명보험 또는 손해보험의 보험금으로서 피상속인이 보험계약자가 된 보험계약에 의하여 지급받는 것은 이를 상속재산으로 보는데, 이 경우에는 위 규정의 적용이 없습니다.

③ 저가양수·고가양도

타인으로부터 시가보다 낮은 가액으로 재산을 양수하거나 타인에게 시가보다 높은 가액으로 재산을 양도하는 경우에는 그 양수 또는 양도한 때에 양수자 또는 양도자가 그 대가와 시가와의 차액에 상당하는 금액을 증여재산가액으로 합니다(법 제35조 제1항 1호·2호).

여기서 낮은 가액 또는 높은 가액이라 함은 양수·양도한 재산(전환사채 및 거래된 상장주식 등 제외의 시가로부터 대가의 차액 또는 대가로부터 시가의 차액이 각 100분의 30 이상이거나 그 각 차액이 3억원 이상인 경우의 대가를 말합니다.

위의 규정을 적용하는데 있어서 특수관계에 있는 자 외의 자간에 재산을 양수 또는 양도한 경우에는 정당한 사유 없이 시가보다 현저히 낮은 가액 또는 현저히 높은 가액으로 재산을 양수 또는 양도한 경우에 한하여 그 대가와 시가와의 차액에 상당하는 금액을 증여한 것으로 추정하여 대통령령이 정하는 이익에 상당하는 금액을 그 이익을 얻은 자에 대한 증여재산가액으로 봅니다(법 제35조 제2항). 여기서 대통령령이 정하는 이익이란 다음 각호의 가액 중 적은 금액을 차감한 가액을 말합니다.

ㄱ. 시가에서 대가를 차감한 가액이 시가의 100분의 30 이상이거나 대가에서 시가를 차감한 가액이 시가의 100분의 30 이상인 경우에는 시가의 100분의 30에 상당하는 가액

ㄴ. 3억원

과세처분 이전에 매매대금의 증감이 있는 경우 저가양도 해당 여부의 판단기준은 최종적으로 정하여진 매매대금을 기준으로 합니다.

저가양도·고가양수에 따른 증여세과세는 증여자가 사업자인 경우 소득세법상 부당행위계산부인규정이 중복적으로 적용됨에 따라 소득세와 증여세의 이중과세문제가 야기되는바, 이에 관하여는 중복과세를 할 수 없습니다.

④ 채무면제이익의 증여

채권자로부터 채무의 면제를 받거나 제3자로부터 채무의 인수 또는 변제를 받은 경우에는 그 면제·인수 또는 변제로 인한 이익에 상당하는 금액(보상액의 지불이 있는 경우에는 그 보상액을 차감한 금액)을 그 이익을 얻은 자의 증여재산가액으로 합니다(법 제36조).

채무면제가 증여세의 과세대상이 된다는 점에 대하여는 이론이 있을수 없고 세계 각국의 입법예에서도 채무면제이익은 예외 없이 증여세의 과세대상으로 규정하거나 과세대상으로 보고 있습니다.

⑤ 부동산무상사용에 따른 이익의 증여

자산의 무상대여는 통상의 임료 또는 이자가 발생할 시점에서 보면 지급채무의 면제라는 경제적 이익의 부여에 해당하나 그 설정 당시를 기준으로 보면, 약정기간 내 또는 부정기간의 무상의 사용권이라는 법률상의 권리를 이전시키는 것으로 포착할 수 있고 법에서 말하는 증여의 정의에 합치된다고 할 수 있습니다.

특수관계에 있는 자의 부동산(당해 부동산 소유자와 함께 거주하는 주택과 그 부수토지를 제외)을 무상으로 사용함에 따라 대통령령이 정하는 이익을 얻은 경우에는 당해 이익에 상당하는 금액을 부동산무상사용자의 증여재산가액으로 봅니다(법 제37조 제1항).

위 규정은 특수관계에 있는 자의 토지 또는 건물만을 각각 무상사용하는 경우에도 이를 적용하고, 수인이 당해 부동산을 무상사용하는 경우에는, 1.당해부동산의 실지사용자, 2.실지사용자가 불분명한 경우에는 부동산 소유자와의 근친관계 및 당해 부동산 사용자들의 재산상태·소득·직업·연령 등을 고려할 때 실지사용자로 인정되는 자를 당해 무상사용자로 합니다(시행령 제27조 제1항).

위 부동산 무상사용에 따른 이익의 증여시기는 사실상 당해 부동산의 무상사용을 개시한 날로 하며, 이 경우 당해 부동산에 대한 무상사용기

간이 5년을 초과하는 경우에는 그 무상사용을 개시한 날부터 5년이 되
는 날의 다음 날에 새로이 당해 부동산의 무상사용을 개시한 것으로 봅
니다.

부동산 무상사용이익은 부동산가액에 1년간의 부동산 사용료를 감안
하여 재정경제부령이 정하는 율로 계산한 각 연도의 부동산 무상사용이
익을 당해 부동산 무상사용기간을 감안하여 재정경제부령이 정하는 방법
에 의하여 환산한 가액(1억원 이상인 경우)에 의합니다. 이 경우 부동산
무상사용기간은 5년으로 합니다.

⑥ 금전무상대부 등에 따른 이익의 증여

특수관계에 있는 자로부터 1억원 이상의 금전을 무상 또는 적정이율
보다 낮은 이자율로 대부받은 경우에는 그 금전을 대부받은 날에 무상으
로 대부받은 경우에는 대부금액에 적정이자율을 곱하여 계산한금액·적
정이율보다 낮은 이자율로 대부받은 경우에는 대부금액에 적정이자율을
곱하여 계산한 금액에서 실제 지급한 이자상당액을 차감한 금액을 당해
금전을 대부받은 자에 대한 증여재산가액으로 합니다.

대부기간이 정하여지지 않은 경우에는 그 대부기간을 1년으로 보고
대부기간이 1년 이상인 경우에는 1년이 되는 날의 다음 날에 매년 새로
이 대부받은 것으로 보아 금액을 계산합니다.

⑦ 합병에 따른 이익의 증여

특수관계에 있는 법인이 합병함으로 인하여 소멸·흡수되는 법인 또는
신설·존속하는 법인(합병당사법인)의 주주(출자자 포함)로서 대통령령
이 정하는 대주주(발행주식총수의 100분의 1 또는 액면가액 3억원 이
사)가 합병으로 인하여 대통령령이 정하는 이익을 받은 경우에는 당해
합병일(합병등기일)에 당해 이익에 상당하는 금액을 그 이익을 얻은 자
에 대한 증여재산가액으로 합니다(법 제38조 제1항).

위 규정은 대규모기업들이 일반당사자가 되어 특수관계 있는 법인(주

로 불실법인)을 흡수합병하면서 불공정한 합병비율에 의하여 소액주주들의 주식가치를 희석시키면서 대주주들에게 이익을 안겨주는 것을 규제하기 위한 것입니다.

따라서 주권상장법인이나 협회등록법인이 다른 법인과 증권거래법의 규정에 따라 행하는 합병은 그 공정성이 담보되므로 위 규정에서 제외됩니다.

⑧ 증가에 따른 이익의 증여

법인이 자본(출자액 포함)을 증가시키기 위하여 새로운 주식 또는 지분(신주)을 발행함에 따라 신주를 시가보다 낮은 가액으로 발행하는 경우·신주를 시가보다 높은 가액으로 발행하는 경우와 이와 유사한 경우로서 신주 또는 실권주를 인수하거나 이수하지 않음으로써 특수관계에 있는 자로부터 직접 또는 간접적으로 얻은 이익을 얻은 경우에는 당해 이익에 상당하는 금액을 이익을 얻은 자의 증여재산가액으로 합니다(법 제39조 제1항).

⑨ 감소에 따른 이익의 증여

법인이 자본을 감소시키기 위하여 주식 또는 지분을 소자함에 있어서 일부 주주의 주식 또는 지분을 소각함으로 인하여 그와 특수관계에 있는 대주주가 이익을 얻은 경우에 그 이익에 상당하는 금액을 당해 대주주의 증여재산가액으로 합니다(법 제39조의2 제1항).

위 이익은 감자한 주식 1주당 평가액에서 주식소각시 지급한 1주당 금액을 차감한 가액이 감자한 주식 1주당 평가액의 100분의 30 이상이거나 다음 산식〔(감자한 주식 1주당 평가액 - 주식소각시 지급한 1주당 금액) × 총감자주식수 ×대주주의 감자 후 지분비율 × 대주주와 특수관계에 있는 자의 감자주식수/총감자주식수〕에 의하여 계산한 금액이 3억원 이상인 경우입니다.

⑩ 현물출자에 따른 이익의 증여

현물출자에 의하여 법인이 발행한 주식 또는 지분을 인수함에 따라 주식등을 시가보다 낮은 가액으로 인수함에 따라 현물출자자가 얻은 이익·주식 등을 시가 보다 높은 가액으로 인수함에 따라 현물출자자와 특수관계에 있는 현물출자자 외의 주주 또는 출자자가 얻은 이익을 얻은 경우에는 당해 이익에 상당하는 금액을 그 이익을 얻은 자의 증여재산가액으로 합니다(법 제39조의3 제1항).

⑪ 전환사채 등의 주식전환 등에 따른 이익의 증여

전환사채, 신주인수권부사채(신주인수권증권이 분리된 경우에는 신주인수권증권을 말함), 기타 주식으로 전환·교환하거나 주식을 인수할 수 있는 권리가 부여된 사채(전환사채 등)를 인수·취득·양도하거나 전환사채 등에 의하여 주식으로의 전환·교환 또는 주식의 인수를 함으로써 이익을 얻은 경우에는 당해 이익에 상당하는 금액을 그 이익을 얻은 자의 증여재산가액으로 합니다(법 제40조 제1항).

⑫ 주식 또는 출자지분의 상장 등에 따른 이익의 증여

기업의 경영 등에 관하여 공개되지 않은 정보를 이용할 수 있는 지위에 있다고 인정되는 법 제22조 제2항의 규정에 의한 최대주주 또는 최대출자자·내국법인의 발행주식총수 도는 출자총액의 100분의 25 이상을 소유한 자로서 대통령령이 정하는 자와 특수관계에 있는 자가 최대주주 등으로부터 당해 법인의 주식 또는 출자지분을 증여받거나 유상으로 취득한 경우에는 증여받거나 취득한 날, 증여받은 재산(주식 등을 유상으로 취득한 날부터 소급하여 3년 이내에 최대주주 등으로부터 증여받은 재산을 말함)으로 최대주주 등 외의 자로부터 당해 법인의 주식 등을 취득한 경우에는 취득한 날부터 5년 이내에 당해 주식 등이 증권거래법에 따라 한국증권협회에 등록됨에 따라 그 가액이 증가된 경우로서 당해 주식 등을 증여받거나 유상으로 취득한 자가 당초 증여세과세가액 또는

취득가액을 초과하여 대통령령이 정하는 기준 이상의 이익을 얻은 때에
는 당해 이익에 상당하는 금액을 그 이익을 얻은 자의 증여재산가액으로
합니다.

⑬ 합병에 따른 상장 등 이익의 증여

최대주주 등과 특수관계에 있는 자가 최대주주 등으로부터 당해 법인
의 주식 등을 증여받거나 유상으로 취득한 경우 또는 증여받은 재산으로
최대주주등외의 자로부터 당해 법인의 주식 등을 취득하거나 다른 법인
의 주식 등을 취득한 경우로서 그 주식 등의 증여일 등으로부터 5년 이
내에 당해 법인 또는 다른 법인이 특수관계에 있는 주권상장법인 또는
협회등록법인과 합병함에 따라 그 가액이 증가된 경우로서 당해 주식 등
을 증여받거나 유상으로 취득한 자가 당초 증여세과세가액 또는 취득가
액을 초과하여 대통령령이 정하는 기준 이상의 이익을 얻은 경우에는 당
해 이익에 상당하는 금액을 그 이익을 얻은 자의 증여재산가액으로 합니
다(법 제31조의5 제1항).

⑭ 특정법인과의 거래를 통한 이익의 증여

결손금이 있거나 휴업 또는 폐업 중인 법인(이하 특정법인)의 주주 또
는 출자자와 특수관계에 있는 자가 당해 특정법인과 재산 또는 용역을
무상제공하는 거래·재산 또는 용역을 통상적인 거래관행에 비추어 볼
때 현저히 낮은 대가로 양도 및 제공하는 거래·재산 및 용역을 통상적
인 거래관행에 비추어 볼 때 현저히 높은 대가로 양도 및 제공받은 거래
등에 해당하는 거래를 통하여 당해 특정법인의 주주 또는 출자자가 이익
을 얻은 경우에는 그 이익에 상당하는 금액을 당해 특정법인의 주주 또
는 출자자의 증여재산가액으로 합니다(법 제41조 제1항).

증여받은 것으로 보는 이익은 증여가액, 면제 등으로 인한 이익에 상
당하는 금액, 시가와 대가와의 차액에 상당하는 금액 등으로 인하여 증
가된 주식의 1주당 가액에 주식수를 곱하여 계산하되 결손법인의 경우

에는 그 결손금을 한도로 합니다.

일반적으로 법인에 대한 증여는 법인의 익금을 구성하여 법인세의 과세대상이 되는데 결손법인 등의 경우에는 법인세를 부담하지 않는 점을 이용하여 과세의 부담없이 결손법인에 대한 증여를 통하여 증여자와 특수관계에 있는 결손법인의 대주주가 이익을 얻은 것을 증여세의 과세대상으로 정한 것입니다.

7. 증여의 추정

현행법이 포괄주의 증여세과세방식을 채택하였음에 따라 종전의제규정들은 모두 개별적 증여예시규정으로 전환되었으나, 종전에 추정규정으로 되어 있던 배우자 등에 대한 양도시의 증여추정규정과 재산취득자금의 증여추정규정 및 실질적인 의제규정이라 할 수 있는 명의신탁재산에 대한 증여의제규정은 현행법 아래에서도 별다른 내용의 수정 없이 그대로 추정규정 및 의제규정으로 존속하게 되었습니다.

① 배우자 등에 대한 양도시의 증여추정

배우자 또는 직계존비속에게 양도한 재산은 양도자가 당해 재산을 양도한 때에 그 재산의 가액을 배우자 등의 증여세과세가액으로 추정합니다(법 제44조 제1항).

② 재산취득자금의 증여추정

직업, 연령, 소득 및 재산상태 등으로 보아 재산을 자력으로 취득하였다고 인정하기 어려운 경우로서 대통령령이 정하는 경우에는 당해 재산을 취득한 때에 당해 재산의 취득자금을 그 재산의 취득자의 증여재산가액으로 추정합니다(법 제45조 제1항).

③ 명의신탁재산에 대한 증여의제

권리의 이전이나 그 행사에 등기 등을 요하는 재산(토지와 건물을 제외)에 있어서 실제소유자와 그 명의자가 다른 경우에는 국세기본법 제

14조의 규정에 불구하고 그 명의자로 등기들을 한 날(그 재산이 명의개서를 요하는 재산인 경우에는 소유권취득일이 속하는 연도의 다음 연도 말일의 다음날)에 그 재산의 가액을 명의자가 실제소유자로부터 증여받은 것으로 봅니다.

다만, 조세회피목적 없이 타인의 명의로 등기를 하거나 소유권을 취득한 실제소유자 명의로 명의개서를 하지 않은 경우, 주식 또는 출자지분 중 1997년 1월 1일 전에 신탁 또는 약정에 의하여 타인명의로 주주명부 또는 사원명부에 기재되어 있거나 명의개서되어 있는 주식 등에 대하여 1998년 12월 31일까지의 기간중 실제소유자명의로 전환한 경우등의 경우에는 증여받은 것으로 보지 않습니다(법 제45조의2 제1항).

8. 증여세 과세가액

증여세 과세가액이란 증여세가 과세되어야할 증여재산, 즉 증여세 과세물건의 가액을 말하고, 이는 증여일 현재 이 법의 규정에 의한 증여재산가액의 합계액에서 당해 증여재산에 담보된 채무로서 수증자가 인수한 금액을 차감한 금액으로 합니다. 여기에서 대통령령이 정하는 채무란 증여자가 당해 재산을 타인에게 임대한 경우의 당해 임대보증금을 말합니다.

증여세의 과세원인은 증여행위이므로 개개의 증여행위마다 별개의 과세요건을 구성합니다. 따라서 그 과세가액은 증여가 있을 때마다 그 증여행위별로 분리하여 계산함이 원칙입니다. 수인의 증여자가 동일한 수증자에게 동시에 증여를 하더라도 증여행위는 당사자별로 각각이므로 증여자별로 분리하여 과세가액을 산출하여야 합니다. 이러한 분리과세의 원칙에 대한 예외가 같은 당사자 사이에 수차 증여가 있는 경우, 이른바 재차증여에 있어서의 합산과세입니다.

9. 공익목적의 증여

상속세에 있어 공익사업 출연재산과 공익신탁재산을 과세가액 불산입 재산으로 규정하고 있는 것과 마찬가지로 증여세에서도 부의 사회환원을 촉진하고 개인의 출연재산에 의한 공익목적의 달성을 위한 사회정책적 이유에서 같은 취지의 규정을 두고 있습니다(법 제48조·제52조).

다만 공익사업을 앞세워 공익법인을 지주회사화 하는 변칙적인 방법으로 증여세나 상속세를 잠탈하는 것을 방지하기 위하여 과세가액 불산입의 조건을 제한함과 동시에 출연재산에 대한 비교적 엄격한 사후관리규정을 두고 이에 저촉되는 상황이 발생하면 곧바로 증여세를 부과하도록 하고 있습니다. 말하자면 공익목적 출연재산에 대한 과세가액 불산입은 실질적으로 일종의 조건부 불산입이라 할 수 있습니다.

10. 장애인의 증여

대통령령이 정하는 장애인이 그의 직계존비속과 대통령령이 정하는 친족으로부터 재산을 증여받은 경우에, 당해 장애인이 생존기간 동안 증여받은 재산가액 합계액 5억원 범위 내에서, ①증여받은 재산의 전부가 신탁업법에 의한 신탁회사에 신탁되고, ②당해 장애인이 신탁이익의 전부를 받는 수익자이며, ③신탁기간이 당해 장애인이 사망할 때까지로 되어 있을 경우에 그 증여재산의 가액은 증여세 과세가액에 산입하지 않습니다(법 제52조의2 제1항). 다만, 부득이한 사유없이 신탁을 해지하거나 생존 중 신탁기간이 만료되고 이를 연장하지 않는 경우, 신탁이익의 전부 또는 일부가 장애인 외의 자에게 귀속되는 것으로 확인된 경우 등에 해당하면 대통령령이 정하는 날에 해당 재산가액을 증여받은 것으로 보아 즉시 증여세를 부과합니다.

11. 증여세의 과세표준

증여세의 과세표준은

① 법 제45조의2 규정에 의한 명의신탁재산의 증여의제에 있어서는 당해 명의신탁재산의 금액

② 합산배제증여재산에 있어서는 당해 증여재산의 가액에서 3천만원을 공제한 금액

③ 위의 경우외에 법 제47조 제1항의 규정에 의한 증여세과세가액에서 제53조 및 제54조의 규정에 의한 금액을 차감한 금액

에서 대통령령이 정하는 증여재산의 감정평가수수료를 차감한 금액으로 합니다(법 제55조 제1항).

대통령령이 정하는 감정평가수수료의 내용은 상속세에 있어서와 같습니다.

증여세의 과세표준 역시 과세가액과 마찬가지로 재차증여 등 합산과세할 특별한 경우가 아닌 한 증여행위별, 증여자별로 분리하여 산정합니다. 산정된 과세표준 금액이 50만원 미만일 때에는 증여세를 부과하지 않습니다.

12. 증여세의 신고 · 납부 등

증여세의 신고와 납부, 과세표준과 세액의 결정 및 결정통지, 연부연납 · 물납 등 납세의무의 완화 등은 상속세와 같습니다.

다만, 과세표준 신고기한이 종전에는 상속세와 증여세 모두 6개월로 되어 있었으나 1996년 개정으로 증여세의 신고기한은 3월로 단축되었습니다. 이는 증여가 증여자가 증여의사를 가지고 재산을 무상이전 시키는 것이므로 신고가 지체될 여지가 적다는 점을 감안한 것입니다.

제3편. 상속

관련서식

제3편 상속 관련서식

【서식】 상속포기서

상 속 포 기 서

1. 상속차량표시
   등록번호 :   차 명 :
2. 피상속인(사망자 인적사항)
   성 명 :   생년월일 : ·
3. 상속인
   주 소 :   주민등록번호 :
   성 명 :

   상기 차량의 상속에 대하여 하기인들은 상속을 포기합니다.

                   년   월   일

4. 상속포기인
   (1) 주소 :   성명 :   (인감도장)
       주민등록번호 :
   (2) 주소 :   성명 :   (인감도장)
       주민등록번호 :
   (3) 주소 :   성명 :   (인감도장)
       주민등록번호 :
   (4) 주소 :   성명 :   (인감도장)
       주민등록번호 :
   (5) 주소 :   성명 :   (인감도장)
       주민등록번호 :

○○시장 귀하

주, 1. 도장은 반드시 인감도장을 날인하여야 합니다.
   2. 미성년자는 친권자(부 또는 모)의 인감도장을 날인하여야 합니다.
   3. 자동차 상속신고는 사망일로부터 3개월 이내 신청하여야 합니다.

【서식】 가업상속신고서

<table>
<tr><td colspan="4" align="center">가 업 상 속 신 고 서</td></tr>
<tr><td colspan="4">가. 가업현황</td></tr>
<tr><td>① 상호(법인명)</td><td></td><td>② 사업자등록번호</td><td></td></tr>
<tr><td>③ 성명(대표자)</td><td></td><td>④ 주민등록번호</td><td></td></tr>
<tr><td>⑤ 개업연월일</td><td></td><td>⑥ 업   종</td><td></td></tr>
<tr><td>⑦ 사업장소재지</td><td colspan="3">(☎:   )</td></tr>
<tr><td colspan="4">나. 가업상속재산명세</td></tr>
<tr><td>⑧ 종   류</td><td>⑨ 수량(면적)</td><td>⑩ 가   액</td><td>⑪ 비   고</td></tr>
<tr><td></td><td></td><td></td><td></td></tr>
<tr><td></td><td></td><td></td><td></td></tr>
<tr><td colspan="4">다. 가업상속인</td></tr>
<tr><td>⑫ 성   명</td><td></td><td>⑬ 주민등록번호</td><td></td></tr>
<tr><td>⑭ 근 무 처</td><td></td><td>⑮ 종 사 기 간</td><td></td></tr>
<tr><td>⑯ 주   소</td><td colspan="3">(☎:   )</td></tr>
</table>

상속세및증여세법 제18조 제3항 및 동법 시행령 제15조 제6항의 규정에 의하여 가업상속신고서를 제출합니다.

20○○년 ○월 ○일

신 고 인   (서명 또는 인)

세 무 서 장 귀하

※ 구비서류
1. 가업상속재산이 주식 또는 출자지분인 경우에는 당해 주식 또는 출자지분을 발행한 법인의 상속개시일 현재와 직전 5년간의 사업연도의 주주현황 각 1부.
2. 기타 가업상속 사실을 입증할 수 있는 서류

22226-74611일
1997.2.25.승인

210㎜ × 297㎜
(신문용지 54g/㎡)

【서식】 영농상속신고서

영 농 상 속 신 고 서

가. 영농상속재산명세

① 종 류	② 소 재 지	③ 수량(면적, 톤수)	④ 가 액

나. 영농상속인

⑤ 성 명		⑥ 주민등록번호	
⑦ 주 소		(☎:)	

　상속세및증여세법 제18조 제3항 및 동법시행령 제16조 제5항의 규정에 의하여 영농상속신고서를 제출합니다.

20○○년 ○월 ○일

신고인　　　　　　　　(서명 또는 인)

세무서상 귀하

※ 구비서류
 1. 삭 제
 2. 농지세납세증명서 또는 영농사실증명서류
 3. 농지·초지 또는 산림지의 등기부등본(전자문서로 제출이 가능합니다)
 4. 어선의 선적증서사본
 5. 어업권 면허증서사본
 6. 영농상속인의 농업 또는 수산계열의 학교재학증명서 또는 졸업증명서
 7. 임업진흥촉진법에 의한 임업후계자임을 증명하는 서류

210㎜×297㎜
(신문용지 54g/㎡)

【서식】상속재산미분할신고서

<table>
<tr><th colspan="6">상 속 재 산 미 분 할 신 고 서</th></tr>
<tr><td>구 분</td><td>성 명</td><td>주민등록번호</td><td colspan="3">주   소</td></tr>
<tr><td>신 고 인</td><td>①</td><td>②</td><td colspan="3">③   (☎:   )</td></tr>
<tr><td>피상속인</td><td>④</td><td>⑤</td><td colspan="2">⑥</td><td>신고인과의
관계</td></tr>
<tr><td>⑧상속개
시연월일</td><td></td><td colspan="2">⑨ 상속개시
원 인</td><td colspan="2">⑩ 피상속인
직 업</td></tr>
<tr><td colspan="6">상   속   재   산</td></tr>
<tr><td>⑪ 소 재 지</td><td>⑫ 종 류</td><td>⑬수량(면적)</td><td colspan="2">⑭ 단   가</td><td>⑮ 금   액</td></tr>
<tr><td></td><td></td><td></td><td colspan="2"></td><td></td></tr>
<tr><td></td><td></td><td></td><td colspan="2"></td><td></td></tr>
</table>

상속재산 미분할 사유

상속세및증여세법 제19조 제2항 및 동법시행령 제17조 제3항의 규정에 의하여 상속재산을 분할할 수 없는 사유를 위와 같이 신고합니다.

20○○년 ○월 ○일

신고인   (서명 또는 인)

세무서장 귀하

※ 구비서류
 1. 피상속인 및 상속인의 호적등본(전자문서로 제출이 가능합니다)
 2. 상속회복청구의 소에 관한 입증서류
 3. 상속인이 확정되지 아니한 사유를 입증할 수 있는 서류

22226－74811일
97.2.25. 승인

210㎜×297㎜
(신문용지 54g/㎡)

【서식】장애인증명서

<table>
<tr><th colspan="7">장 애 인 증 명 서</th></tr>
<tr>
<td>① 성　　　명</td>
<td colspan="2"></td>
<td colspan="2">② 주민등록번호</td>
<td colspan="2"></td>
</tr>
<tr>
<td>③ 주　　　소</td>
<td colspan="6">(☎:　　　　　)</td>
</tr>
<tr>
<td rowspan="2">④ 장　애
예상기간</td>
<td colspan="2">영　　　구</td>
<td rowspan="2">⑤ 장 애
내 용</td>
<td></td>
<td colspan="2" rowspan="2">⑥ 피상속인
과의 관계</td>
</tr>
<tr>
<td>비영구</td>
<td>부터
까지</td>
<td></td>
</tr>
<tr>
<td colspan="7">
위 사람은 상속세및증여세법 제20조·제52조의 2 및 동법시행령 제18조 제3항·제45조의 2 제8항 제3호의 규정에 의한 장애인에 해당됨을 증명합니다.

20○○년 ○월 ○일
발행인　　　　　　　　(서명 또는 인)
세무서장　귀하
</td>
</tr>
<tr>
<td colspan="7">
※ 위 장애인증명서는 국가유공자등예우및지원에관한법률에 의한 상이자의 증명서 또는 장애인복지법에 의한 장애인수첩의 사본의 제출로 갈음할 수 있습니다.

※ ⑤란에는 다음 중 해당 번호를 기재합니다.
　1. 심신상실자와 정신지체자
　2. 국가유공자등예우및지원에관한법률에 의한 상이자
　3. 청각장애인과 시각장애인
　4. 제1호 내지 제3호 외에 항시 치료를 요하는 중증환자
</td>
</tr>
</table>

22226-74911일　　　　　　　　　　　　　　210㎜×297㎜
97.2.25. 승인　　　　　　　　　　　　　　(신문용지 54g/㎡)

【서식】 금융재산상속공제신고서

<table>
<tr><td colspan="5" align="center">금 융 재 산 상 속 공 제 신 고 서</td></tr>
<tr><td colspan="5">가. 피상속인</td></tr>
<tr><td>① 성　명</td><td colspan="2">②주민등록번호</td><td colspan="2"></td></tr>
<tr><td>③ 주　소</td><td colspan="4">(☎ :　　　　)</td></tr>
<tr><td colspan="5">나. 금융재산과 금융채무 명세</td></tr>
<tr><td>④금융재산의
종　류</td><td>⑤ 수량</td><td>⑥ 단　가</td><td>⑦ 가　액</td><td>⑨ 순금융재산의
가　액</td></tr>
<tr><td></td><td></td><td></td><td></td><td></td></tr>
<tr><td></td><td></td><td></td><td></td><td></td></tr>
<tr><td>계</td><td></td><td></td><td></td><td></td></tr>
<tr><td>⑧ 금융채무의
종　류</td><td></td><td></td><td></td><td></td></tr>
<tr><td></td><td></td><td></td><td></td><td></td></tr>
<tr><td></td><td></td><td></td><td></td><td></td></tr>
<tr><td>계</td><td></td><td></td><td></td><td></td></tr>
</table>

<table>
<tr><td colspan="6" align="center">금 융 재 산 및 금 융 채 무 현 황</td></tr>
<tr><td rowspan="3">⑩ 보유형태</td><td colspan="4">금융재산·금융채무를 취급하는 법인 또는 금융기관</td><td rowspan="3">⑮ 비　고</td></tr>
<tr><td>⑪ 상　호
(법인명)</td><td>⑫ 사 업 자
등록번호</td><td>⑬ 성　명
(대표자)</td><td>⑭ 소재지</td></tr>
<tr><td></td><td></td><td></td><td></td></tr>
<tr><td></td><td></td><td></td><td></td><td></td></tr>
<tr><td></td><td></td><td></td><td></td><td></td></tr>
<tr><td></td><td></td><td></td><td></td><td></td></tr>
</table>

　상속세및증여세법 제22조 및 동법시행령 제19조제3항의 규정에 의하여 금융재산상속공제신고서를 제출합니다.

20○○년 ○월 ○일

신 고 인　　　　　　(서명 또는 인)

세무서장 귀하

　※ 구비서류
　　금융재산보유 및 금융채무 사실을 확인할 수 있는 서류
　※ 작성방법
　1. ⑨란에는 금융재산의 계에서 금융채무의 계를 차감한 금액을 기재합니다.
　2. ⑩란에는 금융재산 및 금융채무의 개별 계좌번호 등을 기재합니다.

22226-75011일
99.1.28.승인

210㎜ × 297㎜
(신문용지 54g/㎡)

【서식】 재해손실공제신고서

<table>
<tr><td colspan="9" align="center">재 해 손 실 공 제 신 고 서</td></tr>
<tr><td colspan="9">가. 신고인</td></tr>
<tr><td colspan="2">① 성   명</td><td></td><td colspan="2">②주민등록번호</td><td colspan="4"></td></tr>
<tr><td colspan="2">③ 주   소</td><td colspan="7">(☎ :   )</td></tr>
<tr><td colspan="2">④ 피상속인과의관계</td><td colspan="7"></td></tr>
<tr><td colspan="9">나. 재난으로 인하여 손실·훼손된 상속재산명세</td></tr>
<tr><td>⑤ 재산종류</td><td>⑥ 소 재 지</td><td>⑦ 수 량
(면   적)</td><td>⑧ 상 속 세
과세가액</td><td>⑨재난으로 손실
된 재산가액</td><td colspan="4">⑩ 잔존가액</td></tr>
<tr><td></td><td></td><td></td><td></td><td></td><td colspan="4"></td></tr>
<tr><td></td><td></td><td></td><td></td><td></td><td colspan="4"></td></tr>
<tr><td>계</td><td></td><td></td><td></td><td></td><td colspan="4"></td></tr>
<tr><td>⑪ 재난의종류</td><td></td><td colspan="2">⑫ 재난발생일</td><td colspan="5"></td></tr>
</table>

   상속세및증여세법시행령 제20조제3항 및 제47조의 규정에 의하여 재해손실 공제 신고서를 제출합니다.

20○○년 ○월 ○일

신 고 인   (서명 또는 인)

세무서장 귀하

※ 구비서류 : 재해손실의 사실을 입증할 수 있는 서류

※ 작성방법
1. ⑩란에는 재난발생후 잔존가액과 보험금청구·구상권행사등으로 재해손실가액에 대하여 받거나 받을 수 있는 가액을 합하여 기재합니다.
2. ⑪란에는 화재·붕괴·폭발·환경오염사고 및 자연재해등으로 구분하여 기재합니다.

22226-75111일
1997.2.25.승인

210㎜ × 297㎜
(신문용지 54g/㎡)

【서식】외국납부세액공제신청서

<table>
<tr><td colspan="5" align="center">외 국 납 부 세 액 공 제 신 청 서</td></tr>
<tr><td colspan="5">가. 외국납부세액 납부자 및 과세물건</td></tr>
<tr><td colspan="2">① 성 명</td><td colspan="3">②주민등록번호</td></tr>
<tr><td colspan="2">③ 주 소</td><td colspan="3">(☎ :   )</td></tr>
<tr><td colspan="2">④ 과세물건 종 류</td><td colspan="3">소 재 지</td></tr>
<tr><td colspan="5">나. 공제세액계산</td></tr>
</table>

⑤계산 기준	산출세액 ×	외국의 법령에 의하여 상속(증여)세가 부과된 재산의 과세표준상당액 / 총 상속(증여)재산의 과세표준액		
⑥ 산출 세액	⑦ 총상속(증여)세 과 세 표 준 액	⑧ 외국납부세액이 부과된상속(증여) 세과세표준상당 액	⑨공제대상세액 (⑥×⑧/⑦)	⑩ 외국 납부 세액 / ⑪공제 세액
	( )	( )		

상속세및증여세법 시행령 제21조제2항 및 제48조의 규정에 의하여 외국납부
세액 공제신청서를 제출합니다.

20○○년 ○월 ○일

신 고 인   (서명 또는 인)

세무서장 귀하

※ 구비서류 : 외국에서 상속(증여)세가 부과된 사실을 입증할 수 있는 서류

※ 작성방법
 1. ⑥란에는 총상속(증여)재산에 대한 산출세액을 기재합니다.
 2. ⑩란에는 외국의 법령에 의하여 부과된 상속(증여)세액을 기재합니다.
 3. ⑨란의 공제대상세액이 ⑩란의 외국납부세액을 초과하는 경우 ⑪란에는
   ⑩란의 세액을 기재합니다.

【서식】 상속세과세표준신고및자진납부계산서　　　　　(앞 쪽)

상속세과세표준신고 및 자진납부계산서

① 관리번호	－

신고인	② 성 명		③ 주민등록번호		피상속인과의 관　　계
	④ 주 소		(☎　　　　)	전자우편 주소	
피상속인	⑤ 성 명		⑥ 주민등록번호		
	⑦ 주 소				

⑧ 상속원인		⑨ 상속개시일	

구　　　분	금　액	구　　　분	금　액
⑩ 상속세과세가액		㉔신고불성실가산세	
⑪ 상 속 공 제 계		㉕납부불성실가산세	
⑫ 과세표준(⑩-⑪)		㉖차가감자진납부할세액 (⑯-⑰-⑱+㉔+㉕)	
⑬ 세　　　　　율		납부방법	납부 및 신청일자
⑭ 산 출 세 액		㉗연부연납세액	
⑮ 법 제27조 세대생략가산액		㉘물　　　　납	
⑯ 산 출 세 액 계(⑭+⑮)		현금	㉙분　　납	
⑰ 문화재등징수유예세액			㉚신　고 납　부	

세액공제	⑱ 계		상속세및증여세법 제67조 및 동법시행령 제64조제1항의 규정에 의하여 상속세과세표준신고 및 자진납부계산서를 제출합니다.
	⑲법 제28조 증여세액공제		
	⑳법 제29조 외국납부세액공제		20○○년 ○월 ○일
	㉑법 제30조 단기재상속세액공제		신 고 인　　　(서명 또는 인) 세무대리인　　　(서명 또는 인)
	㉒법 제69조 신고세액공제		(관리번호 :　　　　)
	㉓기 타 공 제		세무서장　귀하

※ 구비서류
1. 피상속인의 제적등본 및 상속인의 호적등본(행정정보공동 활용 가능시 제출 생략)
2. 상속세과세가액계산명세서(부표 1)
3. 상속인별 상속재산 및 평가명세서(부표 2)
4. 채무·공과금·장례비용 및 상속공제 명세서(부표 3)
5. 상속개시전 1(2)년 이내 재산처분·채무부담내역 및 사용처소명명세서(부표 4)

210㎜×297㎜(신문용지 54g/㎡ 재활용품)

(뒤 쪽)

작 성 방 법

1. ①란은 신고인이 기재하지 아니합니다.
2. ⑧란에는 사망·인정사망·실종 등으로 구분하여 기재합니다.
3. ⑧란의 상속원인이 실종선고인 경우, ⑨란에는 실종선고일을 기재합니다.
4. ⑩란에는 [별지 제9호 서식 부표1] ㉔란의 금액을 기재합니다.
5. ⑪란에는 [별지 제9호서식 부표 3] ㉗란의 금액을 기재합니다.
6. ㉔란 및 ㉕란에는 국세기본법 제45조의3의 규정에 의하여 기한후 신고를 하는 경우에는 법 제79조의 규정에 의하여 부담할 가산세를 기재합니다.
7. ㉙란의 분납은 납부할 금액(⑯-⑰-⑱)이 1천만원을 초과하는 경우 다음의 구분에 따른 금액을 기재하되, 법 제71조의 규정에 의하여 연부연납을 허가 받은 경우에는 분납을 신청할 수 없습니다.
   · 납부할 세액이 2천만원 이하인 때에는 1천만원을 초과하는 금액
   · 납부할 세액이 2천만원을 초과하는 때에는 그 세액의 100분의 50 이하의 금액
8. ㉚란의 신고납부세액은 법 제67조의 규정에 의한 상속세과세표준신고시에 납부할 세액을 기재합니다.

상속세과세표준신고 및 자진납부계산서 처리 절차

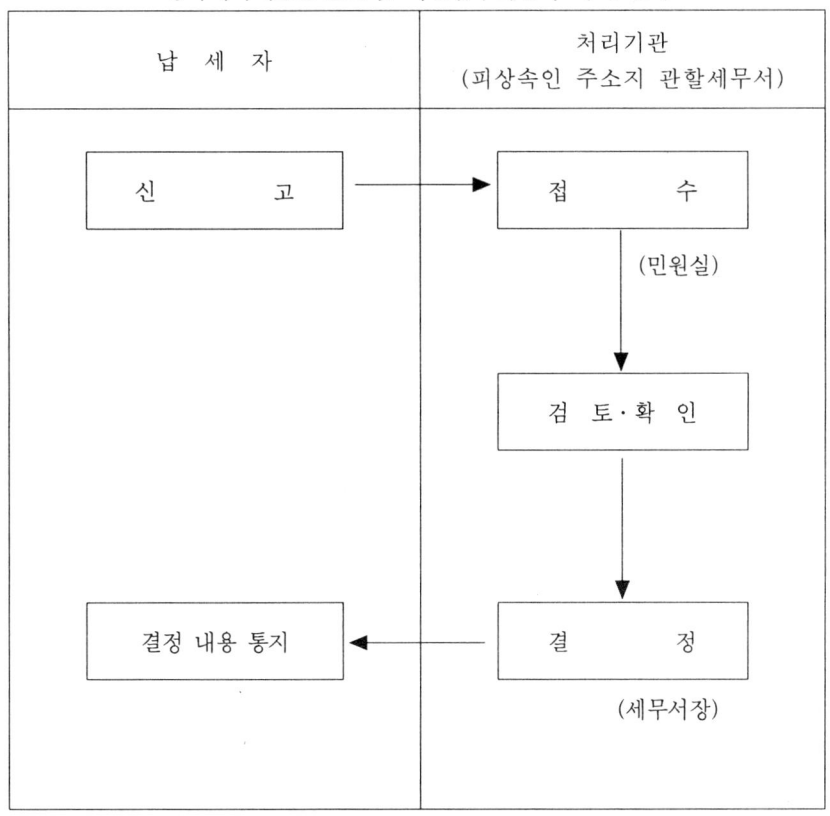

【서식】 상속세과세가액계산명세서

<table>
<tr><td colspan="6" align="center">상 속 세 과 세 가 액 계 산 명 세 서</td></tr>
<tr><td colspan="6">① 관리번호   -</td></tr>
<tr><td colspan="6">가. 상속받은 총재산명세</td></tr>
<tr><td>② 재산종류</td><td colspan="2">③ 소 재 지</td><td>④ 수량(면적)</td><td>⑤ 가 액</td><td>⑥ 비고</td></tr>
<tr><td></td><td colspan="2"></td><td></td><td></td><td></td></tr>
<tr><td></td><td colspan="2"></td><td></td><td></td><td></td></tr>
<tr><td></td><td colspan="2"></td><td></td><td></td><td></td></tr>
<tr><td>⑦   계</td><td colspan="2"></td><td></td><td></td><td></td></tr>
<tr><td colspan="6">나. 상속세과세가액 계산</td></tr>
<tr><td rowspan="3">총상속재산가액</td><td colspan="2">⑧ 상 속 재 산 가 액</td><td colspan="3"></td></tr>
<tr><td colspan="2">⑨ 법 제15조상속개시전
처분 재산등산입액</td><td colspan="3"></td></tr>
<tr><td colspan="2">⑩ 합   계</td><td colspan="3"></td></tr>
<tr><td rowspan="4">법 제12조
비과세
재산가액</td><td colspan="2">⑪   계</td><td colspan="3"></td></tr>
<tr><td colspan="2">⑫ 민법 제1008조의3
금양임야등 가액</td><td colspan="3"></td></tr>
<tr><td colspan="2">⑬ 문 화 재 가 액</td><td colspan="3"></td></tr>
<tr><td colspan="2">⑭ 기   타</td><td colspan="3"></td></tr>
<tr><td rowspan="4">과 세 가 액
불 산 입 액</td><td colspan="2">⑮   계</td><td colspan="3"></td></tr>
<tr><td colspan="2">⑯ 법 제16조 공익법인
출연재산가액</td><td colspan="3"></td></tr>
<tr><td colspan="2">⑰ 법 제17조 공익신탁
재산가액</td><td colspan="3"></td></tr>
<tr><td colspan="2">⑱ 기   타</td><td colspan="3"></td></tr>
</table>

법제14조 공제금액	⑲ 계	
	⑳ 공　과　금	
	㉑ 장　례　비　용	
	㉒ 채　　　무	
㉓법 제13조 증 여 재 산 가 산 액		
㉔상 속 세 과 세 가 액		

※ 작성방법

1. ⑥란에는 ⑧⑨⑫⑬⑭⑯⑰⑱㉓에 해당되는 재산의 경우에 그 해당번호를
   기재합니다.
   비과세재산과 과세가액불산입재산의 경우 그 해당번호와 ⑧을 중복하여
   기재합니다.

2. ⑧란에는 본래의 상속재산가액에 법 제8조 내지 법 제10조의 상속재산을
   합산한 금액을 기재합니다.

3. ⑳란 내지 ㉒란에는 [별지 제9호서식 부표 3]의 각 해당 금액을 기재합
   니다.

4. ㉔란에는 [{⑩－(⑪＋⑮＋⑲)}＋㉓]의 금액을 기재합니다.

210㎜×297㎜(신문용지 54g/㎡)

【서식】 상속인별 상속재산 및 평가명세서

<table>
<tr><td colspan="8" align="center">상속인별 상속재산 및 평가명세서</td></tr>
<tr><td colspan="8">가. 상속인별 상속현황</td></tr>
<tr>
<td rowspan="2">①피상속
인과의
관 계</td>
<td rowspan="2">②성명</td>
<td rowspan="2">③주민등록번호</td>
<td rowspan="2">④주　　소</td>
<td>⑤법정상속지분율</td>
<td>⑥법정상속재산가액</td>
</tr>
<tr>
<td>⑦실제상속지분율</td>
<td>⑧실제상속재산가액</td>
</tr>
<tr><td></td><td></td><td></td><td></td><td></td><td></td></tr>
<tr><td></td><td></td><td></td><td></td><td></td><td></td></tr>
</table>

<table>
<tr><td colspan="6">나. 상속재산명세</td></tr>
<tr><td>⑨종류</td><td>⑩소　재　지</td><td>⑪수량(면적)</td><td>⑫단　가</td><td>⑬평가가액</td><td>⑭평가기준</td></tr>
<tr><td></td><td></td><td></td><td></td><td></td><td></td></tr>
<tr><td></td><td></td><td></td><td></td><td></td><td></td></tr>
<tr><td></td><td></td><td></td><td></td><td></td><td></td></tr>
<tr><td></td><td></td><td></td><td></td><td></td><td></td></tr>
<tr><td>계</td><td></td><td></td><td></td><td></td><td></td></tr>
</table>

※ 작성방법

1. 위 명세서는 상속인별 별지로 작성합니다.

2. ⑤란의 법정상속지분율은 $\dfrac{\text{당해 상속인지분}}{\text{총상속지분}}$ 으로 표시하여 기재합니다.

3. ⑥란에는 [별지 제9호 서식 부표 1]의 (⑩+⑪)란의 금액에서 상속인이 아닌 수유자가 유증 등을 받은 재산가액과 동 ⑫·㉑ 및 ㉓란의 금액을 차감한 금액에 대하여 ⑤란의 법정 상속지분을 곱하여 계산한 금액을 기재합니다.

4. ⑦란에는 당해 상속인이 협의분할에 의하여 취득한 재산가액(⑧란의 금액)을 총상속재산가액으로 나눈 비율을 기재합니다.

5. ⑧란에는 상속인간의 협의분할서에 의하여 당해 상속인이 실제 취득한 금액을 기재하고 협의분할서를 첨부하여야 합니다.

6. ⑨란의 종류가 주식(출자지분을 포함한다)인 경우에는 당해 주식을 발행한 법인의 명칭 및 법인의 사업자등록번호를 각각 기재합니다.

7. ⑭란은 시가·기타로 구분하여 기재합니다.

22226-75611일
99.1.28. 승인

210㎜×297㎜
(신문용지 54g/㎡)

【서식】채무·공과금·장례비용 및 상속공제 명세서

채무·공과금·장례비용 및 상속공제 명세서

채무	①종류	②발생연월일	채권자 ③성명(대표자)	채권자 ④주민등록번호(사업자등록번호)	채권자 ⑤주소(소재지)	⑥금액(원)
	계					

공과금	⑦구분	⑧연도별	⑨기분별	⑩금액(원)
	계			

장례비용	⑪지급처	⑫지급내역	⑬금 액(원)
	계		

상속공제	기초공제 및 기타인적공제	소 계	
		⑭기 초 공 제	
		⑮자 녀 공 제	
		⑯미 성 년 자 공 제	
		⑰연 로 자 공 제	
		⑱장 애 인 공 제	
	⑲법 제21조 일괄공제		
	추 가 상 속 공 제	⑳가 업 상 속 공 제	
		㉑영 농 상 속 공 제	
	㉒배 우 자 상 속 공 제		
	㉓금 융 재 산 상 속 공 제		
	㉔재 해 손 실 공 제		
	㉕공 제 적 용 한 도 액		
	㉖평 가 수 수 료 합 계		
	㉗상 속 공 제 금 액 합 계		

※ 구비서류 : 채무부담 및 공과금·장례비·평가수수료 지급 입증 서류
※ 채무와 공과금은 상속개시 당시의 현황에 의하여 기재합니다.

210㎜×297㎜(신문용지 54g/㎡ 재활용품)

【서식】증여세과세표준신고 및 자진납부계산서   (앞 쪽)

증여세과세표준신고 및 자진납부계산서

① 관리번호	−	

수증자	② 성 명		③주민등록번호	
	④ 주 소			(☎)
	⑤ 증여자와의 관계		전자우편주소	
증여자	⑥ 성 명		⑦ 주민등록번호	
	⑧ 주 소			(☎)

증 여 재 산					
⑨증여일	⑩ 종 류	⑪ 소 재 지	⑫ 수량(면적)	⑬ 단 가	⑭ 금 액
계					

구 분	금 액	구 분	금 액
⑮ 증 여 재 산 가 액		㉟ 신 고 불 성 실 가 산 세	
⑯ 법 제47조 제2항 증여재산가산액		㊵ 납 부 불 성 실 가 산 세	
⑰ 비 과 세 재 산 가 액		㊶ 차가감 자진납부할 세액 (㉜−㉝−㉞+㉟+㊵)	
과세가액불산입	⑱ 법 제48조 공익법인출연 재 산 가 액		납 부 방 법	납부및신청일자
	⑲ 법 제52조 공익신탁 재 산 가 액		㊷ 연부연납	
	⑳ 법 제52조의 2 장애인증여재산가액		㊸ 물 납	

㉑ 채　　　　무　　　　액			현금	㊹분　납		
㉒ 증 여 세 과 세 가 액				㊺신　고		
(⑮＋⑯－⑰－⑱－⑲－⑳－㉑)				납　부		

법 제53조 증여 재산 공제	㉓ 배 우 자	
	㉔ 직 계 존 비 속	
	㉕ 기 타 친 족	
㉖ 법 제54조 재 해 손 실 공 제		
㉗ 감 정 평 가 수 수 료		
㉘ 과　　세　　표　　준		
㉙ 세　　　　　　　　　율		
㉚ 산　　출　　세　　액		
㉛ 법 제57조 세대생략 가산액		
㉜ 산 출 세 액 계(㉚+㉛)		
㉝ 문 화 재 등 징 수 유 예 세 액		
세 액 공 제	㉞　　　　계	
	㉟법 제58조 기 납부세액공제	
	㊱법 제59조 외국납부세액공제	
	㊲법 제69조 신 고 세 액 공 제	
	㊳기 타 공 제 ・ 감 면 세 액	

상속세및증여세법 제68조 및 동법시행령 제65조 제1항의 규정에 의하여 증여세과세표준신고 및 자진납부계산서를 제출합니다.

20○○년 ○월 ○일

신고인　　　(서명 또는 인)
세무대리인　　(서명 또는 인)
(관리번호:　　　)

세무서장　귀하

※ 구비서류 :　1. 증여자 및 수증자의 호적등본(행정정보공동 활용 가능시 제출 생략)
　　　　　2. 증여재산 및 평가명세서(부표)
　　　　　3. 채무사실 등 기타 입증서류

210㎜×297㎜(신문용지 54g/㎡)

(뒤 쪽)

작 성 방 법

1. ①란은 신고인이 기재하지 아니합니다.

2. ㉑란의 채무액은 당해 증여재산에 담보된 채무액 중 수증자가 인수한 채무액을 기재합니다.

3. ㉓란 내지 ㉕란은 증여자와의 관계에 따라 다음의 구분에 의하여 기재합니다.
   가. 배 우 자 : 10년간 3억원
   나. 직계존비속 : 10년간 3천만원(미성년자의 경우에는 1천5백만원)
   다. 기타 친족 : 10년간 5백만원

4. ㉘란에는 [㉒-(㉓+㉔+㉕+㉖+㉗)]의 금액을 기재합니다.

5. ㊴란 및 ㊵란에는 국세기본법 제45조의3의 규정에 의하여 기한후신고를 하는 경우에 법 제78조의 규정에 의하여 부담할 가산세를 기재합니다.

6. ㊹란의 분납은 납부할 금액(㉜-㉝-㉞)이 1천만원을 초과하는 경우 다음의 구분에 따른 금액을 기재하되, 법 제71조의 규정에 의하여 연부연납을 받은 경우에는 분납을 신청할 수 없습니다.
   가. 납부할 세액이 2천만원 이하인 때에는 1천만원을 초과하는 금액
   나. 납부할 세액이 2천만원을 초과하는 때에는 그 세액의 100분의 50 이하의 금액

7. ㊺란의 신고납부세액은 법 제68조의 규정에 의한 증여세과세표준신고시에 납부할 세액을 기재합니다.

증여세과세표준신고 및 자진납부 계산서 처리 절차

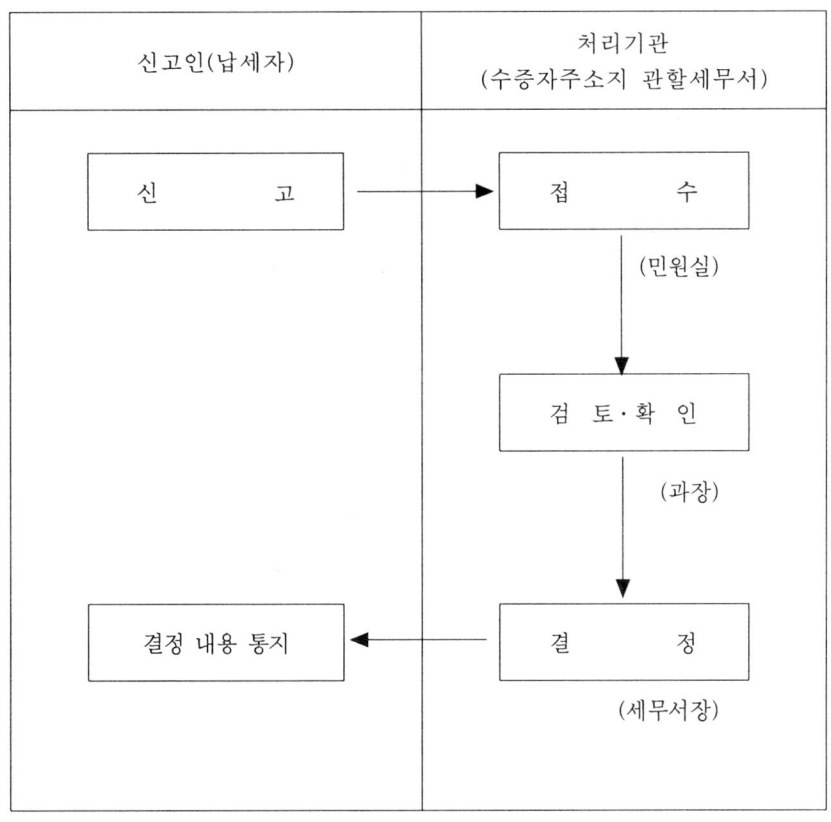

【서식】 증여재산 및 평가명세서

<table>
<tr><th colspan="7">증여재산 및 평가명세서</th></tr>
<tr><th>① 재산구분</th><th>②재산종류</th><th>③ 소재지</th><th>④수량(면적)</th><th>⑤단가</th><th>⑥평가가액</th><th>⑦평가기준</th></tr>
<tr><td></td><td></td><td></td><td></td><td></td><td></td><td></td></tr>
<tr><td></td><td></td><td></td><td></td><td></td><td></td><td></td></tr>
<tr><td></td><td></td><td></td><td></td><td></td><td></td><td></td></tr>
<tr><td></td><td></td><td></td><td></td><td></td><td></td><td></td></tr>
<tr><td></td><td></td><td></td><td></td><td></td><td></td><td></td></tr>
<tr><td></td><td></td><td></td><td></td><td></td><td></td><td></td></tr>
<tr><td></td><td></td><td></td><td></td><td></td><td></td><td></td></tr>
<tr><td></td><td></td><td></td><td></td><td></td><td></td><td></td></tr>
<tr><td></td><td></td><td></td><td></td><td></td><td></td><td></td></tr>
<tr><td></td><td></td><td></td><td></td><td></td><td></td><td></td></tr>
</table>

※ 작성방법
1. ①란의 재산구분란에는 [별지 제10호 서식] 의 ⑮·⑯·⑰·⑱·⑲·⑳ 의 해당 번호를 기재합니다. 비과세재산과 과세가액불산입재산의 경우 그 해당 번호와 ⑮를 중복하여 기재합니다.
2. ②란의 재산종류가 주식(출자지분을 포함한다)인 경우에는 당해 주식을 발행한 법인의 명칭 및 사업자등록번호를 각각 기재합니다.
3. ⑦란의 평가기준은 시가·기타로 구분하여 기재합니다.

22226－75911일

99.1.28. 승인

210㎜×297㎜

(신문용지 54g/㎡)

【서식】 상속세(증여세)연부연납허가신청서

<table>
<tr><td colspan="12" align="center">상속세(증여세)연부연납허가신청서</td></tr>
<tr><td rowspan="2">신
청
인</td><td colspan="3">①성　　명</td><td></td><td colspan="3">②주민등록번호</td><td colspan="4"></td></tr>
<tr><td colspan="3">③주　　소</td><td colspan="4" align="center">(☎　　　　)</td><td colspan="2">전자우편
주　소</td><td colspan="2"></td></tr>
<tr><td colspan="3">④결정통지
연월일</td><td colspan="2"></td><td colspan="2">⑤총납부
세액</td><td colspan="2">⑥최초납부
세　액</td><td colspan="3">⑦연부연
납신청
금액
(⑤-⑥)</td></tr>
<tr><td colspan="2">구　분</td><td>1 회</td><td>2 회</td><td>3 회</td><td>4 회</td><td>5 회</td><td>6 회</td><td>7 회</td><td>8 회</td><td>9 회</td><td>10 회</td></tr>
<tr><td colspan="2">납부예정 일자</td><td></td><td></td><td></td><td></td><td></td><td></td><td></td><td></td><td></td><td></td></tr>
<tr><td colspan="2">납부예정 세액</td><td></td><td></td><td></td><td></td><td></td><td></td><td></td><td></td><td></td><td></td></tr>
<tr><td colspan="2">구　분</td><td>11회</td><td>12회</td><td>13회</td><td>14회</td><td>15회</td><td></td><td></td><td></td><td></td><td></td></tr>
<tr><td colspan="2">납부예정 일자</td><td></td><td></td><td></td><td></td><td></td><td></td><td></td><td></td><td></td><td></td></tr>
<tr><td colspan="2">납부예정 세액</td><td></td><td></td><td></td><td></td><td></td><td></td><td></td><td></td><td></td><td></td></tr>
<tr><td colspan="12">

　　상속세및증여세법 제71조 및 동법시행령 제67조제1항의 규정에 의하여 위와 같이
　연부연납허가를 신청합니다.

20○○년 ○월 ○일
신 청 인 　　　　(서명 또는 인)

</td></tr>
<tr><td colspan="12">

등 기 승 락 서

　　년　　월　　일 상속세(증여세)납세담보제공서에 표시된 부동산에 대하여 납세담보의 목적으로 저당권을 설정할 것을 승낙합니다.

20○○년 ○월 ○일
신 청 인 　　　　(서명 또는 인)

세무서장　귀하

</td></tr>
</table>

※ 구비서류
 1. 유가증권인 경우 공탁영수증
 2. 토지·건물인 경우 등기부등본 1부(행정정보공동 활용 가능시 제출 생략)
 3. 은행의 지급보증서 1부

※ 작성방법
 1. ⑥란에는 상속세(증여세)신고납부기한 또는 납세고지서에 의한 납부기한
   까지 납부하였거나 납부할 상속세(증여세)액을 기재합니다.
 2. 분납기간은 ④란의 결정통지일부터 3년(가업상속의 경우는 5년, 가업상속
   재산이 총상속재산의 50퍼센트 이상인 경우에는 15년) 이내로 합니다.
 3. 신청인을 대리하여 이 신청서를 세무대리인이 제출하는 경우에는 세무대
   리인의 명칭(성명) 및 관리번호를 신청인란의 신청인 다음에 기재하고,
   당해 세무대리인이 서명 또는 날인하여 제출합니다.

210㎜×297㎜(신문용지 54g/㎡ 재활용품)

【서식】 상속세(증여세)연부연납허가통지서

<table>
<tr>
<td colspan="2">관리번호
 —</td>
<td colspan="4" align="center">상속세(증여세)연부연납허가통지서</td>
</tr>
<tr>
<td rowspan="2">신
청
인</td>
<td>①성　　명</td>
<td></td>
<td>②주 민 등 록 번 호</td>
<td colspan="2"></td>
</tr>
<tr>
<td>③주　　소</td>
<td colspan="4">(☎　　　　　)</td>
</tr>
<tr>
<td colspan="2">④상 속 개 시
(증 여) 일 · · ·</td>
<td>⑤상속세(증여
세)　결정년
월일 · · ·</td>
<td colspan="2">⑥연부연납
허 가 일 · · ·</td>
</tr>
<tr>
<td colspan="5" align="center">허　　가　　사　　항</td>
</tr>
<tr>
<td>⑦ 납부연월일</td>
<td colspan="2">⑧ 연부연납세액</td>
<td>⑨ 연부연납가산금</td>
<td>⑩ 납부할금액</td>
</tr>
<tr><td>1차</td><td colspan="2"></td><td></td><td></td></tr>
<tr><td>2차</td><td colspan="2"></td><td></td><td></td></tr>
<tr><td>3차</td><td colspan="2"></td><td></td><td></td></tr>
<tr><td>4차</td><td colspan="2"></td><td></td><td></td></tr>
<tr><td>5차</td><td colspan="2"></td><td></td><td></td></tr>
<tr><td>6차</td><td colspan="2"></td><td></td><td></td></tr>
<tr><td>7차</td><td colspan="2"></td><td></td><td></td></tr>
<tr><td>8차</td><td colspan="2"></td><td></td><td></td></tr>
<tr><td>9차</td><td colspan="2"></td><td></td><td></td></tr>
<tr><td>10차</td><td colspan="2"></td><td></td><td></td></tr>
<tr><td>11차</td><td colspan="2"></td><td></td><td></td></tr>
<tr><td>12차</td><td colspan="2"></td><td></td><td></td></tr>
<tr><td>13차</td><td colspan="2"></td><td></td><td></td></tr>
<tr><td>14차</td><td colspan="2"></td><td></td><td></td></tr>
<tr><td>15차</td><td colspan="2"></td><td></td><td></td></tr>
<tr><td>합 계</td><td colspan="2"></td><td></td><td></td></tr>
</table>

　귀하께서　　　년　　　월　　　일 신청한 상속세(증여세) 연부연납을 상속세 및증여세법 제71조 및 동법시행령 제67조제2항의 규정에 의하여 위와 같이 허가결정·통지합니다.

20○○년 ○월 ○일

세　무　서　장　　㊞

　귀하

210㎜×297㎜(인쇄용지 54g/㎡ 재활용품)

【서식】 상속 · 증여세 물납(변경) 허가신청서　　　　　　(앞쪽)

<table>
<tr><td colspan="5" align="center">상 속 · 증 여 세 물 납 (변 경) 허 가 신 청 서</td></tr>
<tr><td rowspan="2">신
청
인</td><td>① 성 명</td><td></td><td>② 주민등록번호</td><td></td></tr>
<tr><td>③ 주 소</td><td colspan="3">(☎ :　　　　)</td></tr>
<tr><td rowspan="2">신
청
내
용</td><td>④ 세 목</td><td></td><td>⑤ 납부세액</td><td></td></tr>
<tr><td>⑥ 납부기한</td><td>(　·　·　)</td><td>⑦ 물 납
신청세액</td><td></td></tr>
</table>

<table>
<tr><td colspan="7" align="center">물 납 대 상 재 산 명 세</td></tr>
<tr><td>⑧
종 류</td><td>⑨ 소 재 지
(유가증권은
발행기관)</td><td>⑩ 평 가
기 준 일</td><td>⑪단위당가액
(토지·건물㎡)</td><td>⑫
수 량</td><td>⑬
총 액</td><td>⑭
비 고</td></tr>
<tr><td></td><td></td><td></td><td>(　　)</td><td></td><td></td><td></td></tr>
<tr><td></td><td></td><td></td><td>(　　)</td><td></td><td></td><td></td></tr>
<tr><td></td><td></td><td></td><td>(　　)</td><td></td><td></td><td></td></tr>
<tr><td></td><td></td><td></td><td>(　　)</td><td></td><td></td><td></td></tr>
<tr><td>계</td><td></td><td></td><td></td><td></td><td></td><td></td></tr>
</table>

　상속세및증여세법 제73조 및 동법시행령 제70조제1항·제70조 제2항·제72조
제1항의 규정에 의하여 위와 같이 물납을 신청합니다.

20○○년 ○월 ○일

신 청 인　　　　　　(서명 또는 인)

세 무 서 장 귀하

<table>
<tr><td rowspan="2">* 구비서류
　○ 부동산에 대한 등기부등본(전자문서로 제출이 가능합니다)
　　및 공과금납세필증 각 1부.</td><td>수수료</td></tr>
<tr><td>없 음</td></tr>
</table>

22226-76211민　　　　　　　　　　　　　　　　　210㎜ × 297㎜
99.1.28 승인　　　　　　　　　　　　　　　　　(신문용지 54g/㎡)

(뒤쪽)

※ 작 성 방 법

1. ⑥란의 (   )에는 신고분·고지분·연부연납분으로 구분하여 기재합니다.

2. ⑧란에는 세무서장이 인정하는 정당한 사유가 없는 한 다음 순서에 따라 기재하여야 합니다.

   1) 국채 및 공채

   2) 국·공채외의 상장 유가증권

   3) 부동산

   4) 국·공채외의 비상장 유가증권

   5) 상속인이 거주하는 주택 및 부수토지

3. ⑩란에는 다음과 같이 구분하여 기재합니다.

   1) 신고분 또는 고지분의 경우에는 상속개시일 또는 증여받은 날

   2) 연부연납기간중 각회분의 분납세액의 경우에는 물납허가통지서 발송일 전일

4. ⑩란의 (   )에는 평가기준을 시가·기타로 구분하여 기재합니다.

5. 신청인을 대리하여 이 신청서를 세무대리인이 제출하는 경우에는 세무대리인의 명칭(성명) 및 관리번호를 신청인란의 신청인 다음에 기재하고, 당해 세무대리인이 서명 또는 날인하여 제출합니다.

【서식】 상속.증여세(물납(변경)허가.물납재산변경명령)통지서

상속 · 증여세(☐ 물납(변경)허가 ☐ 물납재산 변경명령)통지서					
신 청 인	①성명			②주민등록번호	
	③주소			(☎)	
허 가 상 황					
④세목		⑤납부하여야 할 세 액		⑥허가세액	⑦물납재산 수 납 일

물 납 허 가 재 산 명 세

⑧ 종 류	⑨수 량		⑩단위당가액		⑪ 총 액	⑫ 당해재산과 관련된세액	⑬소재지 (유가증권 은발행처)
	토지 건물(㎡)	유가증권	토지 건물(㎡)	유가증권			
계							

⑭물납재산변경사유	

  귀하께서   년 월 일 신청한   세 물납에 대하여 상속세및증여세법 제73조 및 동법시행령 제70조 제3항·제71조·제72조 제4항의 규정에 의하여 위와 같이 물납 허가(변경명령)결정·통지합니다.

20○○년 ○월 ○일

세 무 서 장   ⑪

  귀하

※ ⑦란의 물납재산수납일까지 물납재산의 수납이 이루어지지 아니하는 때에는 상속세및증여세법시행령 제70조 제6항 및 제72조 제4항의 규정에 의하여 물납허가의 효력을 상실합니다.

22226-76311일
99.1.28. 승인

210㎜×297㎜
(신문용지 54g/㎡)

【서식】 상속세.증여세결정지연통지서

관리번호	–	□ 상 속 세 □ 증 여 세 결 정 지 연 통 지 서

신 고 인	① 성 명		② 주 민 등 록 번 호	
	③ 주 소		④ 피상속인(증여자) 과의 관계	
피상속인 (증여자)	⑤ 성 명		⑥ 주 민 등 록 번 호	
	⑦ 주 소			

⑧ 상속개시(증여)일	. . .	⑨ 신 고 일	. . .
⑩ 상속(증여)재산가액	원	⑪ 신고납부세액	

결 정 지 연 사 유

귀하께서   년   월   일 신고한 상속세(증여세)신고에 대하여는 위와
같은 사유로 과세표준과 세액의 결정이 지연되고 있음을 알려드립니다.

20○○년 ○월 ○일

세 무 서 장   ㊞

귀하

22226－76411일
97.2.25. 승인

210㎜×297㎜
(신문용지 54g/㎡)

【서식】 상속세과세표준 및 세액의 결정(경정)청구서

<table>
<tr><td colspan="4" align="center">상속세과세표준 및 세액의 결정(경정)청구서</td></tr>
<tr><td rowspan="2">청
구
인</td><td>① 성 명</td><td>② 주민등록번호</td><td></td></tr>
<tr><td>③ 주 소</td><td colspan="2">(☎ :   )</td></tr>
<tr><td rowspan="2">피
상
속
인</td><td>④ 성 명</td><td>⑤ 주민등록번호</td><td></td></tr>
<tr><td>⑥ 주 소</td><td></td><td>⑦ 상속
개시일   .   .</td></tr>
<tr><td colspan="4" align="center">청 구 내 용</td></tr>
<tr><td>⑧상속세과세
표준신고일</td><td colspan="2">⑨결정통지일</td><td>⑩결정(경
정)청구사유</td></tr>
<tr><td colspan="2">⑪ 결정(경정)청구대상재산</td><td>⑯ 신고(결정)금액</td><td>⑰결정(경정)청구금액</td></tr>
<tr><td>종   류</td><td>소   재   지</td><td></td><td></td></tr>
<tr><td>⑫</td><td></td><td></td><td></td></tr>
<tr><td>⑬</td><td></td><td></td><td></td></tr>
<tr><td>⑭</td><td></td><td></td><td></td></tr>
<tr><td>⑮</td><td>계</td><td></td><td></td></tr>
<tr><td colspan="2">⑱ 과 세 표 준 금 액</td><td></td><td></td></tr>
<tr><td colspan="2">⑲ 산   출   세   액</td><td></td><td></td></tr>
<tr><td colspan="2">⑳ 가   산   세</td><td></td><td></td></tr>
<tr><td colspan="2">㉑ 공제세액 및 징수유예액</td><td></td><td></td></tr>
<tr><td colspan="2">㉒ 납부(환급)할 세액</td><td></td><td></td></tr>
</table>

  상속세및증여세법 제79조 및 동법시행령 제81조제1항 및 제7항의 규정에 의하여
상속세 과세표준 및 세액의 결정(경정) 청구서를 제출합니다.

20○○년 ○월 ○일

청 구 인   (서명 또는 인)

  세 무 서 장 귀하

<table>
<tr><td>※ 구비서류 : 결정(경정) 청구사유에 해당됨을 입증할 수 있
   는 서류</td><td>수 수 료
없   음</td></tr>
</table>

22226-76511민   210㎜ × 297㎜
1997.2.25 승인   (신문용지 54g/㎡)

【서식】 납세관리인신고확인서 　　　　　　(앞 쪽)

발급번호	납세관리인신고확인서					
상속인 또는 수유자	성 명		주민등록번호 (외국인등록번호)		외국국적 및 그 취득일	
	국내거주지					
납세 관리인	성 명		주민등록 번 호	설정신고일 (변경신고일)	상속인 과의 관계	
	주 소		(☎　　　　)		전자우편 주소	
피상속인 (사망자)	성 명		주민등록 번 호		사망일	
	주소 또는 거주지					

피상속인 금융재산 지급·명의개서 또는 변경청구 내역

구 분	제출 금융 기관	종 류	계좌(증권)번호	수 량	금액(원)

　상속세및증여세법 제81조제3항의 규정에 의하여 납세관리인 신고를 한 사실을 확인하여 주시기 바랍니다.

20○○년 ○월 ○일

신고인 　　　　　　　　　　　　　(서명 또는 인)

세무서장 귀하

위와 같이 확인합니다.

20○○년 ○월 ○일

세무서장 ㊞

210㎜×297㎜(신문용지 54g/㎡ 재활용품)

※ 작 성 방 법

1. 상속인 또는 수유자, 납세관리인 기재의 경우

　가. 납세관리인 설정신고서(국세기본법시행규칙 별지 제43호서식)상의 기재
　　 사항을 기재합니다.
　나. 영주권 취득자의 경우에는 외국국적 및 그 취득일란에 영주권을 부여한
　　 국가 및 영주권취득일을 기재합니다.

2. 피상속인 금융재산 지급·명의개서 또는 변경청구 내역의 경우

　가. 구 분 : 지급·명의개서·명의변경 등으로 구분합니다.
　나. 제출금융기관 : 금융재산의 지급·명의개서 또는 변경청구시 해당 금융
　　 기관명을 기재합니다.
　다. 종 류 : 예금·적금·부금·신탁금·출자금·신탁재산·주식·채권·수
　　 익증권·어음·수표·채무증서 등으로 구분합니다.
　라. 계좌번호 : 예금계좌번호·채권번호·수표번호·증권번호 등을 기재합니
　　 다.
　마. 수량 : 주식수·채권매수 등을 기재합니다.
　바. 금액 : 확인서교부시점(지급·명의개서 또는 변경청구)을 기준으로 한
　　 금액을 기재합니다.

【서식】 전환사채등발행및인수자내역명세서   (앞 쪽)

전환사채등발행및인수자내역명세서

[년 월 ~ 월분]

가. 사채발행내역

①사채 종류	②발행일 (납입일)	③상환일 (만기일)	④발행 수량	⑤표면 금리	⑥액면 가액	⑦발행 가액	⑧전환 가액	⑨전환 기간	⑩ 비고

나. 사채인수자

⑪성 명 (법인명)	⑫주민등록번호 (사업자등록번호)	⑬주 소	⑭인수일	⑮사채권면 총 액	⑯관계

 상속세및증여세법 제82조제6항 및 동법시행령 제84조제5항의 규정에 의하여 전환사채등의 발행내역과 인수자 내역을 위와 같이 제출합니다.

20○○년 ○월 ○일

제출자 상호(법인명)
       사업자등록번호
       소재지
       성명(대표)   (서명 또는 인)

세무서장 귀하

210㎜×297㎜(신문용지 54g/㎡)

※ 작 성 방 법

1. ① 사채종류란에는 전환사채(1), 신주인수권부사채(2), 교환사채(3), 기타(4)로 구분하여 기재합니다.
2. ⑤ 표면금리란에는 사채권면에 기재된 이자율을 기재합니다.
3. ⑧ 전환가액란에는 주식으로 전환하거나 신주를 인수하는 등의 경우에 1주 당 납입하여야 하는 가액을 기재합니다.
4. ⑨ 전환기간란에는 주식으로 전환하거나 신주인수권을 행사할 수 있는 기간을 기재합니다.
5. ⑩ 비고란에는 신주인수권부사채를 발행한 경우에 분리형인지, 비분리형인지를 기재합니다.
6. ⑮ 사채권면총액란에는 주식으로 전환하거나 신주인수권을 행사할 수 있는 전환사채 등의 총액을 기재합니다.
7. ⑯ 관계란에는 주주와 주주외의 자로 구분하여 기재합니다.

※ 전환사채 등의 종류별 · 발행일자별로 구분하여 작성하시기 바랍니다.
※ 주권상장법인 또는 협회등록법인이 증권거래법 제2조제3항의 규정에 의한 유가증권의 모집방법으로 전환사채 등을 발행하는 경우에는 제출하지 아니하여도 됩니다.

【서식】 출연받은 재산명세서 　　　　　　　　(앞쪽)

<table>
<tr><th colspan="11">출연받은 재산명세서</th></tr>
<tr><td rowspan="4">제
출
자</td><td>① 공익법인명</td><td></td><td colspan="4">② 사업자등록번호
(고 유 번 호)</td><td colspan="4"></td></tr>
<tr><td>③ 소 재 지</td><td colspan="9">(☎　　　　　　　　)</td></tr>
<tr><td>④ 대 표 자</td><td></td><td colspan="4">⑤ 사 업 연 도</td><td colspan="4"></td></tr>
</table>

<table>
<tr>
<th rowspan="3">일
련
번
호</th>
<th colspan="3">출 연 자</th>
<th colspan="6">출 연 재 산 명 세</th>
</tr>
<tr>
<th>⑥</th><th>⑦</th><th>⑧
출
연
일</th><th>⑨</th><th>⑩</th><th>⑪</th><th>⑫</th><th>⑬</th><th>⑭</th>
</tr>
<tr>
<th>성명
(법인명)</th><th>주민등록번호
(사업자등록번호)</th><th></th><th>상속
개시일</th><th>종류</th><th>재산의
소재지</th><th>수량
(면적)</th><th>가액</th><th>비고</th>
</tr>
<tr><td></td><td>합 계</td><td></td><td></td><td></td><td></td><td></td><td></td><td></td><td></td></tr>
<tr><td>1</td><td>소액계</td><td></td><td></td><td></td><td></td><td></td><td></td><td></td><td></td></tr>
<tr><td>2</td><td></td><td></td><td></td><td></td><td></td><td></td><td></td><td></td><td></td></tr>
<tr><td>3</td><td></td><td></td><td></td><td></td><td></td><td></td><td></td><td></td><td></td></tr>
<tr><td>4</td><td></td><td></td><td></td><td></td><td></td><td></td><td></td><td></td><td></td></tr>
<tr><td>5</td><td></td><td></td><td></td><td></td><td></td><td></td><td></td><td></td><td></td></tr>
<tr><td>6</td><td></td><td></td><td></td><td></td><td></td><td></td><td></td><td></td><td></td></tr>
<tr><td>7</td><td></td><td></td><td></td><td></td><td></td><td></td><td></td><td></td><td></td></tr>
<tr><td>8</td><td></td><td></td><td></td><td></td><td></td><td></td><td></td><td></td><td></td></tr>
<tr><td>9</td><td></td><td></td><td></td><td></td><td></td><td></td><td></td><td></td><td></td></tr>
<tr><td>10</td><td></td><td></td><td></td><td></td><td></td><td></td><td></td><td></td><td></td></tr>
<tr><td>11</td><td></td><td></td><td></td><td></td><td></td><td></td><td></td><td></td><td></td></tr>
</table>

　상속세및증여세법 제48조 제5항 및 동법 시행령 제41조의 규정에 의하여 출연받은 재산명세서를 위와 같이 제출합니다.

20○○년 ○월 ○일

제출자　　　　　　(서명 또는 인)

세무서장　귀하

출연받은 재산명세서 작성요령

1. 당해 사업연도에 출연받은 재산이 있는 모든 공익법인이 작성합니다.
2. 출연자를 일련번호 순서로 기재하고 합계의 ⑬란에 당해연도의 총 출연재산 가액을 기재합니다.
3. 1개 사업연도 중에 50만원 미만을 출연한 자(법인은 제외)가 있는 경우에는 소액계의 ⑬란에 소액 출연재산의 합계액을 기재합니다.
4. ⑤사업연도 : 공익법인의 회계기간인 사업연도를 기재합니다.
   예) 결산일이 없거나 12월말인 경우 → '04.1.1 ~ '04.12.31
   　　　결산일이 2월말인 경우 → '04.3.1 ~ '05.2.28
5. ⑧출연일 : 출연재산이 공익법인에 귀속된 날짜를 기재합니다.
6. ⑨상속개시일 : 상속인이 상속받은 재산을 출연한 경우에만 법정상속일자를 기재합니다.
7. ⑩종류 : 출연재산의 종류를 기재합니다.
   예) 현금, 부동산(대지·전답·임야·건물등), 주식(○○산업(주)), 유가증권(지하철공채, CMA, 수익증권 등), 의료기기 등
8. ⑪재산의 소재지 : 부동산의 경우 소재지, 주식 및 유가증권 등 금융상품인 경우는 발행회사를 기재합니다.
9. ⑫수량(면적) : 현금은 원, 부동산은 ㎡, 주식은 주, 현물출연인 경우는 현물의 수량을 나타내는 기본단위를 기재합니다.
10. ⑬가액 : 출연당시의 시가로 기재하되, 시가를 산정하기 어려운 경우에는 상속세및증여세법상의 평가방법에 의한 평가가액으로 기재합니다.

【서식】 출연재산및매각재산사용 계획서

<table>
<tr><th colspan="6">출 연 재 산 및 매 각 재 산 사 용 계 획 서</th></tr>
<tr><td colspan="2">① 공익법인명</td><td colspan="2">②사업자등록번호
(고 유 번 호)</td><td colspan="2"></td></tr>
<tr><td colspan="2">③ 주   소</td><td colspan="4">(☎ :   )</td></tr>
<tr><td colspan="2">④ 대 표 자</td><td colspan="2">⑤ 사업년도</td><td colspan="2"></td></tr>
<tr><td colspan="6">사   용   계   획</td></tr>
<tr><td>⑥ 구 분</td><td>⑦재 산 종 류</td><td>⑧용   도</td><td>⑨ 기   간</td><td colspan="2">⑩ 금   액</td></tr>
<tr><td></td><td></td><td></td><td></td><td colspan="2"></td></tr>
<tr><td></td><td></td><td></td><td></td><td colspan="2"></td></tr>
<tr><td></td><td></td><td></td><td></td><td colspan="2"></td></tr>
<tr><td></td><td></td><td></td><td></td><td colspan="2"></td></tr>
<tr><td></td><td></td><td></td><td></td><td colspan="2"></td></tr>
<tr><td></td><td></td><td></td><td></td><td colspan="2"></td></tr>
<tr><td></td><td></td><td></td><td></td><td colspan="2"></td></tr>
<tr><td></td><td></td><td></td><td></td><td colspan="2"></td></tr>
<tr><td></td><td></td><td></td><td></td><td colspan="2"></td></tr>
<tr><td></td><td></td><td></td><td></td><td colspan="2"></td></tr>
<tr><td colspan="6">　
　상속세및증여세법 제48조제5항 및 동법시행령 제41조의 규정에 의하여 출연재산 및 매각재산의 사용계획서를 제출합니다.

　　　　　　　　　2000년 ○월 ○일

　　　　　　　　　　제 출 자　　　　　　　(서명 또는 인)

　세무서장 귀하
　</td></tr>
<tr><td colspan="6">※ ⑥란에는 출연재산·매각재산·운용재산소득으로 구분하여 기재합니다.</td></tr>
</table>

22226-77311일
1997.2.25승인

210㎜ × 297㎜
(신문용지 54g/㎡)

【서식】 출연받은 재산의 3년내 사용설명서   (앞쪽)

<table>
<tr><th colspan="9" style="text-align:center">출연받은 재산의 3년내 사용명세서</th></tr>
<tr><td colspan="2">① 공 익 법 인 명</td><td colspan="3">② 사 업 자 등 록 번 호
(고 유 번 호)</td><td colspan="4"></td></tr>
<tr><td colspan="2">③ 소   재   지</td><td colspan="7">(☎   )</td></tr>
<tr><td colspan="2">④ 대   표   자</td><td colspan="2"></td><td colspan="5">⑤ 사 업 연 도</td></tr>
<tr><td rowspan="2">⑥
출 연
연월일</td><td rowspan="2">⑦
출연자</td><td colspan="4" style="text-align:center">출 연 재 산</td><td colspan="3" style="text-align:center">사 용 내 역</td></tr>
<tr><td>⑧
종류</td><td>⑨
소 재 지</td><td>⑩
수량
(면적)</td><td>⑪
가 액</td><td>⑫
사용
일자</td><td>⑬
사용
가액</td><td>⑭
비고</td></tr>
<tr><td></td><td></td><td></td><td></td><td></td><td></td><td></td><td></td><td></td></tr>
<tr><td></td><td></td><td></td><td></td><td></td><td></td><td></td><td></td><td></td></tr>
<tr><td></td><td></td><td></td><td></td><td></td><td></td><td></td><td></td><td></td></tr>
<tr><td></td><td></td><td></td><td></td><td></td><td></td><td></td><td></td><td></td></tr>
<tr><td></td><td></td><td></td><td></td><td></td><td></td><td></td><td></td><td></td></tr>
<tr><td></td><td></td><td></td><td></td><td></td><td></td><td></td><td></td><td></td></tr>
<tr><td></td><td></td><td></td><td></td><td></td><td></td><td></td><td></td><td></td></tr>
<tr><td></td><td></td><td></td><td></td><td></td><td></td><td></td><td></td><td></td></tr>
<tr><td></td><td></td><td></td><td></td><td></td><td></td><td></td><td></td><td></td></tr>
<tr><td></td><td></td><td></td><td></td><td></td><td></td><td></td><td></td><td></td></tr>
<tr><td>합 계</td><td></td><td></td><td></td><td></td><td></td><td></td><td></td><td></td></tr>
</table>

　　상속세및증여세법 제48조 제5항 및 동법시행령 제41조의 규정에 의하여 출연재산의 3년내 사용명세서를 위와 같이 제출합니다.

20○○년 ○월 ○일

　　　　　　　　　　　　　　　제출자　　　　　(서명 또는 인)

세무서장 귀하

(뒤 쪽)

출연받은 재산의 3년내 사용명세서 작성요령

1. 당해 사업연도 중 출연받은 재산에 대한 사용의무 기한이 도래되는 재산에 대하여 작성합니다.
2. ⑥출연년월일 : 출연재산이 공익법인에 귀속된 날짜를 기재합니다.
3. ⑧종류 : 출연재산의 종류를 기재합니다.
   예) 현금, 부동산(대지, 전, 답, 임야, 건물), 주식(○○산업(주)), 유가증권(지하철공채, 수익증권, CMA), 의료기기 등
4. ⑨소재지 : 부동산의 경우는 소재지, 주식 및 유가증권등 금융상품인 경우는 발행회사를 기재합니다.
5. ⑩수량 : 금액은 원, 부동산은 ㎡, 주식은 주, 현물출연인 경우는 현물의 수량을 나타내는 기본단위를 기재합니다.
6. ⑪가액 : 출연당시의 시가로 기재하되, 시가를 산정하기 어려운 경우는 상속세및증여세법상의 평가방법에 의한 가액으로 기재합니다.
7. ⑫사용일자 및 ⑬사용가액 : 출연받은 재산을 사용한 연도별로 구분 기재하되, 해당 연도에 2회 이상 사용내역이 있는 경우는 ⑫사용일자란에는 사용연도의 제일 마지막 일자를 기재하고 ⑬사용가액은 연도별 합계액을 기재합니다.
   예) 2001.5.1에 현금 1,000,000원을 출연받아 2001.7.5 및 8.16에 각각 200,000원 사용, 2002.3.4에 500,000원 사용, 2003.4.1에 현금 100,000원을 사용한 경우

⑥ 출연 연월일	⑦ 출연자	출 연 재 산				사 용 내 역		
		⑧ 종류	⑨ 소재지	⑩ 수량 (면적)	⑪ 가 액	⑫ 사용일자	⑬ 사용 가액	⑭ 비 고
2001.5.1	홍길동	현금			1,000,000	2001.8.16	400,000	목적 사업용
						2002.3.4	500,000	목적 사업용
					–	2003.4.1	100,000	목적 사업용

8. ⑭비고 : 「수익용」 또는 「목적사업용」을 기재합니다.

【서식】 주식(출자지분)보유명세서　　　　　　　　　　　　(앞 쪽)

주식(출자지분)보유명세서

① 법 인 명		②사업자등록번호 (고 유 번 호)						
③ 소 재 지								
④ 대 표 자		⑤ 사 업 연 도						

주 식 발 행 법 인			공 익 법 인 보 유 주 식					⑬총재산 가 액 (비 율)
⑥법 인 명 (사업자 등록번호)	⑦총발행 주식수	⑧주식수 (지분율)	⑨취득구분 (취득일)	가　　　액				
				⑩ 장 부 가액	⑪ 취 득 가액	⑫시 가		

　　　상속세및증여세법 제48조제5항 및 동법시행령 제41조의 규정에 의하여 주식
보유명세서를 위와 같이 제출합니다.

20○○년 ○월 ○일

제출자　　　　　　　(서명 또는 인)

세무서장　　　귀하

210mm×297mm(신문용지 54g/㎡)

(뒤   쪽)

작 성 방 법

1. 주식(출자지분)보유명세서는 공익법인이 보유하고 있는 주식중 기업집단에 속하는 계열법인과 그외의 법인을 구분하여 별지로 작성합니다.
2. ⑥란에는 보유하고 있는 주식의 발행법인의 회사명을 기재하고, 괄호안에는 당해 법인의 사업자등록번호를 기재합니다.
3. ⑦란은 보유하고 있는 주식의 발행회사에서 발행교부된 총주식수(의결권 없는 주식은 제외)를 기재합니다.
4. ⑧란 괄호안의 지분율은 다음 산식에 의한 비율을 기재합니다.

$$\frac{⑧주식수}{⑦총발행주식수(의결권없는 주식은 제외)} \times 100\%$$

5. ⑨란은 출연·매입·유상증자·기타로 구분하고, 괄호안에는 주식을 취득한 연월일을 기재합니다.
   예) 2001년 1월 31일인 경우 ⇒ 01.01.31.
6. 가액란은 다음의 구분에 의하여 기재합니다.
   ⑩장부가액 : 대차대조표상의 가액을 기재합니다.
   ⑪취득가액 : 법인세법시행령 제74조제1항제1호마목의 규정에 의한 가액을 기재합니다.
   ⑫시   가 : 매 사업연도말 현재 상속세및증여세법에 의하여 평가한 가액을 기재합니다.
7. ⑬란의 총재산가액은 보유주식을 제외한 재산의 대차대조표상의 가액에 ⑩장부가액과 ⑪취득가액중 적은 금액을 가산한 금액을 기재하고, 괄호안에는 다음 산식에 의한 비율을 기재합니다.

$$\frac{기업집단내 계열법인별 ⑩란과 ⑪란중 적은 금액의 합계액}{총재산가액} \times 100\%$$

【서식】 이사등선임명세서

사업연도	이사등선임명세서		법인명

사업자등록번호		법인등록번호	

1. 이사 등 선임명세

이사 등 인적사항			④ 선임일	⑤ 해임일	⑥ 출연자와의 관계	⑦ 출연법인과의 관계	⑧ 다른 이사와의 관계	⑨ 초과여부	⑩ 비고
① 성명	② 주민등록번호	③ 주 소							

2. 기준초과 이사 및 임·직원에 대한 경비 명세

⑪ 성명	⑫ 주민등록번호	⑬ 직책	⑭ 취임·근무일	당해 연도 경비 명세						㉑ 비고
				⑮ 급료	⑯ 판공비	⑰ 차량유지비	⑱ 비서실운영비	⑲ 기타경비	⑳ 합계	

상속세및증여세법 제48조제8항 및 동법시행령 제41조의 규정에 의하여 이사 등 선임명세서를 위와 같이 제출합니다.

20○○년 ○월 ○일

제출자   (서명 또는 인)

세무서장   귀하

※ **작성방법**

1. 공익법인등의 이사 및 임원의 경우에는 전체 명세를 작성하고, 출연자(상속세및증여세법시행령 제38조제9항의 규정에 의한 소액출연자 제외) 또는 그와 특수관계에 있는 자가 이사 현원(이사 현원이 5인에 미달하는 경우에는 5인으로 본다)의 5분의 1을 초과하여 이사가 되거나 임원으로 되는 경우에는 "2"란을 작성하며, 직원은 출연자 또는 그와 특수관계에 있는 자에 해당되는 경우에 "2"란을 작성합니다.
2. "2"란 경비 명세는 당해 이사 및 임직원에 대한 직접·간접 경비를 기재하며, 이사의 경우 취임시기가 다른 경우에는 나중에 취임한 이사분부터, 취임시기가 동일한 경우에는 지출경비가 많은 이사분부터 기재합니다.
3. ⑩란 및 ㉑란에는 이사·임원·직원을 구분하여 기재합니다.

210㎜×297㎜(신문용지 54g/㎡)

【서식】특정기업광고등명세서

사 업 연 도	특정기업광고등명세서						법 인 명	
사업자등록번호			법인등록번호					
특 정 기 업 (특수관계에 있는 내국법인)			④ 특정기업소 유주식수	광고 · 홍보행위 관련비용				⑨ 비고
① 법인명	② 소재지	③ 사업자 등록번호		⑤ 계정 과목	⑥ 행위 내용	⑦ 지출처	⑧ 지출 금액	

상속세및증여세법 제48조제10항 및 동법시행령 제41조의 규정에 의하여 특정기업광고등명세서를 위와 같이 제출합니다.

20○○년 ○월 ○일

제출자   (서명 또는 인)

세무서장   귀하

※ 작성요령
  1. 공익법인이 상속세및증여세법시행령 제38조제11항의 규정에 의한 특수관계에 있는 내국법인의 이익을 증가시키기 위하여 정당한 대가를 받지 아니하고 광고 · 홍보를 한 경우에 작성합니다.
  2. ④란에는 공익법인이 보유하고 있는 특정기업의 주식수를 기재합니다.
  3. 광고 · 홍보를 위하여 지출한 비용은 계정과목의 분류에 불구하고 실제로 지출된 내역을 기재하되, ⑥란에는 다음의 구분에 따라 ① · ② · ③으로 기재합니다.
    ① 신문 · 잡지 · 텔레비전 · 라디오 · 인터넷 또는 전자광고판을 이용하여 특정기업을 위하여 홍보하거나 내국법인의 특정상품에 관한 정보를 제공하는 행위
    ② 팜플렛 · 입장권 등에 내국법인의 명칭을 사용하거나 내국법인의 특정 상품에 관한 정보를 제공하는 행위
    ③ 내국법인의 상품 등을 기념품 등으로 증정하는 행위

210㎜×297㎜(신문용지 54g/㎡)

【서식】공익법인과세내용통보서

<table>
<tr><td colspan="6" style="text-align:center">세 무 서
(전화번호:)

문서번호: 년   월   일
수 신: 발신: 세무서장 ㉑

공익법인 과세내용 통보서</td></tr>
<tr><td colspan="3" style="text-align:center">기 본 사 항</td><td colspan="3" style="text-align:center">과 세 내 용</td></tr>
<tr><td>① 법인명
(공익사업명)</td><td>② 주 소</td><td>③ 대표자
성명</td><td>④ 세목 및
세액</td><td>⑤ 과세사유</td><td>⑥ 납부기한</td></tr>
<tr><td></td><td></td><td></td><td></td><td></td><td></td></tr>
<tr><td></td><td></td><td></td><td></td><td></td><td></td></tr>
<tr><td></td><td></td><td></td><td></td><td></td><td></td></tr>
<tr><td></td><td></td><td></td><td></td><td></td><td></td></tr>
<tr><td></td><td></td><td></td><td></td><td></td><td></td></tr>
<tr><td></td><td></td><td></td><td></td><td></td><td></td></tr>
<tr><td></td><td></td><td></td><td></td><td></td><td></td></tr>
<tr><td></td><td></td><td></td><td></td><td></td><td></td></tr>
</table>

22226-77911일
97.2.25. 승인   210㎜×297㎜
(신문용지 54g/㎡)

【서식】 공익법인 설립허가 등 통보서

<table>
<tr><td colspan="9" style="text-align:center">기   관   명</td></tr>
<tr><td colspan="9">(전화번호:)</td></tr>
<tr><td colspan="9">문서번호: 년   월   일</td></tr>
<tr><td colspan="9">수   신 : 세무서장   발신: ⑪</td></tr>
<tr><td colspan="9" style="text-align:center">공익법인 설립허가 등 통보서</td></tr>
</table>

기 본 사 항			통 보 내 역					
① 법인명 (공익사업명)	② 주 소	③ 대표자 성명	설 립 허 가		시정명령· 설립허가취소		과세사유 해당	
			④ 연월일	⑤ 출연재산	⑥ 연월일	⑦ 사유	⑧ 연월일	⑨ 사유

【서식】 상속개시전 1(2)년 이내 재산처분·채무부담 내역 및 사용
처소명 명세서

상속개시전 1(2)년 이내 재산처분·채무부담 내역 및 사용처소명 명세서

가. 처분재산 및 부담부채 명세

① 재산 소재지	② 종류	③ 면적	④ 처분일 (부담일)	⑤ 금액	⑥ 양 수 자 (채 권 자)		
					주 소	성 명	주민등록 번 호
합 계							

나. 사 용 처

⑦ 사용 연원일	⑧ 금액	⑨ 사 용 용 도	⑩ 거 래 상 대 방			관 계
			주 소	성 명	주민등록 번 호	
합 계						

다. 상속재산가산액 계산

⑪ 재산처분 (부담채무)가액	⑫ 사용처소명 금 액	⑬ 미소명 금 액	⑭ ⑪금액의 20%와 2억원 중 적은 금액	⑮ 상속추정여부 ⑬＞⑭	⑯ 상속추정 재산가액
				여·부	

※ 작 성 방 법

1. 이 명세서는 상속세및증여세법시행령 제11조제5항 각호의 1에 해당하는 재산종류별 별지로 작성합니다.
2. ⑤ 금액란은 처분재산종류별 금액 또는 채무부담액을 기재합니다.
3. ⑪ 처분재산(부담채무)가액란은 ⑤란의 합계금액을 기재합니다.
4. ⑫ 사용처소명금액란은 ⑧란의 합계금액을 기재합니다.
5. ⑬ 미소명금액란은 ⑪란의 금액에서 ⑫란의 금액을 차감한 금액을 기재합니다.
6. ⑮ 상속추정여부란은 여·부에 ○표를 기입합니다.
7. ⑯ 상속추정재산가액란은 ⑬란의 금액이 ⑭란의 금액보다 큰 경우 ⑬란의 금액에서 ⑭란의 금액을 차감한 금액을 기재합니다.

210㎜×297㎜(신문용지 54g/㎡ 재활용품)

【서식】 자산보유 및 수입금액 현황　　　　　　　　(앞쪽)

자산보유 및 수입금액 현황

①공 익 법 인 명		②사 업 자 등 록 번 호 (고 유 번 호)	
③대 표 자		④사 업 연 도	
⑤소 재 지		⑥전 자 우 편 주 소	
		⑦전 화 번 호	

1. 자산보유현황

⑧ 총자산가액 (⑨+⑩+⑪+⑫+⑬)	⑨토지	⑩건물	⑪ 주식·출자 지분 등	⑫ 예·적금등 금융자산	⑬ 기타

2. 수입원천별 수입금액현황

구 분	⑭ 합계 (⑮+⑲ +㉒+㉓)	금 융				부 동 산			㉒ 수익 사업	㉓ 기타
		⑮ 소계	⑯ 이자	⑰ 배당	⑱ 기타	⑲ 소계	⑳ 임대	㉑ 매각		
수입 금액										
소득 금액										

　　상속세및증여세법 제48조 제5항 및 동법시행령 제41조의 규정에 의하여
자산보유 및 수입금액 현황을 위와 같이 제출합니다.

20○○년 ○월 ○일

제출자　　　　　　　(서명 또는 인)

세무서장 귀하

(뒤 쪽)

자산보유 및 수입금액 현황 작성요령

1. 자산보유현황
   - 사업연도 종료일 현재 대차대조표상 각 자산종류별 장부가액을 기재합니다.
   - "총자산가액"이라 함은 대차대조표상 총자산의 장부가액을 의미합니다.

2. 수입원천별 수입금액현황
   - 수입금액 : 수입총액을 기재합니다.
   - 소득금액 : 수입금액에서 필요경비를 차감한 후의 금액을 기재합니다.

3. 수입원천별 수입구분
   - 금융
     · 이   자 : 예금 등의 이자 등을 기재합니다.(법인세법 제3조 제2항 제2호)
     · 배   당 : 주식의 배당금 등을 기재합니다.(법인세법 제3조 제2항 제3호)
     · 기   타 : 주식과 채권 등을 매도함에 따른 금액을 기재합니다.
            (법인세법 제3조 제2항 제4호 및 법인세법시행령 제2조 제3항)
   - 부동산 : 부동산임대소득 및 부동산의 처분으로 인하여 생기는 금액을 기재합니다.(법인세법 제3조 제2항 제1호 및 제5호)
   - 수익사업 : 부동산임대 소득외의 수익사업의 금액을 기재합니다.
            (법인세법 제3조 제2항 제1호 및 제5호)
   - 기   타 : 상기외의 것으로서 고유목적사업부분의 수입금액을 기재합니다.
            예) 회비수입, 교비수입 등으로서 비용이 공제되기 전의 총액

【서식】운용소득의 직접공익목적사업 사용명세서　　　　　(앞쪽)

<table>
<tr><td colspan="8" align="center">운용소득의 직접공익목적사업 사용명세서</td></tr>
<tr>
<td rowspan="2">① 공익법인명</td>
<td rowspan="2"></td>
<td colspan="2">② 사업자
등록번호
(고유번호)</td>
<td colspan="4"></td>
</tr>
<tr></tr>
<tr>
<td>③ 소 재 지</td>
<td colspan="7">(☎　　　　　)</td>
</tr>
<tr>
<td>④ 대 표 자</td>
<td></td>
<td colspan="2">⑤ 사 업 연 도</td>
<td colspan="4"></td>
</tr>
<tr>
<td rowspan="2">구　　분</td>
<td colspan="6" align="center">금　　　　액</td>
</tr>
<tr>
<td>당 해
사업연도</td>
<td>1년전
사업연도</td>
<td>2년전
사업연도</td>
<td>3년전
사업연도</td>
<td>4년전
사업연도</td>
<td>5년간의
평 균</td>
</tr>
<tr>
<td>⑥ 전 년 도
출 연 재 산
운 용 소 득</td>
<td></td><td></td><td></td><td></td><td></td><td></td>
</tr>
<tr>
<td>⑦ 사용기준액
(⑥ × $\frac{70}{100}$)</td>
<td></td><td></td><td></td><td></td><td></td><td></td>
</tr>
<tr>
<td>⑧ 1 년 내
사 용 실 적</td>
<td></td><td></td><td></td><td></td><td></td><td></td>
</tr>
<tr>
<td>⑨ 과 부 족 액
(⑧-⑦)</td>
<td></td><td></td><td></td><td></td><td></td><td></td>
</tr>
<tr>
<td colspan="7">

　　상속세및증여세법 제48조 제5항 및 동법시행령 제41조의 규정에 의하여 운용소득의 직접공익목적사업 사용명세서를 위와 같이 제출합니다.

　　　　　　　　　　20○○년 ○월 ○일

　　　　　　　　　제출자　　　　　　　(서명 또는 인)

세무서장 귀하

</td>
</tr>
</table>

(뒤 쪽)

운용소득의 직접공익목적사업 사용명세서 작성요령

1. 출연받은 재산을 수익용 또는 수익사업용으로 운용하는 경우로서 운용소득을 직접 공익목적사업에 사용한 실적을 기재합니다.

2. ⑥란의 "전년도 출연재산운용소득"은 다음과 같이 계산합니다.
   각 사업연도의 수익사업 및 수익용출연재산에서 발생한 소득금액
   (-) 출연재산의 양도차익
   (+) 고유목적사업준비금과 손금에 산입한 고유목적사업비
   (+) 출연재산을 수익의 원천에 사용함으로써 생긴 소득금액(분리과세를 선택한 이자소득도 운용소득에 포함됨)
   (-) 당해 소득에 대한 법인세 또는 소득세 · 농어촌특별세 · 주민세 및 이월결손금
   (+) 직전연도 운용소득 미달사용금액 - 미달사용금액에 대한 가산세

3. 1년내 사용실적은 아래 사항에 대한 사용실적을 합계하여 기재합니다.
   - 정관상의 설립목적사업을 직접 수행하는데 소요된 비용
   - 고유목적사업의 수행을 위해 직접 사용되는 자산을 취득한 비용
   - 고유목적사업 수행을 위한 사용인의 인건비 등 필요경비로 사용한 비용
   ※ 수익용재산 취득에 사용한 운용소득금액은 직접공익목적사업 사용금액에 포함하지 않음

4. ⑨과부족액의 5년간의 평균란은 당해 사업연도 사용실적이 부족사용일 경우에만 기재합니다.

【서식】재산 매각대금 사용명세서   (앞쪽)

재 산 매 각 대 금 사 용 명 세 서

① 공익법인명			② 사업자등록번호 (고 유 번 호)			
③ 소 재 지				(☎)		
④ 대 표 자				⑤ 사 업 연 도		

⑥ 매 각 연 월 일	매 각 재 산				⑪사용기준금액	사 용 내 역			
	⑦ 종 류	⑧ 소재지	⑨ 수량 (면적)	⑩ 매각 금액	1년내(⑩×30/100) 2년내(⑩×60/100) 3년내(⑩×90/100)	⑫ 사용 일자	⑬ 사용 금액	⑭ 사 용 처	⑮ 미사용 금 액
합계									

　　상속세및증여세법 제48조 제5항 및 동법시행령 제41조의 규정에 의하여 매각재산사용명세서를 위와 같이 제출합니다.

　　　　　　　　　　2000년 0월 0일

　　　　　　　　　　　　　　제출자　　　　　　(서명 또는 인)

　세무서장 귀하

재산 매각대금 사용명세서 작성요령

1. 사업연도 개시일부터 소급해서 3년 이내에 재산을 매각한 경우로서 매각한 날이 속하는 과세기간 또는 사업연도의 종료일부터 3년 이내에 매각금액을 직접 공익목적사업에 사용한 실적을 매년 작성 제출합니다.

2. ⑩매각금액은 매각수익총액에서 매각에 따른 국세 및 지방세를 차감한 금액을 기재합니다.

3. ⑬사용금액 기재시 1년내 사용실적은 매각한 날이 속하는 과세연도와 1차연도분(매각한 날이 속하는 과세연도의 다음 과세연도)의 사용실적을 합하여 기재합니다.

4. ⑫사용일자, ⑬사용금액은 누적액으로 기재합니다.
   예) 1차연도 : 2002. 5. 1.외3   500만원   장학금지급외
       2차연도 : 1차연도분의 것을 포함하여 기재
               2003. 2 3외10   1,500만원   고유목적사업용 자산취득

5. ⑮미사용금액은 (⑪사용기준금액 - ⑬사용금액)으로 계산하여 기재합니다.

【서식】 한정승인청구서

상 속 한 정 승 인 청 구

청구인(신고인)   김갑동
　　　　　　　　19○○년 ○월 ○일생
　　　　　　　　본적   ○○시 ○○구 ○○동 ○○
　　　　　　　　주소   ○○시 ○○구 ○○동 ○○(우편번호○○○-○○○)
　　　　　　　　연락처   ○○○ - ○○○○
피상속인(망)   이을녀
　　　　　　　　19○○년 ○월 ○일생
　　　　　　　　본적   ○○시 ○○구 ○○동 ○○
　　　　　　　　주소   ○○시 ○○구 ○○동 ○○
　　　　　　　　연락처   ○○○ - ○○○○

청 구 취 지

청구인이 피상속인 망 이을녀의 재산상속을 함에 있어 별지 상속재산목록을 첨부하여서 한 한정승인신고는 이를 수리한다.
라는 심판을 구합니다.

청 구 원 인

1. 청구인 김갑동은 피상속인 망 이을녀의 子입니다.
2. 피상속인 망 이을녀는 20○○년 ○월 ○일에 최후주소지에서 사망하여 청구인은 상속이 개시된 것을 알았습니다.
3. 그런데 피상속인은 별지 목록과 같은 다액의 은행대출금채무 등을 가지고 있는 반면 피상속인이 남긴 상속 재산은 별지목록 표시의 재산밖에 없으므로 청구인은 피상속인이 진 채무를 상환할 능력이 없으므로 별지목록 표시 상속재산의 한도에서 피상속인의 채무를 변제할 것을 조건으로 한정승인하고자 이 심판청구에 이른 것입니다.

첨 부 서 류

1. 호적등본   1통
1. 제적등본   1통
1. 상속재산목록   1통
1. 주민등록등본   1통
1. 인감증명서   1통

20○○년 ○월 ○일

청 구 인 김갑동 (인)

○○지방법원 귀중

별 지

재산목록
1. 피상속인의 소유재산
 가. 대구 ○○구 ○○동 아파트 전세보증금 ○○○원
 나. 최후주소지상 가재도구 등 유체동산
2. 피상속인의 채무
 가. ○○ 은행 대출원리금 채무 금 ○○○원
 나. ○○ 신용카드 대출원리금 채무 ○○○원
- 이 상 -

* 상속인이 수인인 경우는 모두 기재하여야 합니다.
* 별지 재산 목록은 자세하게 기재하여야 합니다. 한정승인의 경우는 청구인의 청구에 따라 법원이 수리를 하는 것에 불과하므로 고의로 누락한 경우 채권자가 별도의 소송에서 한정승인 수리 무효를 주장할 수있습니다. 따라서 채권자가 한정승인에 대한 무효를 주장하지 않도록 정확하게 기재하고, 특히 상속받은 적극재산을 누락하지 않도록 주의 해야 합니다.

【서식】 상속재산의분리심판청구서

상 속 재 산 의 분 리 심 판 청 구 서

청 구 인 ○ ○ ○
　　　　19○○년 ○월 ○일생
　　　　본적 ○○시 ○○구 ○○동 ○○
　　　　주소 ○○시 ○○구 ○○동 ○○(우편번호○○○-○○○)
　　　　전화 ○○○ - ○○○○

피상속인 △ △ △
　　　　19○○년 ○월 ○일생
　　　　본적 ○○시 ○○구 ○○동 ○○
　　　　주소 ○○시 ○○구 ○○동 ○○(우편번호○○○-○○○)
　　　　전화 ○○○ - ○○○○

상 속 인 ▽ ▽ ▽
　　　　19○○년 ○월 ○일생
　　　　본적 ○○시 ○○구 ○○동 ○○
　　　　주소 ○○시 ○○구 ○○동 ○○(우편번호○○○-○○○)
　　　　전화 ○○○ - ○○○○

청　구　취　지

　피상속인 망 △△△의 상속재산과 상속인 ▽▽▽의 고유재산을 분리한다.
라는 심판을 바랍니다.

청　구　원　인

1. 청구인은 상속인 ▽▽▽의 채권자이고 피상속인은 20○○. ○. ○. 사망으로 상속이 개시되었는 바,
2. 청구인은 피상속인의 채무가 상속재산을 초과하므로 상속인의 재산과 피상속인의 재산이 혼입되는 것을 막기 위하여 민법 제1045조에 의하여 상속재산 분리를 청구합니다.

첨 부 서 류

1. 제적등본   1통
1. 말소주민등록등본(피상속인의 것)   1통
1. 주민등록표등본   1통
1. 납 부 서   1통

20○○년 ○월 ○일

위 청구인 ○ ○ ○ (인)

○ ○ 지 방 법 원   귀중

【서식】구수증서유언서

유 언 증 서

　유언자 ○○시 ○○구 ○○동 ○○번지 박○○은 20○○. ○. ○. 유언자 본인 자택에서 다음과 같이 유언을 구술하다.

1. 가. 장남 박□□에게는 ○○소재 대지 ○평 건평 ○○평 거주가옥 1동을 상속한다.
   나. 2남 박□□에게는 ○○소재 대지 ○평 위 지상건물 1동 건평 ○평을 상속한다.
   다. 장녀 박□□에게는 주식중 ○○주식회사 및 ○○회사의 주식 ○○주를 상속한다.
   라. 처 유□□에게는 ○○은행 예금 ○○○원과 ○○은행 적금 ○○○원을 상속한다.
2. 위 다. 라. 이외의 동산은 일단 장남 박□□에게 상속시키되 유언자의 처와 협의하여 나누어도 좋다.
3. 장남 박□□은 내가 사망 후 3남 박□□의 대학졸업시까지 학자금을 부담하며 학업에 지장이 없도록 할 것.
4. 유언집행자로서 유언자의 동생인 박□□을 지정한다.
5. 장남, 2남, 장녀 등은 협조하여 어머니에게 효도를 다하며 형제간에 화목할 것.

　위 취지의 유언자 구수를 증인 ◇◇◇가 필기한 후 유언자 및 다른 증인에게 낭독해 준 바 모두 필기가 정확함을 승인하였다.

20○○년 ○월 ○일

유언자
필기자 ○ ○ ○ (인)
증 인 ○ ○ ○ (인)
주 소 ○○시 ○○구 ○○동 ○○
직 업 변호사
증 인 ○ ○ ○ (인)
주 소 서울 ○○구 ○○동 ○○
직 업 회사원

【서식】 상속재산분할협의서

상 속 재 산 분 할 협 의 서

  20○○년 ○월 ○○일 ○○시 ○○구 ○○동 ○○ 망 □□□의 사망으로 인하여 개시된 상속에 있어 공동상속인 ○○○, ○○○, ○○○는 다음과 같이 상속재산을 분할하기로 협의한다.

1. 상속재산 중 ○○시 ○○구 ○○동 ○○ 대 300㎡는 ○○○의 소유로 한다.
1. 상속재산 중 □□시 □□구 □□동 □□ 대 200㎡는 ○○○의 소유로 한다.
1. 상속재산 중 △△시 △△구 △△동 △△ 대 100㎡는 ○○○의 소유로 한다.

  위 협의를 증명하기 위하여 이 협의서 3통을 작성하고 아래와 같이 서명날인하여 그 1통씩을 각자 보유한다.

                20○○년 ○월 ○○일

              성 명 ○ ○ ○ (인)
                    주소 ○○시 ○○구 ○○동 ○○
              성 명 ○ ○ ○ (인)
                    주소 ○○시 ○○구 ○○동 ○○
              성 명 ○ ○ ○ (인)
                    주소 ○○시 ○○구 ○○동 ○○

【서식】 소유권이전등기신청서(대습상속)

소유권이전등기신청

접수	년 월 일	처리인	접수	조사	인감	기입	교합	등기필통지서	각종통지
	제 호								

부동산의 표시

　1동의 건물의 표시 ○○시 ○○구 ○○동 ○○
　　○○(아) 제○○○동

　전유부분의 건물의 표시
　건물의번호 : 101-2-21,
　　구 조 : 철근콘크리트조
　면 적 : 2층 201호 84.95 평방미터

　대지권의표시
　토지의표시 ○○시 ○○구 ○○동 ○○
　　대 25000 평방미터
　　대지권의종류 : 소유권
　대지권의비율 : 25000 분지 35

등기원인과 그 연월일	20○○년 ○월 ○○일 상속
등기의 목적	소유권 이전
상속인 전원의 표시	별지목록 기재와 같음

구분	성명 (상호·명칭)	주민등록번호 (등기용등록번호)	주소(소재지)	지분 (개인별)
등 기 의 무 자	망 △△△ 상속인 (별지첨부)	111111-1111111	등기부상의 주소 : ○○시 ○○구 ○○동 ○○ 최후주소 : 위와 같음	
등 기 권 리 자	상속인 김○○	111111-1111111	○○시 ○○구 ○○동 ○○	

시가표준액 및 국민주택채권매입금액		
부동산표시	부동산별 시가표준액	부동산별 국민주택채권매입금액
1. 토 지	금○○○원 (개별공시지가×☞적용비율)	금○○○원 (토지시가표준액×☞매입적용률)
2.	금 원	금 원
3.	금 원	금 원
국 민 주 택 채 권 매 입 총 액	금 ○○원	
등록세 금○○○원	교육세 금○○○원(등록세×20/100)	

세액합계	금○○○원
등기신청수수료	금○○○원

첨부서면

· 등록세영수필확인서 및 통지서 1통	· 주민등록등(초)본	3통
· 국민주택채권매입필증 1통	· 신청서 부본	1통
· 제적등본(피상속인) 1통	· 위임장(위임한 경우)	1통
· 호적등본(상속인 전원) 1통		
· 등기필증 1통		
· 토지·임야·건축물대장 1통		
· 공시지가확인원 1통		

20○○년 ○월 ○일

위 신청인   ○○○ (인) (전화 : ○○○-○○○○)

(또는)위 대리인 ○○○ (인) (전화 : ○○○-○○○○)

○ ○ 지 방 법 원   등기과   귀중

【서식】 소유권이전등기신청서(법정상속)

<table>
<tr><th colspan="9" style="text-align:center">소 유 권 이 전 등 기 신 청</th></tr>
<tr>
<td rowspan="2">접
수</td>
<td>년 월 일</td>
<td rowspan="2">처
리
인</td>
<td>접수</td>
<td>조사</td>
<td>인감</td>
<td>기입</td>
<td>교합</td>
<td>등기필통지서</td>
<td>각종통지</td>
</tr>
<tr>
<td>제 호</td>
<td></td>
<td></td>
<td></td>
<td></td>
<td></td>
<td></td>
<td></td>
</tr>
</table>

부동산의 표시

1. ○○시 ○○구 ○○동 ○○
   대 300㎡
 	
2. ○○시 ○○구 ○○동 ○○
   시멘트 벽돌조 슬래브지붕 2층 주택
      1층 100㎡
   2층 100㎡
 	
   이   상

등기원인과 그 연월일	20○○년 ○월 ○○일 상속
등기의 목적	소유권 이전
상속인 전원의 표시	별지목록 기재와 같음

구분	성명 (상호·명칭)	주민등록번호 (등기용등록번호)	주소(소재지)	상속분	지분 (개인 별)
등기 의무 자	망 △△△ 상속인 (별지첨부)	111111-1111111	등기부상의 주소 : ○○시 ○○구 ○○동 ○○ 최후주소 : 위와 같음		
등기 권리 자	○○○ ○○○ ○○○	111111-1111111 111111-1111111 111111-1111111	○○시 ○○구 ○○동 ○○ ○○시 ○○구 ○○동 ○○ ○○시 ○○구 ○○동 ○○	3/7 2/7 2/7	3/7 2/7 2/7

시가표준액 및 국민주택채권매입금액		
부동산 표시	부동산별 시가표준액	부동산별 국민주택채권매입금액
1. 토지	금○○○원 (개별공시지가×☞적용비율)	금○○○원 (토지시가표준액×☞매입적용률)
2. 건물	금○○○원 (☞건물시가표준액산출방법)	금○○○원 (건물시가표준액×☞매입적용률)
3.	금 원	금 원
국 민 주 택 채 권 매 입 총 액		금 ○○원
등록세 금○○○원		교육세 금○○○원(등록세×20/100)
세액합계	금○○○원	
등기신청수수료	금○○○원	
첨 부 서 면		

- 호적등본   1통
- 제적등본   1통
- 피상속인 및 상속인의주민등록표등(초)본 4통
- 등록세영수필확인서 통지서   1통

- 토지·건축물대장등본각   1통
- 신청서 부본   3통
- 위임장(위임한 경우)   1통

20○○년 ○월 ○일

위 신청인 김 ○○ (인) (전화 : ○○○-○○○○)
         홍 ○○ (인) (전화 : ○○○-○○○○)
         홍 ○○ (인) (전화 : ○○○-○○○○)

(또는)위 대리인 ○○○ (인) (전화 : ○○○-○○○○)

○ ○ 지 방 법 원   등기과   귀중

【서식】상속재산의분리심판청구서

상 속 재 산 의 분 리 심 판 청 구 서

청 구 인 ○ ○ ○
>　　　　19○○년 ○월 ○일생
>　　　　본적 ○○시 ○○구 ○○동 ○○
>　　　　주소 ○○시 ○○구 ○○동 ○○(우편번호○○○-○○○)
>　　　　전화 ○○○ - ○○○○

피상속인 △ △ △
>　　　　19○○년 ○월 ○일생
>　　　　본적 ○○시 ○○구 ○○동 ○○
>　　　　주소 ○○시 ○○구 ○○동 ○○(우편번호○○○-○○○)
>　　　　전화 ○○○ - ○○○○

상 속 인 ▽ ▽ ▽
>　　　　19○○년 ○월 ○일생
>　　　　본적 ○○시 ○○구 ○○동 ○○
>　　　　주소 ○○시 ○○구 ○○동 ○○(우편번호○○○-○○○)
>　　　　전화 ○○○ - ○○○○

청　구　취　지

　피상속인 망 △△△의 상속재산과 상속인 ▽▽▽의 고유재산을 분리한다.
라는 심판을 바랍니다.

청　구　원　인

1. 청구인은 상속인 ▽▽▽의 채권자이고 피상속인은 20○○. ○. ○. 사망으로 상속이 개시되었는 바,
2. 청구인은 피상속인의 채무가 상속재산을 초과하므로 상속인의 재산과 피상속인의 재산이 혼입되는 것을 막기 위하여 민법 제1045조에 의하여 상속재산 분리를 청구합니다.

첨 부 서 류

1. 제적등본   1통
1. 말소주민등록등본(피상속인의 것)   1통
1. 주민등록표등본   1통
1. 납 부 서   1통

20○○년 ○월 ○일

위 청구인 ○ ○ ○ (인)

○ ○ 지 방 법 원   귀중

【서식】 공유물분할청구의 소(상속된 공유토지분할)

소　　장

원　　고　1. 정○○ (주민등록번호)
　　　　　　　○○시 ○○구 ○○동 ○○ (우편번호 ○○○ - ○○○)
　　　　　　전화·휴대폰번호:
　　　　　　팩스번호, 전자우편(e-mail)주소:
　　　　　2. 정○○ (주민등록번호)
　　　　　　　○○시 ○○구 ○○동 ○○ (우편번호 ○○○ - ○○○)
　　　　　　전화·휴대폰번호:
　　　　　　팩스번호, 전자우편(e-mail)주소:
　　　　　3. 정○○ (주민등록번호)
　　　　　　　○○시 ○○구 ○○동 ○○ (우편번호 ○○○ - ○○○)
　　　　　　전화·휴대폰번호:
　　　　　　팩스번호, 전자우편(e-mail)주소:
　　　　　4. 정○○ (주민등록번호)
　　　　　　　○○시 ○○구 ○○동 ○○ (우편번호 ○○○ - ○○○)
　　　　　　전화·휴대폰번호:
　　　　　　팩스번호, 전자우편(e-mail)주소:

피　　고　1. 정◇◇ (주민등록번호)
　　　　　　　○○시 ○○구 ○○동 ○○ (우편번호 ○○○ - ○○○)
　　　　　　전화·휴대폰번호:
　　　　　　팩스번호, 전자우편(e-mail)주소:
　　　　　2. 정◇◇ (주민등록번호)
　　　　　　　○○시 ○○구 ○○동 ○○ (우편번호 ○○○ - ○○○)
　　　　　　전화·휴대폰번호:
　　　　　　팩스번호, 전자우편(e-mail)주소:
　　　　　3. 정◇◇ (주민등록번호)
　　　　　　　○○시 ○○구 ○○동 ○○ (우편번호 ○○○ - ○○○)
　　　　　　전화·휴대폰번호:
　　　　　　팩스번호, 전자우편(e-mail)주소:

    4. 정◇◇ (주민등록번호)
       ○○시 ○○구 ○○동 ○○ (우편번호 ○○○ - ○○○)
       전화 · 휴대폰번호:
       팩스번호, 전자우편(e-mail)주소:
    5. 정◇◇ (주민등록번호)
       ○○시 ○○구 ○○동 ○○ (우편번호 ○○○ - ○○○)
       전화 · 휴대폰번호:
       팩스번호, 전자우편(e-mail)주소:

공유물분할청구의 소

청 구 취 지

1. 별지목록 기재 부동산에 관하여 별지도면 표시 "4,5,6,7,4"의 각 점을 차례로 연결한 선내의 (가)부분 719.9㎡를 원고 정○○, 같은 정○○, 같은 정○○, 같은 정○○의 공유로, 같은 도면 표시 "1,2,3,4,7,8,9,1"의 각 점을 차례로 연결한 선내의 (나)부분 867.1㎡를 피고들의 공유로 분할한다. 만약 현물분할이 불가능할 때에는 위 부동산을 경매에 붙여 그 대금 중에서 경매비용을 공제한 금액 중 각 615분의 72를 원고 정○○, 원고 정○○, 원고 정○○에게, 615분의 63을 원고 정○○에게, 615분의 102를 피고 정◇◇에게, 각 615분의 72를 피고 정◇◇, 피고 정◇◇, 피고 정◇◇에게, 615분의 18을 피고 정◇◇에게 각 배당한다.
2. 소송비용은 피고들의 부담으로 한다.
라는 판결을 구합니다.

청 구 원 인

1. 원 · 피고들 사이의 관계
  원고 정○○(19○○. 1. 21.생)은 소외 망 정□□(20○○. 10. 5.사망)과 어머니인 같은 망 민□□(20○○. 6. 29.사망) 사이에서 태어난 5남 4녀 중 4남, 원고 정○○(19○○. 3. 10.생)는 5남, 원고 정○○(19○○. 1. 16.생)는 3녀이며, 같은 정○○(19○○. 11. 28.생)는 차남, 피고 정◇◇(19○○. 5. 4.생)는 장남, 같은 정◇◇(19○○. 10. 1.생)는 3남, 같은 정◇◇(19○○. 4. 4.생)는 장녀, 같은 정◇◇(19○○. 2. 7.생)는 차녀, 같은 정◇◇(19○○. 12. 1.생)은 4녀입니다.

2. 분할대상 부동산인 별지 부동산목록 기재 부동산은 원래 원·피고들의 아버지인 위 정□□의 소유였는데 위 정□□이 20○○. 10. 5. 사망함으로써 원·피고들과 위 민□□은 망 정□□의 소유인 위 부동산을 법정상속분에 따라서 공동상속하였습니다. 그 후 위 민□□도 20○○. 6. 29. 사망함으로써 원·피고들은 망 민□□의 소유지분에 관하여 각 공유지분의 법정상속분에 따라서 공동 상속을 하였습니다.

3. 일부 피고들의 불법행위

원고와 피고들이 별지 부동산목록 기재 각 부동산들을 위 정□□, 민□□로부터 상속받기 이전은 물론 현재까지도 위 부동산들의 대부분은 공장부지로서 매년 위 대지상의 건물소유자인 소외 김□□로부터 임대료를 받고 있어 막대한 임대 수익이 발생함에도 불구하고, 피고들 가운데 피고 정◇◇, 같은 정◇◇, 같은 정◇◇ 등은 위 민□□이 사망한 20○○. 7. 6. 무렵 이후부터 현재까지 위 각 부동산들이 마치 자신들만의 소유인 양 행세하면서 위 부동산 임대수입을 매년 독차지하고 있습니다. 원고들은 그 동안 무수히 위 피고 3형제들에게 위 부동산의 임대수입을 법정상속분대로 분배할 것을 요구하여 왔으나 번번이 묵살해 버리고 있습니다.

4. 결 론

원고들은 위에서 본바와 같은 피고 3형제들의 장기간에 걸친 불법행위를 더 이상 좌시할 수만은 없어, 별지 부동산목록 기재 각 부동산들에 대하여 위치, 형태, 면적 등 입지조건을 감안하여 모든 공유자간에 이해관계의 형평을 이루도록 하는 범위 내에서 원고들의 각 공유지분을 합산한 것에 상응하는 부분, 특히 별지 부동산목록 기재 부동산에 관하여 별지도면 표시 "4,5,6,7,4"의 각 점을 차례로 연결한 선내의 (가)부분 719.9㎡{1,587×(72/615 :정○○지분+72/615 :정○○지분 +72/615 :정○○지분+63/615 :정○○지분)}를 원고 정○○, 같은 정○○, 같은 정○○, 같은 정○○의 공유로, 같은 도면 표시 "1,2,3,4,7,8,9,1"의 각점을 순차로 연결한 선내의 (나)부분 867.1㎡ (1,587×336/615)를 피고들의 공유로 각 분할하며, 만약 현물분할이 불가능할 때에는 위 각 부동산을 경매에 붙여 별지 부동산목록 기재 각 부동산에 관하여는 그 대금 중에서 경매비용을 공제한 금액 중 원고 정○○, 원고 정○○, 원고 정○○에게 각 615분의 72를, 원고 정○○에게 615분의 63을, 피고 정◇◇에게 615분의 102를, 피고 정◇◇, 피고 정◇◇, 피고 정◇◇에게 각 615분의 72를, 피고 정◇◇에게 615분의 18을 각 대금으로 분할 청구하고자 이 사건 소를 제기하기에 이른 것입니다

입 증 방 법

1. 갑 제1호증의 1 내지 3   각 제적등본
1. 갑 제2호증의 1 내지 10   각 호적등본
1. 갑 제3호증의 1 내지 9   각 주민등록표등본
1. 갑 제4호증의 1 내지 13   각 부동산등기부등본
1. 갑 제5호증의 1 내지 13   각 토지대장등본
1. 갑 제6호증   지적도등본
1. 갑 제7호증   현황측량도

첨 부 서 류

1. 위 입증방법   각 1통
1. 소장부본   5통
1. 송달료납부서   1통

20○○. ○. ○.

위 원고 1. 정○○ (서명 또는 날인)
         2. 정○○ (서명 또는 날인)
         3. 정○○ (서명 또는 날인)
         4. 정○○ (서명 또는 날인)

○○지방법원 귀중

주. · 공유물분할의 소(訴)에 있어서 법원은 공유관계나 그 객체인 물건의 제반상황을 종합적
으로 고려하여 합리적인 방법으로 지분비율에 따른 분할을 명하여야 하는 것이고, 여기
에서 지분비율이란 원칙적으로 지분에 따른 가액(교환가치)의 비율을 말하는 것이므로,
법원은 분할대상 목적물의 형상이나 위치, 이용상황이나 경제적 가치가 균등하지 아니
할 때에는 원칙적으로 경제적 가치가 지분비율에 상응하도록 조정하여 분할을 명하여
야 하는 것이며, 또한 재판에 의한 공유물분할은 현물분할의 방법에 의함이 원칙이나,
현물분할이 불가능하거나 그것이 형식상 가능하다고 하더라도 그로 인하여 현저히 가
격이 감손될 염려가 있을 때에는 공유물의 경매를 명하여 대금을 분할하는, 이른바 대
금분할의 방법에 의하여야 하고, 여기서 '현물분할로 인하여 현저히 가격이 감손된다.'
라고 함은 공유물전체의 교환가치가 현물분할로 인하여 현저하게 감손될 경우뿐만 아

니라 공유자들 중 한 사람이라도 현물분할에 의하여 단독으로 소유하게 될 부분의 가액이 공유물분할 전의 소유지분 가액보다 현저하게 감손될 경우도 포함됨(대법원 1999. 6. 11. 선고 99다6746 판결).

· 공유물분할청구는 공유자의 일방이 그 공유지분권에 터 잡아서 하는 것이므로, 공유지분권을 주장하지 아니하고 목적물의 특정부분을 소유한다고 주장하는 자는 그 부분에 대하여 신탁적으로 지분등기를 가지고 있는 자를 상대로 하여 그 특정 부분에 대한 명의신탁해지를 원인으로 한 지분이전등기절차의 이행을 구하면 되고, 이에 갈음하여 공유물분할청구를 할 수는 없음(대법원 1996. 2. 23. 선고 95다8430 판결).

【서식】 대여금청구의 소(대여자 사망하여 상속인이 원고)

소   장

원   고   1. 김○○ (주민등록번호)
          2. 김○○ (주민등록번호)
          3. 박○○ (주민등록번호)
             위 원고들 주소지 ○○시 ○○구 ○○동 ○○
                (우편번호 ○○○ - ○○○)
             전화·휴대폰번호:
             팩스번호, 전자우편(e-mail)주소:
피   고   ◇◇◇ (주민등록번호 또는 한자)
          ○○시 ○○구 ○○동 ○○ (우편번호 ○○○ - ○○○)
          전화·휴대폰번호:
          팩스번호, 전자우편(e-mail)주소:

대여금청구의   소

청 구 취 지

1. 피고는 원고 김○○, 김○○에게 각 금 ○○○원, 원고 박○○에게 금 ○○
   ○원 및 이에 대한 20○○. ○○. ○○.부터 이 사건 소장부본 송달받은 날
   까지는 연 5%의, 그 다음날부터 다 갚을 때까지는 연 20%의 각 비율에 의
   한 돈을 각 지급하라.
2. 소송비용은 피고의 부담으로 한다.
3. 위 제1항은 가집행 할 수 있다.
라는 판결을 구합니다.

청 구 원 인

1. 원고 김○○과 김○○은 20○○. ○. ○에 사망한 소외 망 김◇◇의 자녀들
   이고, 원고 박○○은 소외 망 김◇◇의 처입니다.
2. 소외 망 김◇◇와 피고는 같은 직장에서 근무하던 관계로 평소 친하게 지
   내면서 상호 친분이 있던 중 피고는 20○○. ○. ○. 소외 망 김◇◇로부터
   자신의 아파트입주의 잔금이 필요하다면서 입주한 뒤 대출을 받아 20○○.
   ○○. ○○.에 갚겠다고 하면서 이자는 정하지 않고 금 ○○○원을 빌려간
   사실이 있습니다(갑 제1호증 차용증사본 참조).

3. 그런데 피고는 소외 망 김◇◇에게 위 돈을 빌려 자신이 거주하는 아파트에 입주한 뒤 대출을 받아 위 채무를 갚겠다는 약속을 어기고 대출을 받은 돈을 유흥비 등으로 낭비하고, 다시 지나치게 많은 채무 때문에 자신의 아파트를 처분한 뒤에도 여전히 소외 망 김◇◇로부터 빌려간 돈을 갚지 않았습니다.

4. 소외 망 김◇◇는 피고의 이와 같은 태도에 분개하던 중 평소 지병인 간경화가 악화되어 20○○. ○. ○. ○○. 대학병원에서 사망하였고, 소외 망 김◇◇의 자녀인 원고 김○○, 원고 김○○와 처 원고 박○○은 소외 망 김◇◇의 상속인으로서 피고에 대한 소외 망 김◇◇의 채권을 상속하였으므로 각 법정상속지분대로 피고에 대하여 원고 김○○, 김○○은 각 금 ○○○원(○○○원×2/7), 원고 박○○은 금 ○○○원(○○○원×3/7)의 상속채권을 가지고 있다고 할 것입니다.

5. 따라서 원고들은 피고로부터 위 돈에 대한 법정상속지분에 따라 원고 김○○, 김○○은 각 금 ○○○원, 원고 박○○은 금 ○○○원 및 이에 대한 20○○. ○○. ○○.부터 이 사건 소장부본 송달받은 날까지는 민법에서 정한 연 5%의, 그 다음날부터 다 갚을 때까지는 소송촉진등에관한특례법에서 정한 연 20%의 각 비율에 의한 지연손해금을 각 지급 받기 위하여 이 사건 소제기에 이르렀습니다.

입 증 방 법
1. 갑 제1호증   차용증
1. 갑 제2호증   제적등본

첨 부 서 류
1. 위 입증방법   각 1통
1. 소장부본   1통
1. 송달료납부서   1통

20○○년 ○월 ○일

위 원고   1. 김○○ (서명 또는 날인)

2. 김○○ (서명 또는 날인)

3. 박○○ (서명 또는 날인)

○○지방법원 귀중

【서식】 소유권이전등기청구의 소(아파트, 사인증여를 원인으로)

소　　　장

원　　고　○○○ (주민등록번호)
　　　　　○○시 ○○구 ○○동 ○○ (우편번호 ○○○ - ○○○)
　　　　　전화 · 휴대폰번호:
　　　　　팩스번호, 전자우편(e-mail)주소:
피　　고　◇◇◇ (주민등록번호 또는 한자)
　　　　　○○시 ○○구 ○○동 ○○ (우편번호 ○○○ - ○○○)
　　　　　전화 · 휴대폰번호:
　　　　　팩스번호, 전자우편(e-mail)주소:

소유권이전등기청구의 소

청 구 취 지

1. 피고는 원고에게 별지목록 기재 부동산에 관하여 20○○. ○. ○. 사인증여
　를 원인으로 한 소유권이전등기절차를 이행하라.
2. 소송비용은 피고의 부담으로 한다.
라는 판결을 구합니다.

청 구 원 인

1. 원고와 소외 망 ◉◉◉와의 관계 및 약정
　원고는 소외 망 ◉◉◉와 19○○. ○. ○.부터 10여년을 동거하였으나, 혼인
　신고를 하지 않은 사실혼관계에 있었는바, 소외 망 ◉◉◉는 20○○. ○.
　○. 피고가 같이 있는 자리에서 소외 망 ◉◉◉의 재산 중 별지목록 기재
　아파트를 원고에게 무상으로 주기로 하되, 그 효력은 소외 망 ◉◉◉가 사
　망함으로 인하여 발생하는 것으로 하겠다고 하여 원고도 이에 동의하였으
　며, 위와 같은 내용으로 원고가 작성한 약정서를 소외 망 ◉◉◉가 읽어 본
　뒤 원고가 기재한 소외 망 ◉◉◉의 이름 옆에 소외 망 ◉◉◉가 인감도장
　을 날인한 사실이 있습니다.
2. 소외 망 ◉◉◉의 사망과 피고의 별지목록 기재 아파트 상속
　그런데 소외 망 ◉◉◉는 원고와 위와 같은 약정을 체결한 뒤 20○○. ○
　○. ○○. 사망하였으며, 그의 유일한 상속인인 피고가 별지목록 기재 아파
　트를 포함한 소외 망 ◉◉◉의 재산을 모두 상속받았습니다.

3. 피고의 약정이행의 거절

그러므로 원고는 피고에 대하여 위와 같은 약정을 이유로 별지목록 기재 아파트의 소유권을 원고에게 이전해줄 것을 요구하였으나, 피고는 유언의 요건을 갖추지 못한 위와 같은 약정서에 따른 원고의 요구를 받아들일 수 없다고 거절하고 있습니다.

4. 사인증여

그러나 민법 제562조에서 사인증여에 관하여는 유증에 관한 규정을 준용하도록 규정하고 있지만, 유증의 방식에 관한 민법 제1065조 내지 제1072조는 그것이 단독행위임을 전제로 하는 것이어서 계약인 사인증여에는 적용되지 아니하므로, 소외 망 ◉◉◉와 원고의 위와 같은 약정이 비록 유언의 방식을 갖추지 못하였다고 하여도 사인증여계약으로서의 효력을 가지는 것에는 문제가 없다고 할 것입니다.

5. 결론

따라서 원고는 피고에 대하여 별지목록 기재 부동산에 관하여 20○○. ○. ○. 사인증여를 원인으로 한 소유권이전등기절차의 이행을 구하기 위하여 이 사건 청구에 이른 것입니다.

입 증 방 법

1. 갑 제1호증   약정서
1. 갑 제2호증   부동산등기부등본
1. 갑 제3호증   제적등본
1. 갑 제4호증   호적등본

첨 부 서 류

1. 위 입증방법   각 1통
1. 토지대장등본   1통
1. 건축물대장   1통
1. 소장부본   1통
1. 송달료납부서   1통

20○○년 ○월 ○일

위 원고 ○○○ (서명 또는 날인)

○○지방법원 귀중

[별 지]

부 동 산 의 표 시

1동의 건물의 표시
    ○○시 ○○구 ○○동 ○○
    철근콘크리트조 슬래브지붕 10층 아파트
    제609동
    1층 1,097㎡
    2층 1,097㎡
    3층 1,097㎡
    4층 1,097㎡
    5층 1,097㎡
    6층 1,097㎡
    7층 1,097㎡
    8층 1,097㎡
    9층 1,097㎡
    10층 1,097㎡
    지층 1,097㎡

전유부분의 건물의 표시
    구 조 철근콘크리트조
    건물번호 506호
    면 적 99㎡

대지권의 목적인 토지의 표시
    ○○시 ○○구 ○○동 ○○ 대 1,258㎡

대지권의 종류 : 소유권

대지권의 비율 : 1,258분의 46.5125. 끝.

주. 민법 제562조는 사인증여에 관하여는 유증에 관한 규정을 준용하도록 규정하고 있지만, 유증의 방식에 관한 민법 제1065조 내지 제1072조는 그것이 단독행위임을 전제로 하는 것이어서 계약인 사인증여에는 적용되지 아니함(대법원 2001. 9. 14. 선고 2000다66430 판결, 1996. 4. 12. 선고 94다37714, 37721 판결).

【서식】 소유권이전등기청구의 소(다세대주택, 특정유증을 원인으로)

소　　　장

원　　고　○○○ (주민등록번호)
　　　　　○○시 ○○구 ○○동 ○○ (우편번호 ○○○ - ○○○)
　　　　　전화·휴대폰번호:
　　　　　팩스번호, 전자우편(e-mail)주소:
피　　고　◇◇◇ (주민등록번호 또는 한자)
　　　　　○○시 ○○구 ○○동 ○○ (우편번호 ○○○ - ○○○)
　　　　　전화·휴대폰번호:
　　　　　팩스번호, 전자우편(e-mail)주소:

소유권이전등기청구의 소

청 구 취 지

1. 피고는 원고에게 별지목록 기재 부동산에 관하여 20○○. ○. ○. 유증을 원인으로 한 소유권이전등기절차를 이행하라.
2. 소송비용은 피고의 부담으로 한다.
라는 판결을 구합니다.

청 구 원 인

1. 원고와 소외 망 ◉◉◉와의 관계 및 유증
   원고는 소외 망 ◉◉◉와 19○○. ○. ○.부터 10여년을 동거하였으나, 혼인신고를 하지 않은 사실혼관계에 있었는바, 소외 망 ◉◉◉는 20○○. ○. ○. 소외 망 ◉◉◉의 재산 중 별지목록 기재 아파트를 원고에게 무상으로 주기로 하는 유언공증을 하였습니다.
2. 소외 망 ◉◉◉의 사망과 피고의 별지목록 기재 아파트 상속
   그런데 소외 망 ◉◉◉는 위와 같은 유언공증을 한 뒤 20○○. ○○. ○○. 사망하였으며, 소외 망 ◉◉◉의 유일한 상속인인 피고는 원고가 병원에 입원하여 거동을 할 수 없는 틈을 타서 별지목록 기재 아파트를 포함한 소외 망 ◉◉◉의 재산을 모두 상속받아 상속등기를 마쳤습니다.

3. 피고의 유증이행청구의 거절

그러므로 원고는 피고에 대하여 위와 같은 유증을 이유로 별지목록 기재 아파트의 소유권을 원고에게 이전해줄 것을 요구하였으나, 피고는 그 이행을 거절하고 있습니다.

4. 결론

따라서 원고는 피고에 대하여 별지목록 기재 부동산에 관하여 20○○. ○. ○. 유증을 원인으로 한 소유권이전등기절차의 이행을 구하기 위하여 이 사건 청구에 이른 것입니다.

입 증 방 법

1. 갑 제1호증	유언공정증서
1. 갑 제2호증	부동산등기부등본
1. 갑 제3호증	제적등본
1. 갑 제4호증	호적등본

첨 부 서 류

1. 위 입증방법	각 1통
1. 토지대장등본	1통
1. 건축물대장	1통
1. 소장부본	1통
1. 송달료납부서	1통

20○○년 ○월 ○일

위 원고   ○○○ (서명 또는 날인)

○○지방법원 귀중

[별 지]

부 동 산 의 표 시

1동의 건물의 표시
　　○○시 ○○구 ○○동 ○○ 철근콘크리트조 슬래브지붕 3층 다세대주택
　　제102동
　　1층 ○○○.○㎡
　　2층 ○○○.○㎡
　　3층 ○○○.○㎡
　　지층 ○○○.○㎡

　전유부분의 건물의 표시
　　구 조 철근콘크리트조
　　건물번호 201호
　　면 적 ○○.○㎡

대지권의 목적인 토지의 표시 : ○○시 ○○구 ○○동 ○○ 대 ○,○○○㎡
대지권의 종류 : 소유권
대지권의 비율 : ○,○○○분의 ○○.○. 끝.

【서식】 예금주명의변경확인의 소

소 장

원   고   ○○○(주민등록번호)
　　　　　○○시 ○○구 ○○동 ○○ (우편번호 ○○○ - ○○○)
　　　　　전화·휴대폰번호:
　　　　　팩스번호, 전자우편(e-mail)주소:
피   고   주식회사 ◇◇은행 (소관 ◇◇◇지점)
　　　　　○○시 ○○구 ○○동 ○○ (우편번호 ○○○ - ○○○)
　　　　　대표이사 ◆◆◆
　　　　　송달장소 ○○시 ○○구 ○○동 ○○(우편번호 ○○○-○○○)

예금주명의변경확인의 소

청 구 취 지

1. 피고는 별지목록 기재의 예금채권이 원고의 상속재산임을 확인한다.
2. 소송비용은 피고의 부담으로 한다.
라는 판결을 구합니다.

청 구 원 인

1. 소외 망 김●●는 피고은행에 대하여 별지목록 기재 예금채권을 가지고 있던 중 20○○. ○. ○. 사망하였는바, 원고는 소외 망 김●●와 소외 이●● 사이에서 출생한 친생자로서 소외 망 김●●의 사망으로 인하여 위 예금채권자였던 소외 망 김●●의 유일한 상속인으로서 위 예금채권을 단독 상속하게 되었습니다.
2. 사실이 위와 같은데도 피고은행은 원고 외에도 소외 이●●가 위 예금채권의 공동상속인이라는 이유로 원고의 예금채권 단독상속사실을 부인하고 있는바, 예금주였던 소외 망 김●●는 사망 전에 이미 소외 이●●와 이혼을 하여 소외 이●●는 소외 망 김●●와는 배우자관계가 아니므로 그 상속인이 될 수 없습니다.

3. 따라서 원고는 소외 망 김◉◉의 단독상속인이므로 별지목록 기재 예금채권을 원고가 단독상속 한 재산임을 확인 받기 위하여 이 사건 청구에 이른 것입니다.

입 증 방 법

1. 갑 제1호증   호적등본
1. 갑 제2호증   제적등본
1. 갑 제3호증   예금통장

첨 부 서 류

1. 위 입증방법   각 1통
1. 법인등기부등본   1통
1. 소장부본   1통
1. 송달료납부서   1통

20○○년 ○월 ○일

위 원고   ○○○ (서명 또는 날인)

○○지방법원 귀중

[별   지]

목   록

1. 통장발행은행: 주식회사 ◇◇은행
1. 예금의 종류 : 정기예금
1. 예 금   액: 금 ○○○○만원
1. 계 좌 번 호 : ○○○-○○-○○○○○○
1. 예 금   주: ◉◉◉(주민등록번호 ○○○○○○-○○○○○○○)
1. 개 설   일: 20○○. ○○. ○.
1. 만 기   일: 20○○. ○○. ○○.
1. 계좌관리점 및 통장발행점 : ◇◇은행 ◇◇◇지점. 끝.

주. 확인의 소는 원고의 권리 또는 법률상의 지위에 현존하는 불안·위험이 있고, 확인판결을 받는 것이 그 분쟁을 근본적으로 해결하는 가장 유효·적절한 수단일 때에 허용됨(대법원 2002. 6. 28. 선고 2001다25078 판결).

【서식】 승계집행문부여신청서(원고의 승계, 상속)

승계집행문부여신청서

사 건   20○○가단○○○ 대여금청구
원 고   ○○○
　　　　　○○시 ○○구 ○○동 ○○
승계인   ●●●
　　　　　○○시 ○○구 ○○동 ○○(우편번호 ○○○-○○○)
　　　　　전화 · 휴대폰번호:
　　　　　팩스번호, 전자우편(e-mail)주소:
피 고   ◇◇◇
　　　　　○○시 ○○구 ○○동 ○○

　위 사건에 관하여 20○○. ○. ○. 선고한 판결의 집행력 있는 정본을 원고 ○○○가 부여받았으나 원고 ○○○는 20○○. ○. ○○. 사망하였으므로 원고 ○○○의 승계인(상속인) ●●●를 위하여 별첨 판결정본에 승계집행문을 부여하여 주시기 바랍니다.

첨 부 서 류

1. 제적등본	1통
1. 호적등본	1통
1. 주민등록표등본(승계인)	1통
1. 판결정본	1통

20○○년 ○월 ○일

위 원고승계인   ●●● (서명 또는 날인)

○○지방법원 귀중

주. 민사집행법 제31조(승계집행문)(민사집행법 제57조의 규정에 따라 준용되는 경우를 포함)의 규정에 따라 집행문을 내어 달라는 신청을 하는 때에는 법원사무관등은 승계인의 주소 또는 주민등록번호(주민등록번호가 없는 사람의 경우에는 여권번호 또는 등록번호,

법인 또는 법인 아닌 사단이나 재단의 경우에는 사업자등록번호 · 납세번호 또는 고유번호를 말함)를 소명하는 자료를 제출하게 할 수 있음(민사집행규칙 제19조).

· 소송계속 중 어느 일방 당사자의 사망에 의한 소송절차 중단을 간과하고 변론이 종결되어 판결이 선고된 경우에는 그 판결은 소송에 관여할 수 있는 적법한 수계인의 권한을 배제한 결과가 되는 절차상 위법은 있지만 그 판결이 당연무효라 할 수는 없고, 다만 그 판결은 대리인에 의하여 적법하게 대리되지 않았던 경우와 마찬가지로 보아 대리권 **흠결**을 이유로 상소 또는 재심에 의하여 그 취소를 구할 수 있을 뿐이므로, 이와 같이 사망한 자가 당사자로 표시된 판결에 기하여 사망자의 승계인을 위한 또는 사망자의 승계인에 대한 강제집행을 실시하기 위하여는 민사소송법 제481조(현행 민사집행법 제31조)를 준용하여 승계집행문을 부여함이 상당함(대법원 1998. 5. 30.자 98그7 결정).

· 채권자의 승계인에 대하여 승계집행문을 부여하였을 때에는 채무자만이 그 승계사실을 다투어 그 집행문부여에 대한 이의의 소를 제기할 수 있음(대법원 1973. 5. 22. 선고 70다1090 판결).

【서식】 승계집행문부여신청서(피고승계)

승계집행문부여신청서

원　고　○ ○ ○
　　　　○○시 ○○구 ○○동 ○○
　　　　송달장소 : ○○시 ○○구 ○○동 ○○○(우편번호 ○○○-○○○)
　　　　전화·휴대폰번호:
　　　　팩스번호, 전자우편(e-mail)주소:
피　고　◇◇◇
　　　　○○시 ○○구 ○○동 ○○(우편번호 ○○○-○○○)
승계인　1. ◇①◇
　　　　　○○시 ○○구 ○○동 ○○(우편번호 ○○○-○○○)
　　　　　전화·휴대폰번호:
　　　　　팩스번호, 전자우편(e-mail)주소:
　　　　2. ◇②◇
　　　　　○○시 ○○구 ○○동 ○○(우편번호 ○○○-○○○)
　　　　　전화·휴대폰번호:
　　　　　팩스번호, 전자우편(e-mail)주소:
　　　　3. ◇③◇
　　　　　○○시 ○○구 ○○동 ○○(우편번호 ○○○-○○○)
　　　　　전화·휴대폰번호:
　　　　　팩스번호, 전자우편(e-mail)주소:

1. 원고는 20○○. ○. ○. ○○ ○○읍 ○○리 ○○ 51.90㎡의 주택(다음부터 "이 사건 주택"이라고 함)에 대하여 신청외 ◆◆◆와 임차보증금 4,300,000원, 임대기간을 1년으로 하는 주택임대차계약을 체결하고 입주하여 주민등록전입신고를 마치고 주택임대차보호법상의 대항요건을 갖추었는데, 신청외 ◆◆◆는 이 사건 주택을 피고에게 20○○. ○. ○○. 증여하였습니다.

2. 그 뒤 원고는 피고에 대하여 기간만료로 인한 임차보증금반환청구의 소(귀원 20○○가소○○○○)를 제기하여, 20○○. ○○. ○. 이행권고결정이 송달되었고, 피고는 위 이행권고결정을 송달 받은 뒤 이의신청을 제기함이 없이 2주일이 지났으므로 위 결정은 20○○. ○○. ○○. 확정되었습니다.

3. 그러나 피고는 이 사건 주택을 변론종결 이후임이 계산상 분명한 20○○.
   ○○. ○○. 승계인 ◇①◇, 같은 ◇②◇, 같은 ◇③◇에게 매매를 원인으로
   한 소유권이전등기를 하였습니다.

4. 따라서 원고는 변론종결 이후의 승계인인 ◇①◇, 같은 ◇②◇, 같은 ◇③
   ◇에 대한 각 1/3지분의 강제집행을 하고자 하오니 이를 위하여 승계집행
   문을 부여하여 주시기 바랍니다.

첨 부 서 류

1. 이행권고결정정본	1통
1. 확정증명원	1통
1. 임대차계약서	1통
1. 주민등록표등본(원고)	1통
1. 주민등록표등본(승계인)	3통
1. 부동산등기부등본	1통

20○○년 ○월 ○일

위 원고 ○○○ (서명 또는 날인)

○○지방법원 귀중

주. 민사집행법 제31조(승계집행문)(민사집행법 제57조의 규정에 따라 준용되는 경우를 포
함)의 규정에 따라 집행문을 내어 달라는 신청을 하는 때에는 법원사무관등은 승계인의
주소 또는 주민등록번호(주민등록번호가 없는 사람의 경우에는 여권번호 또는 등록번호,
법인 또는 법인 아닌 사단이나 재단의 경우에는 사업자등록번호·납세번호 또는 고유번
호를 말함)를 소명하는 자료를 제출하게 할 수 있음(민사집행규칙 제19조).
· 집행채권자가 집행채무자의 상속인들에 대하여 승계집행문을 부여받았으나 상속인들이
적법한 기간 내에 상속을 포기함으로써 그 승계적격이 없는 경우에 상속인들은 그 집행
정본의 효력배제를 구하는 방법으로서 구 민사소송법 제484조(현행 민사집행법 제34조)
의 집행문 부여에 대한 이의신청을 할 수 있는 외에 같은 법 제506조(현행 민사집행법
제33조)의 집행문 부여에 대한 이의의 소를 제기할 수도 있음. 채무명의에 표시된 채무
가 여러 사람에게 공동상속된 경우에 그 채무가 가분채무인 경우에는 그 채무는 공동상
속인 사이에서 상속분에 따라 분할되는 것이고, 따라서 이 경우 부여되는 승계집행문에
는 상속분의 비율 또는 그에 기한 구체적 수액을 기재하여야 하며, 비록 그와 같은 기
재를 누락하였다고 하더라도 그 승계집행문은 각 공동상속인에 대하여 각 상속분에 따
라 분할된 채무 금액에 한하여 효력이 있는 것으로 보아야 할 것이고, 또한 이 경우 승

계집행문 부여의 적법 여부 및 그 효력의 유무를 심사함에 있어서도 각 공동상속인 별로 개별적으로 판단하여야 함(대법원 2003. 2. 14. 선고 2002다64810 판결).

· 민사집행법 제34조 제1항이 규정하는 집행문 부여 등에 관한 이의 가운데 집행문 부여에 대한 이의는 어떤 사람을 집행채무자로 한 집행문이 부여된 경우에 그 집행문에 표시된 채무자가 집행문 부여의 위법을 이유로 집행문 부여의 취소 등 시정을 구하기 위하여 제기하는 이의를 말하는 것이므로, 판결에 표시된 채무자의 승계인에 대한 집행을 위하여 집행문이 부여된 경우에는 승계인만이 이의를 할 수 있는 것이고, 판결에 표시된 원래의 채무자는 이에 대한 이의를 할 수 없음(대법원 2002. 8. 21.자 2002카기124 결정).

【서식】상속세부과처분 취소청구의 소

<h1 align="center">소　　장</h1>

원 고 1. ○ ○ ○
　　　2. ○ ○ ○
　　　3. ○ ○ ○
　　　원고들의 주소 ○○시 ○○구 ○○동 ○○(우편번호○○○-○○○)
피 고 △△세무서장
　　　○○시 ○○구 ○○동 ○○ (우편번호 ○○○ - ○○○)

상속세부과처분 취소청구의 소

<h2 align="center">청　구　취　지</h2>

1. 피고가 원고들에 대하여 행한 20○○. ○. ○.자 상속세 ○○○원의 부과처분은 이를 취소한다.
2. 소송비용은 피고의 부담으로 한다.
라는 판결을 구합니다.

<h2 align="center">청　구　원　인</h2>

1. 원고 ○○○는 소외 망 ▢▢▢의 처이고, 나머지 원고들은 위 ○○○의 자녀들인바, 위 ▢▢▢가 2003. 10. 20. 사망함으로써 그 소유인 별지목록 기재 부동산을 원고 ○○○, ○○○, ○○○ 1.5:1:1로 상속하였습니다.
2. 당시 원고 ○○○은 무지하고, 나머지 원고들은 아직 어렸던 관계로 원고들이 상속세 신고문제를 간과한 채 지내오고 있었는데 피고는 당초 2003. 11. 30. 경 소외 ○○시장으로부터 위 ○○○의 사망자료를 접수하고 2000. 1. 20. 전산입력 된 국세청의 과세자료로써 위 ○○○의 사망 당시 달리 상속재산을 갖고 있지 않았음을 확인한 다음 위 자료에 의거하여 상속세 과세미달 처리를 하였다가, 2004. 9. 21.경에 이르러 2004. 6. 8.경 감사원장으로부터 통보 받은 종합토지세 과세자료 등에 의한 상속세 과세자료에 의하여 위 망▢▢▢에게 별지목록 기재 부동산이 있었음을 새로이 확인하였다는 이유로 2004. 6. 8. 당시의 공시지가로 위 상속재산가액을 평가한 뒤 이

를 기초로 상속세 ○○○원을 원고들에게 결정 고지하였습니다. 그 후 피고는 원고들의 진정에 따라 2004. 6. 8. 당시의 공시지가로 평가한 위 부동산 시가가 너무 높게 책정되었음을 인정하고 2004. 11. 1. 에 이르러 위 부동산의 2004. 8. 20. 기준 시가감정을 새로이 한 다음 상속세를 감액 결정한 뒤 원고들에게 새로이 상속세를 부과처분 하였습니다.

3. 피고가 원고들에 대하여 원고들의 상속재산에 관하여 행한 위 2004. 4. 5. 자 상속세부과처분은 다음과 같이 위법한 처분입니다. 즉, 피고는 원고들에게 이건 상속세 부과처분을 함에 있어, 2004. 8. 20. 기준하여 상속재산가액을 산정, 별지목록 기재 부동산 중 ○○시 ○○동 212 전 312 및 그 지상 주택 1동에 대한 개별공시지가 금 ○○○원과 그 나머지 부동산에 관하여 ☆☆감정평가법인이 감정한 감정가액 금○○○원을 합한 도합 금○○○원을 위 부동산의 시가로 보아 상속세를 결정 고지하였습니다.

4. 그러나 상속재산의 가액평가는 상속개시 당시의 현황에 따라 하게 되어 있으므로 이 건의 경우 위 □□□의 사망시인 2003. 10. 20.당시의 현황에 따라 상속재 산의 가액을 평가하여야 한다고 해야 할 것인바, 별지 목록 기재 부동산을 2003. 10. 20. 당시의 현황에 따라 그 가액을 평가하여 상속세를 산출해 보면 별첨 감액요청금액의 계산명세와 같으므로, 그 금액을 초과하여 결정 고지한 피고의 이건 상속세 및 방위세 부과처분은 위법하다고 할 것입니다.

5. 이에 원고들은 2004. 12. 20.경 국세심판소장에게 심판청구를 해 2005. 5. 1. 국세심판기각을 결정받고 이 사건 청구에 이른 것입니다.

입 증 방 법

1. 갑제1호증	결정서
1. 갑제2호증의 1	국세심판 결정통지
1. 갑제2호증의 2	결정서

첨 부 서 류

1. 위 입증방법	각 1통
1. 소장부본	1통
1. 납부서	1통

20○○년 ○월 ○일

위 원 고 1. ○ ○ ○ (인)
　　　　　 2. ○ ○ ○ (인)
　　　　　 3. ○ ○ ○ (인)

○ ○ 지 방 법 원   귀중

주 불복방법 및 기 간   · 항소(행정소송법 8조, 민사소송법 360조) · 판결이 송달된 날로부
　터 2주일내(행정소송법 8조, 민사소송법 366조)

【서식】 상속재산 포기심판 청구서

상 속 재 산 포 기 심 판 청 구

청구인(상속인) 1. ○ ○ ○
         19○○년 ○월 ○일생
         본적 ○○시 ○○구 ○○동 ○○
         주소 ○○시 ○○구 ○○동 ○○(우편번호○○○-○○○)
         전화 ○○○ - ○○○○
     2. ○ ○ ○
         19○○년 ○월 ○일생
         본적 ○○시 ○○구 ○○동 ○○
         주소 ○○시 ○○구 ○○동 ○○(우편번호○○○-○○○)
         전화 ○○○ - ○○○○
피상속인(망) △ △ △
        19○○년 ○월 ○일생
        본적 ○○시 ○○구 ○○동 ○○
        주소 ○○시 ○○구 ○○동 ○○(우편번호○○○-○○○)
        전화 ○○○ - ○○○○

상속재산 포기심판 청구

청 구 취 지

  청구인들이 망 △△△에 대한 재산상속포기 신고는 이를 수리한다.
라는 심판을 구함.

청 구 원 인

  청구인들은 피상속인 망 △△△의 재산상속인으로서 20○○. ○. ○. 상속개
시가 있음을 알았는바, 민법 제1019조에 의하여 재산상속을 포기하고자 이 심
판청구에 이른 것입니다.

첨 부 서 류

1. 호적등본(청구인)   1통
1. 제적등본   1통
1. 주민등록등본(청구인)   1통
1. 인감증명(청구인)   1통

20○○년 ○월 ○일

청 구 인 1. ○ ○ ○ (인)
         2. ○ ○ ○ (인)

○ ○ 가 정 법 원   귀 중

【서식】 상속승인기간연장허가청구서

상 속 승 인 기 간 연 장 허 가 청 구

청 구 인 ○ ○ ○
          19○○년 ○월 ○일생
          본적 ○○시 ○○구 ○○동 ○○
          주소 ○○시 ○○구 ○○동 ○○(우편번호○○○-○○○)
          전화 ○○○ - ○○○○
피상속인 △ △ △
          19○○년 ○월 ○일생
          본적 ○○시 ○○구 ○○동 ○○
          주소 ○○시 ○○구 ○○동 ○○(우편번호○○○-○○○)
          전화 ○○○ - ○○○○

청 구 취 지

청구인의 재산상속승인기간을 20○○년 ○○월 ○○일까지 2개월 연장한다.
라는 심판을 구합니다.

청 구 원 인

청구인은 피상속인의 자이고 피상속인은 20○○년 ○월 ○일 사망으로 상
속이 개시되었으나 상속재산이 여러 곳에 산재되어 있을 뿐만 아니라 승계할
채무액도 접수 중에 있으므로 3개월 내에 승인여부를 판단할 수 없어 청구취
지와 같은 심판을 구합니다.

첨 부 서 류

1. 호적등본 및 제적등본   각 1통
1. 주민등록표등본   2통

20○○년 ○월 ○일

위 청구인 ○ ○ ○ (인)

○ ○ 지 방 법 원   귀중

【서식】 상속재산 관리인선임심판 청구서

상 속 재 산 관 리 인 선 임 심 판 청 구

청 구 인 ○ ○ ○
　　　　19○○년 ○월 ○일생
　　　　본적 ○○시 ○○구 ○○동 ○○
　　　　주소 ○○시 ○○구 ○○동 ○○(우편번호○○○-○○○)
　　　　전화 ○○○ - ○○○○
피상속인 망 △ △ △
　　　　19○○년 ○월 ○일생
　　　　본적 ○○시 ○○구 ○○동 ○○
　　　　주소 ○○시 ○○구 ○○동 ○○(우편번호○○○-○○○)
　　　　전화 ○○○ - ○○○○

청 구 취 지

　피상속인 망 △△△의 상속재산관리인으로 ○○시 ○○구 ○○동 ○○ 변호사 □□□를 선임한다.
라는 심판을 구합니다.

청 구 원 인

1. 청구인은 피상속인의 직장동료로서 피상속인에 대하여 금 ○○○원의 채권을 가진 채권자인 바, 청구인은 피상속인이 사망하기 1년 전인 20○○. ○. ○.에 피상속인이 주택을 임차하는데 있어 보증금이 부족하다고 하여 금 ○○○원을 대여하고 이를 20○○. ○. ○.까지 지급 받기로 약정한 후 이를 공증한 사실이 있습니다.
2. 그런데 피상속인은 위 기한내에 이를 청구인에게 변제하지 않고 있던 중 20○○. ○. ○. 최후주소지에서 갑자기 심장마비로 사망하여 상속이 개시되었으나 피상속인의 재산상속인이 있는지를 전혀 알 수가 없습니다.
3. 따라서 별지에 기재된 피상속인의 상속재산에 대한 관리를 위하여 관리인이 필요한 것이므로 그 상속재산관리인으로서 ○○시 ○○구 ○○동 ○○ 변호사 □□□를 선임하고자 본 청구에 이른 것입니다.

첨 부 서 류

　　1. 호적등본　　　　　　　　　　　1통
　　1. 주민등록등본　　　　　　　　　　1통
　　1. 공정증서 사본　　　　　　　　　　1통
　　1. 재산목록　　　　　　　　　　　　1통

20○○년 ○월 ○일

위 청구인 ○ ○ ○ (인)

○ ○ 지 방 법 원　　귀중

[별 지]

재 산 목 록

1. 피상속인의 소유재산
　가. ○○도 ○○군 ○○면 ○○리 ○○ 주택2층의 임차보증금 ○○○원
　나. ○○은행 ○○지점에 예치한 정기예금 ○○○원
　다. ○○주식회사에 대한 퇴직금 ○○○원
　라. 기타 최후주소지상 가재도구 등 유체동산

2. 피상속인의 채무
　가. 금 ○○○원(청구인 ○○○에 대한 차용금 채무)
　나. 금 ○○○원(임대인 ○○○에 대한 월차임 채무) .　끝.

주, 상속이 개시되었으나 상속인의 존재가 분명하지 않은 경우에는 법원은 우선 그 재산을
　　관리하면서 상속인을 찾고 끝내 상속인을 찾지 못하면 그 재산은 국고에 귀속하게 됨

【서식】 상속인수색의 공고청구서

상속인 수색공고 청구

청 구 인   상속재산관리인 변호사 ○ ○ ○
　　　　　주소 ○○시 ○○구 ○○동 ○○(우편번호○○○-○○○)
　　　　　전화 ○○○ - ○○○○
피상속인   망 △ △ △
　　　　　19○○년 ○월 ○일생
　　　　　본적 ○○시 ○○구 ○○동 ○○
　　　　　주소 ○○시 ○○구 ○○동 ○○(우편번호○○○-○○○)
　　　　　전화 ○○○ - ○○○○

청   구   취   지

　피상속인에게 상속인이 있으면 일정한 기간내에 그 권리를 주장할 취지의
공고를 구함.

청   구   원   인

　청구인은 대구지방법원 20○○느○○○호 상속재산관리인 선임사건에 관하
여 20○○년 ○월 ○일 소외 망 ▽▽▽의 상속재산 관리인으로 선임되어 ○
○지방법원에서 상속재산관리인선임의 공고를 하였는데 2개월내에 상속인이
있음이 분명치 않아서 일반 상속채권자와 유증받은 자에 대하여 일정한 기간
내에 그 채권 또는 수증을 신고할 것을 공고하였으나 아직 상속인이 있음이
분명치 않으므로 다시 상속인이 있으면 일정한 기간내에 그 권리를 주장할
취지의 공고를 구하기 위하여 본 청구에 이르게 되었습니다.

첨   부   서   류

1. 상속재산 관리인선임 심판사본　　　　　　　　1통
1. 상속권 주장의 최고 공고서　　　　　　　　　　1통
1. 납 부 서　　　　　　　　　　　　　　　　　　1통

20○○년 ○월 ○일

위 청구인 상속재산관리인
변호사 ○ ○ ○ (인)

○ ○ 지 방 법 원   귀중

주. 상속이 개시되었으나 상속인의 존재가 분명하지 아니하여 상속재산 관리인을 선임하여
  그 공고일 3개월이내 상속인 존부를 알 수 없는 때에는 법원은 관리인의 청구에 의하여
  상속인이 있으면 일정한 기간내에 그 권리를 주장할 것을 공고하여야 함

【서식】 상속재산의분리심판청구서

상속재산의분리심판청구서

청 구 인 ○ ○ ○
       19○○년 ○월 ○일생
       본적 ○○시 ○○구 ○○동 ○○
       주소 ○○시 ○○구 ○○동 ○○(우편번호○○○-○○○)
       전화 ○○○ - ○○○○
피상속인 △ △ △
       19○○년 ○월 ○일생
       본적 ○○시 ○○구 ○○동 ○○
       주소 ○○시 ○○구 ○○동 ○○(우편번호○○○-○○○)
       전화 ○○○ - ○○○○
상 속 인 ▽ ▽ ▽
       19○○년 ○월 ○일생
       본적 ○○시 ○○구 ○○동 ○○
       주소 ○○시 ○○구 ○○동 ○○(우편번호○○○-○○○)
       전화 ○○○ - ○○○○

청 구 취 지

　피상속인 망 △△△의 상속재산과 상속인 ▽▽▽의 고유재산을 분리한다.
라는 심판을 바랍니다.

청 구 원 인

1. 청구인은 상속인 ▽▽▽의 채권자이고 피상속인은 20○○. ○. ○. 사망으로 상속이 개시되었는 바,
2. 청구인은 피상속인의 채무가 상속재산을 초과하므로 상속인의 재산과 피상속인의 재산이 혼입되는 것을 막기 위하여 민법 제1045조에 의하여 상속재산 분리를 청구합니다.

첨 부 서 류

1. 제적등본	1통
1. 말소주민등록등본(피상속인의 것)	1통
1. 주민등록표등본	1통
1. 납 부 서	1통

20○○년 ○월 ○일

위 청구인 ○ ○ ○ (인)

○ ○ 지 방 법 원　귀중

[서식] 상속개시등 통지서

문서번호 :
수신 : 세무서장

기　관　명
(전화번호 :　　　　　)

발신 년 월 일 ㉙

상 속 개 시 등 통 지 서

① 일련번호	② 사망자 인적사항						⑨ 상속인 인적사항			
	③ 성명	④ 주민등록번호	⑤ 주소	⑥ 상속개시원인	⑦ 상속개시일	⑧ 사망·매장신고일	⑩ 성명	⑪ 주민등록번호	⑫ 주소	⑬ 관계

※ 1. ⑥란에는 사망·인정사망·실종선고로 구분하여 기재합니다.
　 2. ⑦란에는 사망·인정사망의 경우에는 사망일자, 실종의 경우에는 실종선고일을 기재합니다.
　 3. ⑬란에는 사망자와의 관계를 기재합니다.

22226-76611일
1997.2.25 승인

268㎜ × 190㎜
(신문용지 54g/㎡)

[서식] 퇴직급여등지급조서

퇴 직 급 여 등 지 급 조 서

(　　년　　월 ～ 　월 지급분)

①급여의 종류	②지급 금액	③지급 원인	④지급 이자	지급받아야할 자			실제 지급받은 자			
				⑤성명	⑥주민등록번호	⑦주소	⑧성명	⑨주민등록번호	⑩주소	⑪관계

상속세및증여세법 제82조제1항 및 동법시행령 제84조제1항의 규정에 의하여 퇴직급여등 지급명세를 위와 같이 확인하여 제출합니다.

2000년 ○월 ○일

제출자 상호(법인명)
사업자등록번호
소재지
성명(대표)
(서명 또는 인)

세 무 서 장 귀 하

※ 작성방법
1. ①란에는 퇴직수당·공로금 또는 이와 유사한 급여로서 실제 지급한 과목을 기재합니다.
2. ⑪란에는 지급받아야할 자와의 관계를 기재합니다.

22226-76711일
1997.2.25 승인

268㎜ × 190㎜
(신문용지 54g/㎡)

【서식】 보험금지급조서

보 험 금 지 급 조 서 (년 월 ~ 월 지급분)

① 일련번호	② 보험의 종류	③ 지급 보험금액	④ 지급 보험 유형	⑤ 보험사고 발생일	⑥ 보험금 수취인				⑪ 보험계약자(보험료불입자)				⑮ 비고
					⑦ 주소	⑧ 성명	⑨ 주민등록번호	⑩ 주/관계	⑪ 주소	⑬ 성명	⑭ 주민등록번호		

상속세및증여세법 제82조제1항 및 동법시행령 제84조제1항의 규정에 의하여 보험금지급명세를 위와 같이 확인하여 제출합니다.

2000년 ○월 ○일

제출자　상호(법인명)
　　　　사업자등록번호
　　　　소재지
　　　　성명(대표)　　　　　　(서명 또는 인)

세 무 서 장　귀 하

※ 1. ④란에는 연금·정기금·일시금으로 구분하여 기재합니다.
2. ⑪란에는 사망으로 인한 보험금 지급의 경우에는 보험계약자, 기타 보험사고로 인한 보험금 지급의 경우에는 보험료불입의 인적사항을 기재합니다.
3. ⑮란에는 보험금 지급사유(사망, 만기지급, 기타)를 기재합니다.

22226-76891일
1997.2.25 승인

268mm × 190mm
(신문용지 54g/㎡)

【서식】 주권(출자증권)·공채·사채·수익증권·은행예금·기타예금·특정시설물이용권)명의개서(변경)조서

주권(출자증권)·공채·사채·수익증권·은행예금·기타예금·특정시설물이용권)명의개서(변경)조서

① 종류	주권등의 내역						구(종전)명의자			신(현행)명의자		
	② 발행회사 또는 예금기관	③ 발행회사 또는 예금기관의 사업자등록번호	④ 수량	⑤ 금액	⑥ 개서 또는 변경일자	⑦ 개서 또는 변경사유	⑧ 성명	⑨ 주민등록번호	⑩ 주소	⑪ 성명	⑫ 주민등록번호	⑬ 주소

상속세및증여세법 제82조 제3항 및 동법시행령 제84조 제3항의 규정에 의하여 주권 등의 명의개서 또는 변경내역을 위와 같이 확인하여 제출합니다.

2000년 ○월 ○일

제출자
(명의개서 또는 변경을   주소
취급하는 자)   상호
                           사업자등록번호
                           성명   (서명 또는 인)

※ 기재요령

1. ①란에는 주권·출자증권·국채·지방채·특수채·금융채·사채·수익증권·은행예금·기타예금·특정시설물이용권 등으로 구분하여 기재합니다.

2. ④란에는 주권수·출자좌수·채권의 수량 등을 기재합니다.

3. ⑦란에는 매매·상속·증여·기타 등으로 구분하여 기재합니다.

4. 구분의자와 신명의자가 법인이거나 단체인 경우에는 주민등록번호란에 사업자등록번호를 기재하고, 세무서로부터 부여받은 사업자등록번호가 없는 단체인 경우에는 부동산등기용 등록번호를 기재합니다.

5. 주권을 새로 발행(유상증자에 의한 발행도 포함)하는 경우에는 구명의자란에 "신주권발행"으로 표시합니다.

6. 증권거래법 제174조 및 동법 제174조의 2의 규정에 의하여 증권예탁원에 예탁한 주식의 경우에는 구(종전)명의자란에 "설립주주"로 표시합니다.

22226-67711일
97.2.25. 승인

381㎜×279㎜
(신문용지 54g/㎡)

【서식】 타익신탁재산수탁명세서

타익신탁재산수탁명세서

【 　년　월 ~ 　월분 】

위탁·수익자 인적사항

(단위 : 원)

일련번호	제출연번호	신탁재산 기본사항			신탁재산 내역				위탁자			수익자		
		신탁재산 종류 (계약일)	계좌번호	원본가액	변경(해지)사항			수익배당사항						
					변경일 (변경사유)	변경제좌	수익구분	지급배당방법	최종지급일	지급금액	성명	주민등록번호	주소	성명
							원본 수익							
							원본 수익							
							원본 수익							
							원본 수익							
							원본 수익							
							원본 수익							

(앞쪽)

상속세및증여세법 제82조제4항 및 동법시행령 제84조제4항의 규정에 의하여 타익신탁재산수탁명세서를 위와 같이 확인하여 제출합니다.

20○○년 ○월 ○일

제 출 자

상호(법인명) :   사업자등록번호 :

소 재 지 :   성명(대표) :

(서명 또는 인)

381㎜×279㎜ (신문용지 54g/㎡)

작 성 방 법

1. 제출유형 : 신규(A), 변경(B), 해지(C), 추가제출(D)로 구분 해당코드 기재
* 추가제출(D) : 계약당시 이익(원본과 수익)이 미확정된 경우, 계약기간 중 실제 이익지급시(만기 포함)마다 제출

2. 상품종류 : 금전신탁(01), 기타(02)로 구분 해당코드 기재

3. 계좌번호 : 상단은 형태코드(증서는 A, 계좌는 B, 하단은 증서 및 계좌번호 기재

4. 원본가액 : 상단은 원본형태 코드(원본확정 A, 미확정 B), 하단은 원본가액 기재하고 만기일인 경우에는 만기가

5. 변경일 : 변경 해지인 경우에는 해지일을 기재(명세서 제출당시 금액기준)

6. 변경유형 : 수익자(A), 원본금액(B), 수익자 및 원본금액(AB), 만기일(D)로 구분 해당코드 기재
* 수익자가 변경된 경우에는 신규 수익자는 제출유형 신규(A), 종전 수익자는 제출유형 해지(C)로 각각 구분 제출

7. 지급방법 : 만기 이익지급(A), 분할 이익지급(B)으로 구분 해당코드 기재

8. 배당방법 : 계약당시 확정배당률을 기재하되, 수익이 확정되지 아니하는 경우에는 실적배당(A), 거치식배당(B), 할인률배당(C), 기타(D)로 구분 해당코드 기재

9. 지급일 : 실제지급일, 만기일(이익 만기지급 상품), 최초지급약정일(원본 수익확정 이익분할지급 상품), 사망일

10. 지급금액 : 실제지급금액(원천징수세액 등은 차감)

제4편. 상속의 질의답변

제4편 상속의 질의 답변

◎ 사실혼 배우자의 재산상속권

【답변】 ➡

사실혼부부는 그 배우자의 사망시 법률혼부부와 달리 민법상의 재산상속권이 없으므로 사실혼배우자의 사망 전에 유효한 혼인신고를 하지 않은 이상 사망한 배우자의 재산을 상속받을 수 없습니다.

사실혼부부의 일방이 다른 일방의 재산을 이전 받는 방법에는 첫째, 사실혼부부 모두 사망하기 전에 혼인신고를 하고, 어느 한 쪽이 사망하면 법률혼 배우자로서 재산상속을 받거나, 둘째, 증여 또는 유언에 의한 증여를 받는 방법이 있습니다. 다만, 증여나 유증의 경우에는 그 이행시기에 따라 상속인들로부터 유류분권에 의한 재산의 반환을 청구 당할 수 있습니다(민법 제1115조).

결국 증여나 유증을 통하여 상속받은 것과 비슷한 효과를 가져올 수는 있으나, 법률상 사실혼부부간에는 서로 재산상속을 받을 수는 없는 것입니다.

◎ 재산상속의 법정상속인

【답변】➡

　　상속은 사망한 사람 즉, 피상속인의 사망으로 개시되며, 민법은 다음과 같은 순위에 따라 상속인이 됨을 규정하고 있습니다.

　　1순위는 사망한 사람의 직계비속인 자녀이고, 이 경우 태아는 이미 출생한 것으로 보아 자녀 속에 포함되며, 2순위는 사망한 사람의 직계존속, 즉 부모, 조부모, 외조부모 등이 되고, 3순위는 사망한 사람의 형제자매이며, 4순위는 사망한 사람의 4촌 이내의 방계혈족의 순위로 상속인이 됩니다.

　　피상속인의 배우자는 1순위 상속인인 자녀가 있는 경우에는 자녀와, 자녀가 없고 2순위 상속인인 부모가 있는 경우에는 부모와 공동상속인이 되며, 자녀와 부모 모두 없는 경우에는 단독으로 상속인이 됩니다(민법 제1003조).

　　같은 순위의 상속인이 여러 명 있는 경우에는 촌수가 가까운 사람이 선순위가 되며, 같은 촌수의 상속인이 여러 명인 경우에는 공동으로 상속인이 됩니다. 예컨대, 2순위인 직계존속의 경우 조부모, 외조부모보다는 부모가 선순위가 되고, 부모 모두 생존한 경우는 부와 모가 함께 공동상속인이 되는것과 같습니다(민법 제1000조).

◎ 혼인 외의 자(子)가 생모재산을 상속받을 수 있는지

【답변】 ➡

　　혼인신고 되지 않은 부모사이에 출생한 자녀를 혼인 외의 자(子)라고 하는데, 혼인외 자의 호적부 모(母)란에 적모(嫡母)가 아닌 생모(生母)의 성명이 기재되어 있는 경우와 같이 혼인외 자와 생모사이에 호적상 친생자관계가 있음이 확인될 수 있는 경우에는 혼인 외의 자녀도 생모의 직계비속인 자녀가 되므로, 생모의 사망시 1순위의 재산상속인이 됩니다 (민법 제1000조).

　　만일, 혼인외 자의 호적부 부모란 중 모(母)란에 생모(生母)가 아닌 적모(嫡母)의 성명이 기재되어 있는 경우에는 친생자관계존부확인의 소를 제기하여 판결의 확정일로부터 1월 이내에 판결의 등본 및 그 확정증명서를 첨부하여 호적정정의 신청을 하면 됩니다 (민법 제865조, 호적법 제 123조).

◪ 아버지와 재혼한 계모 사망시 상속인

【답변】➡

우리민법상 직계비속은 1순위로 재산상속권이 있으며, 자연혈족과 법정혈족을 구별하지 않지만, 계모와 전처 소생 자녀간의 이른바 계모자관계는 법정혈족으로 인정하지 않고, 다만, 직계존속의 배우자로서 인척관계로만 인정하고 있으므로 계모자관계에서는 상속권이 발생할 수 없습니다. 이는 전처와 둘째 부인 소생 자녀간 이른바 적모자(嫡母子)관계에서도 마찬가지입니다(민법 제1000조, 민법부칙 제3조).

따라서 계모가 사망한 경우에는 전처의 출생자는 그 상속인이 될 수 없고, 아버지와 계모 소생의 직계비속이 그 상속인이 되며, 계모 소생의 자녀가 없는 경우에는 아버지와 그 친정부모가 상속을 받게됩니다.

◎ 아버지가 할아버지 보다 먼저 사망한 경우 대습상속권

【답변】 ➡

　　대습상속(代襲相續)이란 상속인이 될 직계비속 또는 형제자매가 상속개시 전에 사망 또는 결격자가 된 경우, 사망한 자의 직계비속이 있는 때에는 그 직계비속이 사망하거나 결격된 자의 순위에 갈음하여 상속인이 되는 것을 말합니다. 예를 들면 아버지가 할아버지보다 먼저 사망한 후 할아버지가 사망하였을 때에는 할아버지의 재산 중 원래 아버지가 받을 상속분만큼을 손자가 대신 상속받게 되는 것입니다(민법 제1001조, 제1003조 제2항, 제1006조).

◎ 상속결격사유란 무엇인지

【답변】 ➡

　　상속결격이란 상속인에게 일정한 법정사유가 발생한 경우에 그 상속인이 법률상 당연히 피상속인을 상속하는 자격을 잃는 것을 말하는 것으로서 사망한 사람에 대하여 특정한 비행행위를 함으로써 상속결격된 자는 그 사유 발생시점에 관계없이 상속이 개시된 때에 소급하여 법률상 당연히 상속인이 될 수 없습니다. 민법은 다음과 같은 상속결격사유를 규정하고 있습니다.

- 고의로 직계존속, 피상속인, 그 배우자 또는 상속의 선 순위나 동 순위에 있는 자를 살해하거나 살해하려 한 자,
- 고의로 직계존속, 피상속인과 그 배우자에게 상해를 가하여 사망에 이르게 한 자,
- 사기 또는 강박으로 피상속인의 상속에 관한 유언 또는 유언의 철회를 방해한 자,
- 사기 또는 강박으로 피상속인의 상속에 관한 유언을 하게 한 자,
- 피상속인의 상속에 관한 유언서를 위조하거나 변조 혹은 파기 또는 은닉한 자 등입니다(민법 제1004조).

　　다만, 상속결격의 효과는 결격자의 일신에 한하므로, 결격자의 직계비속이나 배우자가 있는 경우에는 그 결격자의 상속분을 결격자의 직계비속이나 배우자가 대습상속(代襲相續)을 받게 됩니다.

◘ 상속재산과 상속인 재산의 분리

【답변】 ➡

피상속인의 사망으로 상속이 개시되었으나 상속될 재산과 상속받을 자의 고유재산관계가 불분명한 경우에는 상속재산과 상속인 고유재산의 분리를 법원에 청구할 수 있습니다.

상속채권자나 유증(遺贈)받은 자 또는 상속인의 채권자는 상속이 개시된 날로부터 3월 이내에, 상속인이 상속의 승인이나 포기를 하지 아니한 동안에는 3개월의 기간이 경과한 후에라도 상속재산의 분리를 청구할 수 있으며, 상속인이나 상속재산에 대한 파산선고시에도 재산분리의 청구를 할 수 있습니다(민법 제1045조, 파산법 제5조).

법원의 재산분리명령이 있는 경우 분리청구권자는 5일내에 상속채권자와 유증받은 사람에게 2개월 이상의 기간을 정하여 채권 또는 유증 받은 사실을 신고할 것을 공고하여야 합니다. 이 기간동안 상속인은 상속채권자와 유증 받은 자에 대하여 변제를 거절할 수 있으나, 기간이 만료된 후에는 상속재산에서 우선권이 있는 채권자에게 먼저 변제하고 상속채권자와 유증받은 자에게 각 채권액 또는 수증액의 비율로 변제하여야 합니다. 만일, 상속채권자와 유증받은 자가 상속재산으로는 전액의 변제를 받을 수 없는 경우에는 상속인의 고유재산으로부터 상속인의 채권자가 우선변제를 받은 후 남은 재산에 대하여 그 변제를 받을 수 있습니다(민법 제1046조, 제1051조, 제1052조).

◙ 상속재산의 분할을 협의할 수 없는 경우

【답변】➡

공동상속인 전원이 상속재산에 대한 분할 협의를 할 수 없는 경우 각 상속인은 다른 공동상속인에 대하여 가정법원에 상속재산분할심판을 청구할 수 있습니다. 다만, 공동상속인 중 상속의 포기나 승인을 고려 중인 자가 있거나, 사망한 사람이 유언으로 일정기간 상속재산분할을 금지한 때에는 특별한 사정변경이 없는 한 상속재산분할심판을 청구할 수 없습니다(민법 제1013조, 제1019조, 가사소송법 제2조, 제46조, 제50조, 제60조, 민사조정법 제36조).

분할의 대상이 되는 상속재산에는 사망한 자의 재산은 물론 채무도 포함되며, 임차인이나 매도인으로서의 지위 등과 같은 계약상 또는 법률상의 지위도 포함됩니다. 다만, 피상속인의 일신전속적(一身專屬的)인 권리의무는 분할의 대상이 되지 않습니다.

◎ 상속재산의 증가에 기여한 자의 상속분

【답변】 ➡

　공동상속인 중 상당한 기간 동거, 간호 그 밖의 방법으로 사망한 자를 특별히 부양하거나, 무이자의 금전대여나 기타 재산의 증여 등과 같이 사망한 자의 재산의 유지 또는 증가에 특별히 기여한 자가 있는 경우, 그의 상속분은 법정상속분에 기여분을 더하여 인정되고, 이 경우 상속재산은 상속개시 당시 사망한 자의 재산가액에서 기여상속인의 기여분을 공제한 것을 말하며, 기여분은 상속이 개시된 당시 사망한 자의 재산가액에서 유증의 가액을 공제한 액을 넘지 못합니다.

　기여분의 청구는 공동상속인의 상속재산분할청구가 있거나, 인지 받은 자 등이 그 상속분에 상당한 가액의 지급청구가 있는 경우, 공동상속인간 기여분에 대하여 협의되지 않음을 이유로 가정법원에 청구할 수 있으며, 이 경우 법원은 기여의 시기·방법 및 정도, 상속재산의 가액 기타 사정을 참작하여 기여분을 정하게 됩니다.(민법 제1008조의2, 제1013조, 제1014조, 가사소송법 제2조, 제46조,제50조, 동법 규칙 제110조)

◎ 상속회복청구권

【답변】 ➡

　　사망한 자의 재산을 상속받을 권리가 없음에도 재산상속을 받은 이른바 참칭상속인으로 인하여 상속권이 침해된 경우 상속권자나 그 법정대리인은 그 침해를 안 날로부터 3년, 상속권의 침해행위가 있은 날로부터 10년 이내에 재산의 반환 등과 같은 상속회복청구(相續回復請求)를 할 수 있습니다(민법 제999조 제2항).

　　상속회복청구권의 상대방인 참칭상속인(僭稱相續人)이란 정당한 상속권이 없음에도 재산상속인임을 신뢰하게 하는 외관을 갖추거나 상속인이라고 참칭하면서 상속재산의 전부 또는 일부를 점유하는 자를 가리키는 것으로서 공동상속인 중 한 사람이 다른 상속인의 상속권을 부정하고 자기만이 상속권이 있다고 참칭하는 경우도 여기에 해당합니다(98.3.27. 대법 96다37398, 91.2.22. 대법 90다카 19470).

✪ 공동상속인의 일부가 상속등기에 협조하지 않는 경우

【답변】 ➡

공동상속인 중 일부가 법정상속분에 따른 상속등기에 협조하지 않는 경우에도 다른 상속인 일부가 공동상속인 전원명의로 상속재산을 등기할 수 있느냐에 대하여, 이를 공유물의 관리행위로 본다면 공유자 지분의 과반수에 의해서만 청구할 수 있고, 공유물의 보전행위로 보면 공유자 각자가 단독으로 청구할 수 있을 것입니다(민법 제265조, 96.2.9. 대법 94다61649).

이 경우 법원의 등기실무는 상속등기를 하고자 하는 상속인 일부에 대한 상속등기를 할 는 없고, 상속등기에 협력하지 않는 상속인을 포함하여 공동상속인 전원의 법정상속분에 따른 상속등기를 인정하고 있습니다. 다만, 법정상속분과 다른 비율로 변경된 경우에는 공동상속인 연명으로 작성 날인된 상속재산분할협의서와 인감증명서를 첨부하도록 하고 있습니다.

◎ 공동으로 상속한 재산을 매수할 경우

【답변】 ➡

　여러 명의 상속인이 공동으로 상속한 재산은 공동상속인의 공유
이고, 각자의 공유지분은 각 공유자의 자유의사에 따라 처분할 수
있으나, 공유물은 다른 공유자의 동의 없이 처분하지 못합니다(민
법 제263조, 제264조, 제1006조).

　따라서 공동상속재산에 관한 등기이전은 공동상속인 전부의 협
력이 있어야 그 공유물의 소유권이전등기를 할 수 있으므로 공동
상속인 전원의 동의 없이 일부 공유자와 매매계약을 체결한 경우
에는 공유물 전부의 소유권이전등기를 할 수 없게 될 것입니다.

◎ 외국 국적자의 상속등기신청방법

【답변】 ➡

　　외국 국적자가 재산상속인으로서 국내소재 부동산에 대한 상속 등기를 신청할 경우에는 사망확인서와 상속권을 입증할 수 있는 호적등본, 제적등본, 시·군·구청장 등이 발급하는 등록세영수필 확인서, 국민주택채권매입필증, 토지대장, 임야대장, 건축물대장 및 토지가격확인원, 본국 관공서의 주소증명 또는 주소를 공증한 서면, 외국인토지법에 의한 허가증 또는 신고필증의 사본을 첨부 하여야 하며, 협의분할에 의한 상속등기 신청시에는 상속재산협의 분할계약서와 협의서에 한 서명이 본인의 것임을 확인하는 본국 관공서의 증명이나 공정증서를 제출하여야 합니다. 만일, 상속인 중 미성년자나 상속결격자, 특별수익자, 상속포기자가 있거나 피 상속인이 유언으로 상속분을 지정한 때 등의 경우에는 첨부서면이 다르거나 추가될 수도 있습니다.

◎ 공동상속인의 일부가 행방불명된 경우의 상속등기

【답변】 ➡

공동상속인 중 일부가 행방불명으로 주민등록이 말소된 경우에는 법정상속분에 의한 상속등기신청에 한하여 주민등록상 최후주소나 주민등록이 없는 경우에는 이를 소명하고 호적등본상 본적지를 그 주소지로 하여 재산상속등기의 신청을 할 수 있습니다.

상속등기를 신청할 경우에는 사망확인서와 상속권을 입증할 수 있는 호적등본, 제적등본, 시·군·구청장 등이 발급하는 등록세영수필확인서, 국민주택채권매입필증, 토지대장, 임야대장, 건축물대장 및 토지가격확인원을 첨부하여야 하며, 협의분할에 의한 상속등기 신청시에는 상속재산협의분할계약서를 제출하여야 합니다.

◎ 공동상속인이 그의 상속지분을 처분할 수 있는지

【답변】➡

　　우리 민법상 재산상속인의 순위는 사망한 사람의 자녀, 부모, 형제자매, 4촌 이내의 방계혈족 순이며, 같은 순위의 상속인이 여러 명인 때에는 촌수가 가까운 사람을 선 순위로 하고, 같은 촌수의 상속인이 여러 명인 때에는 공동상속인이 됩니다. 또한 배우자는 사망한 자의 자녀 또는 부모와 같은 순위로 공동상속인이 된다고 규정하고 있습니다(민법 제1000조, 제1003조).

　　따라서 사망한 자의 배우자와 자녀사이, 자녀가 여러 명인 경우 그들 서로간에는 공동상속인이 되고, 이 경우 상속재산은 공유로 보며, 공동상속인은 각자의 상속분에 응하여 사망한 자의 권리의무를 승계하는 것이므로 그 공유재산에 대한 각자의 상속지분은 자유의사에 따라 처분할 수 있습니다(민법 제263조, 제1006조, 제1007조).

◎ 상속포기

【답변】 ➡

　상속인은 사망한 자의 일신전속적(一身專屬的) 권리의무를 제외한 포괄적 권리의무를 법률상 당연히 승계하게 됩니다. 그러므로 상속인은 사망한 사람의 상속재산 중 부동산이나 은행예금과 같은 적극적 재산보다 차용금채무나 보증채무 등 소극적 재산이 더 많은 경우에는 피상속인이 사망한 것을 안 날로부터 3월 이내에 사망한 자의 최후주소지 가정법원에 상속포기신고를 하여 상속의 효력을 부인할 수 있습니다. 사망한 자의 최후주소지가 외국인 경우는 대법원소재지의 가정법원에 신고하면 됩니다(민법 제997조, 제998조, 제1019조, 가사소송법 제13조, 제35조 제2항, 제44조 제6호).

　상속포기의 신고기간은 가정법원의 허가를 얻어 연장할 수 있으나, 기간 내에 포기를 하지 아니한 때에는 단순승인을 한 것으로 되며, 일단 포기신고를 한 후에는 그 신고를 취하할 수 없습니다(민법 제1019조, 제1024조, 제1026조).

　다만, 상속인은 상속채무가 상속재산을 초과하는 사실을 중대한 과실없이 위 3월기간 내에 알지 못하여 상속포기를 하지 못한 경우에는 그 사실을 안 날부터 3월 내에 한정승인을 할 수 있습니다. (민법 제1019조 제3항)

◎ 선 순위 상속인이 상속을 포기한 경우

【답변】 ➡

　　우리 민법상 재산상속인의 순위는 사망한 사람의 자녀, 부모, 형제자매, 4촌 이내의 방계혈족 순이며, 배우자는 사망한 자의 자녀 또는 부모와 같은 순위로 공동상속인이 됩니다, 같은 순위의 상속인이 여러 명인 때에는 촌수가 가까운 사람을 선 순위로 하고, 같은 촌수의 상속인이 여러 명인 때에는 공동상속인이 됩니다(민법 제1000조, 제1003조).

　　상속재산은 민법이 정한 상속인의 순위에 따라 상속되지만, 선 순위의 상속인이 상속받을 권리를 포기한 경우에는 그 다음 순위 상속인들이 순차적으로 상속을 받게됩니다. 판례는 부모가 동시에 사망하고 그의 자녀 모두가 상속을 포기한 경우 상속포기자는 상속개시시부터 상속인이 아니었던 것과 같은 지위에 놓이게 되므로 같은 순위의 다른 상속인이 없어 그 다음으로 가까운 자녀인 사망한 자의 손자(孫子)들이 차 순위의 상속인으로서 사망한 자의 채무를 상속하게 된다고 하였습니다(95.4.7. 대법 94다11835, 95.9.26. 대법 95다27769).

◎ 미성년자가 상속을 포기할 경우

【답변】 ➡

　　미성년자와 같은 법률상 행위무능력자가 상속포기를 할 경우에는 그의 법정대리인이 상속개시 있음을 안 날로부터 3월 이내에 상속포기신고를 하여야 합니다, 다만, 상속의 포기가 법정대리인과의 관계에서 이해상반행위에 해당하는 때에는 법원에서 선임된 특별대리인이 미성년자를 대리할 수 있습니다(민법 제921조, 제1020조, 91.6.11. 대법 91스1).

◎ 상속포기신고시 재산목록이 일부 누락된 경우

【답변】 ➡

　　상속을 포기하고자 하는 자는 상속포기신고서와 피상속인의 제
적등본, 주민등록말소자등본, 신고자의 호적등본, 주민등록등본과
인감증명서 등을 첨부하여 제출하면 됩니다.

　　그러나 상속인이 재산목록을 첨부하면서 일부 누락된 재산이 있
는 경우에 관하여 판례는 상속의 포기는 상속인이 법원에 대하여
하는 단독의 의사표시로서 포괄적. 무조건적으로 하여야 하므로
상속포기는 재산목록을 첨부하거나 특정할 필요가 없는 것이고,
상속포기서에 상속재산의 목록을 첨부하였다고 하더라도 그 목록
에 기재되지 않은 재산의 경우에도 상속포기의 효력은 미친다고
하였습니다(95.11.14. 대법 95다 27554).

◎ 상속의 한정승인

【답변】 ➡

한정승인이란 상속인이 상속받을 재산의 한도에서 사망한 자의 채무와 유증(遺贈)을 변제할 것을 조건으로 상속을 승인하는 것으로써, 한정승인신고는 상속인이 상속개시 있음을 안 날로부터 3월 내에 사망한 자의 최후주소지 가정법원에 상속재산의 목록을 첨부하여 할 수 있으며, 가정법원의 허가를 얻어 그 신고기간을 연장할 수도 있습니다.(민법 제998조, 제1019조, 제1030조, 가사소송법 제44조 제6호).

다만, 상속인이 상속채무가 상속재산을 초과한 사실을 중대한 과실없이 상속개시 있음을 안 날로부터 3개월 내에 알지 못하고 단순승인(제1026조 제1호 및 제2호의 규정에 의하여 단순승인한 것으로 보는 경우를 포함한다)을 한 경우에는 그 사실을 안 날로부터 3개월 내에 한정승인을 할 수 있습니다.(민법 제1019조 제3항)

한정승인을 한 경우에는 상속채무와 상속인의 책임이 분리되어 상속채무가 상속재산을 초과해도 상속재산의 한도에서 변제책임이 있는 일종의 유한책임이므로 상속인은 자신의 고유재산으로 상속채무를 변제할 필요가 없습니다(민법 제1028조).

◘ 상속인의 유류분(遺留分)반환청구권

【답변】 ➡

사망한 자는 생전에 유언을 해둠으로써 사망한 후 그의 소유재산을 자유롭게 처분할 수 있으나, 상속재산은 그 가족들의 노력이 어느 정도 포함되어 있는 경우가 많으므로 사망한 자가 유언으로 제3자에게 전 재산을 증여하였더라도 일정부분의 재산에 대하여는 그 가족들에게 당연히 돌아갈 수 있도록 함으로써 사망한 자의 유언에 의한 자유처분 범위를 제한할 필요가 있는 것이며, 이에 민법은 유류분권리를 규정하고 있습니다.

유류분반환청구권은 사망한 자의 배우자, 직계비속, 직계존속, 형제자매 중 상속순위에 의한 상속권 있는 사람이 상속의 개시와 반환하여야 할 증여 또는 유증의 사실을 안 때로부터 1년 내에, 상속이 개시된 때로부터 10년 내에 행사하여야 하며, 그들의 유류분비율은 사망한 자의 배우자와 직계비속의 경우 법정상속분의 2분의 1, 사망한 자의 직계존속과 형제자매의 경우 법정상속분의 3분의 1이 인정됩니다. 다만, 유류분권은 법정상속권에 기초하고 있는 것이므로 상속인의 결격. 포기 등으로 상속권을 상실한 때에는 유류분권도 당연히 소멸됩니다.(민법 제1112조, 제1118조)

◎ 특별수익자에 대한 유류분반환청구권

【답변】 ➡

　　법정상속인 중 순위에 의하여 상속권 있는 자가 사망한 자의 배우자나 직계비속이면 법정상속분의 2분의 1을, 직계존속이나 형제자매이면 법정상속분의 3분의 1을 각 유류분권리로 주장할 수 있으나, 사망한 자의 생전에 전세자금을 받은 자녀나, 사업자금을 증여 받은 제3자로 인하여 상속인의 유류분(遺留分)이 침해된 경우 유류분권리자는 특별수익자에 대하여 상속개시와 그 증여 사실을 안 때로부터 1년, 상속이 개시된 때로부터 10년 내에 유류분에 부족한 한도에서 유류분반환청구를 할 수 있습니다. 특별수익자가 공동상속인인 경우에도 그 특별수익액이 유류분에 부족한 경우에는 그 한도에서 유류분반환청구권을 행사할 수 있습니다(민법 제1112조, 제1115조, 제1117조, 제1118조).

　　상속인의 유류분은 피상속인의 사망당시 가진 재산의 가액에 사망 전 1년간에 행하여진 증여재산의 가액을 가산한 후 상속채무의 전액을 공제하여 산정하고, 증여당사자의 쌍방이 유류분권리자에 손해를 가할 것을 알고 증여를 한 때에는 1년 전에 한 것도 가산하여야 하며, 공동상속인 중에 특별수익자가 있는 경우 그 특별수익액은 증여시기에 관계없이 유류분산정을 위한 기초재산에 포함하여 산정합니다(민법 제1008조, 제1113조, 제1114조, 95.6. 30. 대법 93다11715).

◘ 이혼위자료청구권의 승계가 가능한지

【답변】 ➡

민법에 의하면 약혼해제로 인한 정신상 고통에 대한 손해배상청구권은 양도 또는 승계하지 못하지만 당사자간에 배상에 관한 계약이 성립되거나 소를 제기한 후에는 양도 또는 승계가 가능하다고 규정하고 있으며, 이를 재판상 이혼의 경우에도 준용하도록 하고 있습니다(민법 제806조 제3항, 제843조).

관련 판례를 보면 "재판상 이혼청구권은 부부의 일신전속적 권리이므로 이혼소송 계속중 배우자 일방이 사망한 때에는 상속인에게 수계되지 않고 소송이 종료되지만, 이혼위자료청구권은 청구권자가 위자료의 지급을 구하는 소송을 제기함으로써 청구권을 행사할 의사가 객관적으로 나타난 경우에는 양도나 상속 등 승계가 가능하다."라고 하였습니다(대법원 1993.5.27. 92므143).

따라서 이혼위자료청구권은 청구권을 행사할 자가 위자료에 관한 계약을 체결하였거나 위자료청구 소송을 제기하여 청구권을 행사할 의사가 객관적으로 나타난 경우에는 양도 또는 승계가 가능할 것입니다.

◎ 이성동복의 형제자매도 상속인의 범위에 포함되는지 여부

【답변】 ➡

　　민법에서 제3순위 상속인으로 규정하고 있는 피상속인의 형제자매의 범위에 이성동복(異姓同腹)의 형제자매도 포함되는지 여부가 문제되는바, 관련된 판례를 보면 "현행 민법에 제3순위 상속인으로 규정된 피상속인의 형제자매라 함은 민법 개정시 친족의 범위에서 부계와 모계의 차별을 없애고, 상속의 순위나 상속분에 관하여도 남녀간 또는 부계와 모계간의 차별을 없앤 점 등에 비추어 볼 때, 부계 및 모계의 형제자매를 모두 포함하는 것으로 해석하는 것이 상당하다"라고 하였으며(대법원 1997.11.28.선고, 96다5421),

　　또한 "산업재해보상보험법상의 유족급여수급권자인 「형제자매」의 범위를 민법상 혈족의 개념에 나와 있는 형제자매에 해당하는 이상, 부계의 형제자매뿐 아니라 모계의 형제자매도 포함된다"라고 하였습니다(대법원 1997.3.25.선고, 96다38933).

　　따라서 피상속인과 어머니만을 같이하는 이성동복의 관계에 있는 형제자매도 피상속인의 형제자매에 해당되어 상속권이 있습니다.

◎ 상속개시전에 한 상속포기약정의 효력

【답변】 ➡

　민법에 의하면 상속은 피상속인의 사망으로 인하여 개시되며, 상속인은 상속개시 있음을 안 날로부터 3월 내에 상속포기를 할 수 있도록 규정하고 있으며(민법 제997조, 제1019조 제1항), 대법원 판례도 "유류분을 포함한 상속의 포기는 상속이 개시된 후 일정한 기간 내에만 가능하고 가정법원에 신고하는 등 일정한 절차와 방식을 따라야만 그 효력이 있으므로, 상속개시 전에 한 상속포기약정은 그와 같은 절차와 방식에 따르지 아니한 것으로 효력이 없다."(1998. 7. 24. 98다9021)라고 하였습니다.

　따라서 상속인은 피상속인의 생존시에는 상속포기를 할 수 없고, 설령 피상속인의 생존시에 피상속인에 대하여 상속을 포기하기로 하는 약정각서를 작성하였다 하더라도 상속포기의 효력은 없습니다.

◎ 위자료 청구권도 상속되는지

【답변】 ➡

불법행위로 인한 위자료청구권은 피해자가 이를 포기하거나 면제하였다고 볼 수 있는 특별한 사정이 없는 한 원칙적으로 상속되는 것으로 볼 수 있습니다. 그러므로, 불법행위로 인해 사망한 자의 직계비속과 직계존속 및 배우자는 사망한 자의 위자료청구권을 상속할 뿐만 아니라, 자기 고유의 위자료청구권을 동시에 행사할 수 있을 것입니다(민법 제752조, 66.10.18. 대법 66다1335, 69.10.23. 대법 69다1380).

그러나 이혼 등으로 인한 위자료청구권은 일신전속권이기 때문에 당사자 사이에 이미 배상에 관한 계약이 성립되거나, 재판상 청구한 후가 아니라면 상속되지 않습니다(민법 제806조, 제825조, 제843조, 제897조, 제908조).

◉ 사고운전자 사망시 보험가입 확인방법

【답변】➡

　교통사고로 갑자기 사망한 자의 유가족들은 호적등본이나 사망한 자와의 상속 또는 유증관계를 입증할 수 있는 서류를 구비하여 손해보험협회나 생명보험협회에서 운영하는 '보험가입조회센터'의 서비스망을 이용하면 사망자의 자동차종합보험 또는 생명보험 등의 보험가입여부를 확인할 수 있습니다. 유족들의 확인신청서를 접수받은 보험협회는 사망한 자가 보험에 가입했는지 여부 및 보험회사명, 보험회사 전화번호, 증권번호 등을 신청인에게 통보해 주고 있습니다.

◎ 민법상 인지청구의 소 규정의 위헌여부

【질의】 ➡ 甲은 망 乙을 상대로 망 乙이 甲의 아버지임을 주장하여 관할검찰청 검사를 피고로 하여 '원고는 청구외 망 乙의 아들임을 인지한다.'는 취지로 인지청구의 소를 제기하였으나, 甲이 乙의 사망사실을 안 때로부터 1년이 지나서 제소하였으므로 각하 되었습니다. 이 경우 甲이 항소하면서 부 또는 모가 사망한 때에는 그 사망을 안 날로부터 1년 내에 검사를 상대로 인지청구 하여야 한다는 민법규정에 대하여 위헌제청신청을 해볼 수 있는지요?

【답변】 ➡ 할 수 없습니다.

인지에 대한 이의의 소에 관하여 민법 제862조에 의하면 "자(子) 그 밖의 이해관계인은 인지의 신고있음을 안 날로부터 1년 내에 인지에 대한 이의의 소를 제기할 수 있다."라고 규정하고 있으며, 인지청구의 소에 관하여 민법 제863조에 의하면 "자(子)와 그 직계비속 또는 그 법정대리인은 부 또는 모를 상대로 하여 인지청구의 소를 제기할 수 있다."라고 규정하고 있습니다.

그리고 부모의 사망과 인지청구의 소에 관하여 민법 제864조에 의하면 "전(前)2조(條)의 경우에 부 또는 모가 사망한 때에는 그 사망을 안 날로부터 1년 내에 검사를 상대로 하여 인지에 대한 이의 또는 인지청구의 소를 제기할 수 있다."라고 규정하고 있습니다.

그런데 민법 제864조 중 '민법 제863조의 경우'에 '부 또는 모가 사망한 때에는 그 사망을 안 날로부터 1년 내'부분이 인간의 존엄과 가치 및 행복추구권 및 평등원칙에 위배되는지에 관한 판례를 보면, "혼인외출생자는 생부 또는 생모가 살아 있는 동안에는 제소기간의 제한 없이, 그리고 자신의 연령에 관계없이, 부 또는 모를 상대로 언제든지 인지청구의 소를 제기할 수 있는 것이고(민법 제863조), 혼인외출생자가 부 또는 모와의 사이에 친자관계가 존재함을 아는 것은 그렇게 어렵지 않으므로, 이 사건 법률 조항이 인지청구의 제소기간을 정함에 있어 혼인외출생자가 부 또는 모와의 사이에 친자관계가 존재함을 알았는지 여부를 고려하지 아니하고 단순히 '사망한 사실을 안 날로부터 1년 내'라고 규정한 것은 혼인외출생자의 인지청구 자체가 현저히 곤란하게 되거나 사실상 불가능하게 되는 것은 아니다. 부 또는 모가 사망한 경우 인지청구의 제소기간을 너무 장기간으로 설정하는 것은 법률관계를 불안정하게 하여 다른 상속인들의 이익이나 공익을 위하여 바람직하지 않으므로 인지청구의 제소기간을 부 또는 모의 사망을 알게 된 때로부터 1년으로 제한하여 법률관계를 조속히 안정시키는 것은 혼인외출생자의 이익과 공동상속인 등 이해관계인의 이익을 조화시킨 것이다. 따라서 이 사건 법률조항이 인지청구의 소의 제소 기간을 부 또는 모의 사망을 안 날로부터 1년 내로 규정한 것은 과잉금지원칙에 위배되지 아니하므로 인지청구를 하고자 하는 국민의 인간으로서의 존엄과 가치 그리고 행복을 추구하는 기본권을 침해하는 것은 아니다."라고 하였으며, "혼인외출생자에 대한 모자 사이의 친생자관계는 모에 의한 자의 출산이라는 사실 자체에 의해서 친생자관계라는 법률효과가 부여되지만, 혼인외출생자에 대한 부자 사이의 친자관계는 인지절차를 통해서만 친생자관계가 형성될 수밖에 없다. 따라서 생모와 그의 혼인외의 자의 사이에 원천적으로 존재하는 친생자관계를 확인 받고자 하는 소송과 혼인외의 자에 대하여 그 부와 자 사이에 친생자관계를 새로이 형성하고자 하는 소송은 그 성질이 명백히 다르므로 양자 사이에 차별을 두는 것은 합리적인 이유가 있는 것이어서 평등의 원칙을 침해하는 것이 아니다."라고 하였습니다(헌법재판소 2001. 5. 31. 선고 98헌바9 결정).

따라서 부 또는 모가 사망한 때에는 그 사망을 안 날로부터 1년 내에만 인지청구하여야 한다는 민법 제864조 규정을 위헌이라고 할 수는 없을 것으로 보입니다.

◎ 채권확보수단으로 받은 약속어음공정증서의 소멸시효기간

【질의】 ➡ 저는 甲에게 500만원을 빌려주면서 이자는 월 2푼으로 하여 10개월 후 돈을 받기로 하였으나 甲은 1년이 지나도 위 돈을 갚지 않았습니다. 그래서 저는 위 대금의 확보수단으로서 새로이 액면금 500만원인 약속어음을 공증 받아 두었으나, 그 지급기일인 3개월이 지난 후에도 甲의 재산이 없어서 강제집행을 할 수 없었습니다. 그러던 중 위 약속어음지급기일로부터 3년이 지난 최근에 甲이 아파트를 상속받았다고 하기에 이를 강제집행하려고 합니다. 그런데 위 약속어음공정증서는 그 소멸시효기간이 경과되어 행사할 수 없다고도 하는데 타당한 것인지요?

【답변】 ➡ 타당한 것으로 보입니다.

약속어음의 경우 발행인에 대한 청구권은 지급기일로부터 3년간 행사하지 않으면 시효로 인하여 소멸합니다(어음법 제77조, 제70조). 그런데 약속어음공정증서는 공증인이 일정한 금액의 지급이나 대체물 또는 유가증권의 일정한 수량의 급여를 목적으로 하는 청구에 관하여 작성한 공정증서로서 채무자가 강제집행을 승낙한 취지가 적혀 있는 것은 일종의 집행권원이 되므로 별도의 재판절차를 거치지 않고 이것을 가지고 곧바로 강제집행을 실시할 수 있습니다(민사집행법 제56조 제4호).

그러나 확정판결이나 재판상화해 등의 경우 그 권리의 소멸시효는 비록 단기의 소멸시효에 해당하는 채권에 관한 것이라도 소멸시효기간이 10년으로 되지만(민법 제165조), 공정증서의 경우에는 확정판결 등과 같이 기판력을 가지는 것은 아닙니다. 판례도 약속어음에 공증이 된 것이라고 하여 이 약속어음이 '판결과 동일한 효력이 있는 것에 의하여 확정된 채권'이라고 할 수 없고, 이 약속어음채권이 민법 제165조 제2항 소정의 채권으로서 10년의 소멸시효에 걸린다고 할 수 없다고 하였습니다(대법원 1992. 4. 14. 선고 92다169 판결).

따라서 공증된 채권의 소멸시효기간은 공정증서의 원인이 되는 채권의 성질에 따라 달라지는 것이고, 약속어음을 공증한 경우 소멸시효기간은 3년으로 보아야 할 것입니다. 그렇다면 위 사안의 경우 약속어음채권의 소멸시효기간은 경과되었다고 할 것입니다.

다만, 위 사안에서 약속어음은 甲에게 빌려준 대여금의 지급확보를 위하여 교부된 것으로 보아야 할 것이어서, 원인채권 즉, 대여금반환청구채권은 어음채권과 병존하게 되고(대법원 2001. 7. 13 선고 2000다57771 판결, 1997. 3. 28. 선고 97다126, 133 판결, 1990. 5. 22. 선고 89다카13322 판결), 그 채권에 대한 소멸시효기간은 아직 경과되지 않았으므로 甲이 상속받은 아파트를 처분하기 전에 속히 가압류 등의 재산보전조치를 취한 후 원인채권인 대여금반환청구의 소를 제기하여 승소한다면 강제집행을 할 수 있을 것으로 보입니다.

◎ 종중원이 종산에 분묘를 설치할 권한이 있는지

【질의】 ➡ 저의 조부는 임야를 매수하여 자기와 조모의 묘를 그 임야에 설치하도록 유언한 후 사망하였고, 그 유언에 따라 상속인들이 조부모의 분묘를 설치·관리해오고 있습니다. 그런데 최근 저의 부친이 중환으로 위독한 상태에서 당신이 사망할 경우에 조부모가 모셔진 위 임야에 묻히기를 원하므로 모든 친척들과 상의하였으나, 장손인 사촌형은 조부모님이 1950년대에 사망하였으므로 자기 및 자기의 형제·자매들만이 상속인으로서 위 임야를 사용할 수 있다고 하며 반대하고 있습니다. 과연 저는 위 임야에 분묘를 설치할 수 없는지요?

【답변】 ➡ 과반수이상의 출석종중원의 찬성으로 할 수 있습니다.

　　위 사안의 문제점은 첫째, 위 임야를 종산(宗山)으로 볼 수 있느냐이고 둘째, 위 임야가 종산이라면 어떤 방법으로 아버지의 묘를 그 임야에 설치할 수 있는가 하는 것입니다.

　　위 임야를 종산으로 볼 수 있는가에 대하여 판례는 "토지매수인이 그 토지에 사후 자신의 분묘를 설치하게 한 경우에는 후손 중의 1인이 개인의 자금으로 분묘지를 단독 매수하여 조상의 분묘를 설치한 경우와는 달리 장손에게 단독 상속시켜 후에 용이하게 처분할 수 있게 하기보다는 오히려 자신을 공동선조로 하는 종중의 총유재산으로 하여 자손들로 하여금 영구보존 하게 할 의사였다고 봄이 우리의 전통적 사고에 부합한다."라고 하고 있습니다(대법원 1996. 6. 11. 선고 96다7403 판결). 그러므로 특별한 사유가 없는 한 위 임야는 귀하의 조부를 공동선조로 하는 종중의 종산으로 볼 수 있을 듯합니다.

　　그런데 종중원의 총유물인 종산사용권한에 관하여 판례는 "종중원은 총유자의 한 사람으로서 그 총유물인 종산을 사용·수익할 수 있다고 하여도 그 종산에 대한 분묘설치행위는 단순한 사용·

수익에 불과한 것이 아니라 관습에 의한 지상권 유사의 물권을 취득하게 되는 처분행위에 해당된다 할 것이므로 총유자인 종중의 결의가 필요하다."라고 하였습니다(대법원 1967. 7. 18. 선고 66다1600 판결).

따라서 위 사안의 경우에는 귀하의 조부를 공동선조로 하는 종중의 결의 결과에 따라 귀하의 아버지의 분묘를 설치할 수 있는지가 결정될 것이며 그 결의방법은 종중규약에 특별히 정한 바가 없다면 종원의 과반수이상의 출석에, 출석종중원 과반수이상의 찬성으로 결정될 것입니다.

◘ 20년 이상 경작한 토지에 대한 점유취득시효완성 여부

【질의】 ➡ 저는 부친이 경작하던 밭과 임야를 상속받아 30년 가까이 경작 · 관리하여 왔는데, 최근에 甲이라는 사람이 위 임야의 임야대장상의 사정명의와 등기부상의 소유자 명의가 그의 조부 명의로 되어 있다는 이유로 임야의 인도를 요구하고 있습니다. 위 임야는 저의 부친이 甲의 조부로부터 매수하였다고 들었는데, 어떻게 대처해야 하는지요?

【답변】 ➡ 매매 또는 점유취득시효로 인한 소유권이전등기절차 이행청구소송을 제기해야 합니다.

민법은 제186조에서 부동산에 관한 법률행위로 인한 물권의 득실변경은 등기하여야 그 효력이 생긴다고 규정하고 있습니다.

그러므로 타인으로부터 부동산을 매수하여 귀하의 부친과 귀하가 장기간 계속하여 위 토지를 점유 · 경작하고 있더라도 소유권이전등기를 하지 않았다면 그 소유권을 취득할 수는 없습니다(민법 제186조).

다만, 20년간 소유의 의사로 평온 · 공연하게 부동산을 점유한 자는 등기함으로써 그 소유권을 취득하는 것이므로(민법 제245조 제1항), 위 사안의 경우 귀하의 부친이 위 임야를 매수하여 소유권이전등기를 하지는 않았지만 그 임야를 인도 받아 돌아가실 때까지 점유하였고, 그 후 귀하가 그 점유를 승계하여 30년 가까이 경작 · 관리하여 왔다면 귀하는 점유취득시효로 인한 소유권이전등기청구권을 행사할 수 있을 것이며, 귀하가 귀하 부친의 점유를 승계하여 위 임야를 계속하여 점유 · 경작하고 있는 동안에는 그 소유권이전등기청구권의 소멸시효는 진행하지 않는다 할 것입니다(대법원 1998. 5. 12. 선고 97다34037 판결, 1996. 3. 8. 선고 95다34866 판결).

그러므로 귀하는 위 임야에 대하여 甲 등 등기명의인의 상속인들을 상대로 매매를 원인으로 한 소유권이전등기청구권을 행사하거나, 그러한 매매사실을 입증할 수 있는 방법이 없는 경우에는 점유취득시효를 원인으로 한 소유권이전등기청구권을 행사할 수도 있을 것입니다.

참고로 위 사안에서 등기명의자의 상속인인 甲 등이 위 임야를 처분할 수도 있으므로 귀하는 신속히 처분금지가처분신청 등의 보전조치를 취한 후, 매매 또는 점유취득시효로 인한 소유권이전등기절차 이행청구소송을 제기하여 소유권주장을 해보는 방법도 있을 것입니다.

◎ 타인소유 토지를 매수한 경우 자주점유의 추정이 번복되는지

【질의】 ➡ 甲은 10년 전부터 乙로부터 대지 552평방미터를 매수하여 점유하고 있었으나, 위 토지는 丙의 명의로 소유권보존등기가 마쳐지고, 丙의 상속인들의 공동명의로 상속을 원인으로 한 소유권이전등기가 마쳐져 있었습니다. 그리고 乙은 위 토지를 丙이나 丙의 상속인들로부터 매수한 것이 아니고, 丁으로부터 매수하였다는 것입니다. 그런데 甲이 점유취득시효를 주장하기 위해서는 乙의 점유기간까지 기산하여야 하는바, 이 경우 乙이 丙이나 丙의 상속인들로부터 위 토지를 매수한 것이 아니고, 丁으로부터 매수한 경우에도 乙의 점유가 소유의 의사로 점유한 것으로 추정될 수 있는지요?

【답변】 ➡ 점유한 것으로 추정되지 않습니다.

점유로 인한 부동산소유권 취득에 관하여 민법 제245조에 의하면 "20년간 소유의 의사로 평온, 공연하게 부동산을 점유하는 자는 등기함으로써 그 소유권을 취득한다."라고 규정하고 있고, 같은 법 제197조 제1항에 의하면 "점유자는 소유의 의사로 선의, 평온 및 공연하게 점유한 것으로 추정한다."라고 규정하고 있습니다.

그런데, 점유자가 점유개시 당시 소유권취득의 원인이 될 수 있는 법률행위 기타 법률요건 없이 그와 같은 법률요건이 없다는 사실을 알면서 타인소유의 부동산을 무단점유한 것이 입증된 경우에 관하여 판례를 보면, "민법 제197조 제1항에 의하면, 물건의 점유자는 소유의 의사로 점유한 것으로 추정되므로, 점유자가 취득시효를 주장하는 경우 스스로 소유의 의사를 입증할 책임은 없고, 그 점유자의 점유가 소유의 의사가 없는 점유임을 주장하여 취득시효의 성립을 부정하는 자에게 그 입증책임이 있으며, 점유자의 점유가 소유의 의사 있는 자주점유인지 아니면 소유의 의사 없는 타주점유인지의 여부는 점유자의 내심의 의사에 의하여 결정되는 것이 아니라 점유 취득의 원인이 된 권원의 성질이나 점유와 관계가 있는 모든 사정에 의하여 외형적·객관적으로 결정되어야 하기 때문에 점유자가 성질상 소유의 의사가 없는 것으로 보이는 권원에 바탕을 두고 점유를 취득한 사실이 증명되었거나, 점유자가 타인의 소유권을 배제하여 자기의 소유물처럼 배타적 지배를 하려는 의사를 가지고 점유하는 것으로 볼 수 없는 객관적 사정, 즉 점유자가 진정한 소유자라면 통상 취하지 아니할 태도를 나타내거나 소유자라면 당연히 취했을 것으로 보이는 행동을 취하지 아니한 경우 등 외형적·객관적으로 보아 점유자가 타인의 소유권을 배척하고 점유할 의사를 갖고 있지 아니하였던 것이라고 볼 만한 사정이 증명된 경우에 한하여 그 추정은 깨어지는 것이다."라고 하였고(대법원 2002. 2. 26. 선고 99다72743 판결), "점유자가 점유개시 당시에 소유권취득의 원인이 될 수 있는 법률행위 기타 법률요건이 없이 그와 같은 법률요건이 없다는 사실을 잘 알면서 타인소유의 부동산을 무단점유한 것임이 입증된 경우에도 특별한 사정이 없는 한 점유자는 타인의 소유권을 배척하고 점유할 의사를 갖고 있지 않다고 보아야 할 것이어서 이로써 소유의 의사가 있는 점유라는 추정은 깨어진다."라고 하였습니다(대법원 2001. 3. 27. 선고 2000다64472 판결).

　그런데 토지매수인이 매매계약에 의하여 목적토지의 점유를 취득한 경우, 그 계약이 타인의 토지의 매매에 해당하여 곧바로 소유권을 취득할 수 없다는 사실만으로 자주점유의 추정이 번복되는지에 관하여 판례를 보면, "현행 우리 민법은 법률행위로 인한 부동산 물권의 득실변경에 관하여 등기라는 공시방법을 갖추어야만 비로소 그 효력이 생긴다는 형식주의를 채택하고 있음에도 불구하고 등기에 공신력이 인정되지 아니하고, 또 현행 민법의 시행 이후에도 법생활의 실태에 있어서는 상당기간 동안 의사주의를 채택한 구 민법에 따른 부동산 거래의 관행이 잔존하고 있었던 점 등에 비추어 보면, 토지의 매수인이 매매계약에 의하여 목적토지의 점유를 취득한 경우 설사 그것이 타인의 토지의 매매에 해당하여 그에 의하여 곧바로 소유권을 취득할 수 없다고 하더라도 그것만으로 매수인이 점유권원의 성질상 소유의 의사가 없는 것으로 보이는 권원에 바탕을 두고 점유를 취득한 사실이 증명되었다고 단정할 수 없을 뿐만 아니라, 매도인에게 처분권한이 없다는 것을 잘 알면서 이를 매수하였다는 등의 다른 특별한 사정이 입증되지 않는 한, 그 사실만으로 바로 그 매수인의 점유가 소유의 의사가 있는 점유라는 추정이 깨어지는 것이라고 할 수 없고, 민법 제197조 제1항이 규정하고 있는 점유자에게 추정되는 소유의 의사는 사실상 소유할 의사가 있는 것으로 충분한 것이지 반드시 등기를 수반하여야 하는 것은 아니므로 등기를 수반하지 아니한 점유임이 밝혀졌다고 하여 이 사실만 가지고 바로 점유권원의 성질상 소유의 의사가 결여된 타주점유라고 할 수 없다."라고 하였습니다 (대법원 2000. 3. 16. 선고 97다37661 전원합의체 판결, 2000. 9. 29. 선고 99다50705 판결).

따라서 위 사안의 경우에도 乙이 매도인에게 처분권한이 없다는 것을 잘 알면서 이를 매수하였다는 등의 다른 특별한 사정이 입증되지 않는 한, 丙이나 丙의 상속인들이 아닌 丁으로부터 위 토지를 매수하였다고 하더라도 그러한 사실만으로 乙의 점유가 곧바로 소유의 의사가 있는 점유라는 추정이 깨어지는 것이라고 할 수 없을 것으로 보입니다.

◎ 점유취득시효 완성 후 상속등기에 이의하지 않은 경우 타주점유 인지

【질의】 ➡ 甲은 乙소유 토지를 乙의 망부(亡父) 丙으로부터 매수하여 소유권이전등기는 하지 않고 30년 이상 점유하고 있었는데, 위 토지는 乙이 丙의 사망 후 오랜 기간 상속등기를 하지 않고 있다가 1995년 3월 부동산소유권이전등기등에관한특별조치법에 의하여 상속등기를 하였습니다. 그런데 甲은 위 부동산을 매수할 때 계약서를 작성하지 않았고, 매매대금을 지불한 영수증도 받지 않았으며, 그에 대한 증인도 이미 사망하여 매매를 원인으로 한 소유권이전등기청구가 어려울 것으로 보여 부동산 점유취득시효를 원인으로 한 소유권이전등기청구의 소송을 제기하려고 합니다. 이 경우 甲이 취득시효완성 후 수차에 걸쳐 부동산소유권이전등기등에관한특별조치법이 시행되었음에도 소유권이전등기를 하지 않았으며, 乙이 위와 같이 부동산소유권이전등기등에관한특별조치법에 의하여 상속등기를 한 것을 알고서도 그에 대하여 이의를 제기하지 않았는데도 위 토지의 점유취득시효완성을 주장할 수 있는지요?

【답변】 ➡ 주장할 수 있을 것으로 보입니다.

민법 제245조 제1항에 의하면 20년간 소유의 의사로 평온, 공연하게 부동산을 점유하는 자는 등기함으로써 그 소유권을 취득한다고 규정하고 있습니다.

그런데 위 사안에서 甲이 위 부동산의 점유취득시효를 주장함에 있어서 취득시효완성 후 수차에 걸쳐 부동산소유권이전등기등에관한특별조치법이 시행되었음에도 소유권이전등기를 하지 않았으며, 乙이 위와 같이 부동산소유권이전등기등에관한특별조치법에 의하여 상속등기를 한 것을 알고서도 그에 대하여 이의를 제기하지 않은 사실이 甲이 소유의 의사로 점유한 것(자주점유)으로 인정됨에 어떠한 영향을 미칠 것인지 문제됩니다.

이에 관련된 판례를 보면, "취득시효에 있어서 자주점유의 요건인 소유의 의사는 객관적으로 점유권원의 성질에 의하여 그 존부를 결정하는 것이나, 다만 그 점유권원의 성질이 분명하지 않을 때에는 민법 제197조 제1항에 의하여 소유의 의사로 점유한 것으로 추정되므로, 점유자가 스스로 그 점유권원의 성질에 의하여 자주점유임을 입증할 책임이 없고, 점유자의 점유가 소유의 의사 없는 타주점유임을 주장하는 상대방에게 타주점유에 대한 입증책임이 있다."라고 하였으며, "점유자의 점유가 소유의 의사 있는 자주점유인지 아니면 소유의 의사 없는 타주점유인지의 여부는 점유자의 내심의 의사에 의하여 결정되는 것이 아니라 점유취득의 원인이 된 권원의 성질이나 점유와 관계가 있는 모든 사정에 의하여 외형적·객관적으로 결정되어야 하는 것이기 때문에 점유자가 성질상 소유의 의사가 없는 것으로 보이는 권원에 바탕을 두고 점유를 취득한 사실이 증명되었거나, 점유자가 타인의 소유권을 배제하여 자기의 소유물처럼 배타적 지배를 행사하는 의사를 가지고 점유하는 것으로 볼 수 없는 객관적 사정, 즉 점유자가 진정한 소유자라면 통상 취하지 아니할 태도를 나타내거나 소유자라면 당연히 취했을 것으로 보이는 행동을 취하지 아니한 경우 등 외형적·객관적으로 보아 점유자가 타인의 소유권을 배척하고 점유할 의사를 가지고 있지 아니하였던 것이라고 볼 만한 사정이 증명된 경우에도 그 추정은 깨어진다."라고 하면서, "토지점유자가 점유기간 동안 여러 차례 부동산소유권이전등기등에관한특별조치법이 시행됨에 따라 등기의 기회가 있었음에도 불구하고 소유권이전등기를 하지 않았고 오히려 소유자가 부동산소유권이전등기등에관한특별조치법에 의하여 소유권보존등기를 마친 후에도 별다른 이의를 하지 않은 경우, 자주점유의 추정이 번복될 수 있다."라고 하였습니다(대법원 2000. 3. 24. 선고 99다56765 판결).

또한, "소유자가 부동산소유권이전등기등에관한특별조치법에 의하여 소유권이전등기를 경료하고 이에 터잡아 근저당권 및 지상권 설정등기를 각 경료한 사실을 알고서도 점유자가 그에 관하여 별 다른 이의를 하지 아니한 사정 등이 있는 경우, 자주점유의 추정 이 번복된다."라고 하였습니다(대법원 1998. 6. 23. 선고 98다 10618 판결).

따라서 위 사안의 경우에도 甲이 취득시효완성 후 수차에 걸쳐 부동산소유권이전등기등에관한특별조치법이 시행되었음에도 소유 권이전등기를 하지 않았으며, 乙이 위와 같이 부동산소유권이전등 기등에관한특별조치법에 의하여 상속등기를 한 것을 알고서도 그 에 대하여 이의를 제기하지 않은 사실이 甲이 위 토지를 소유의 의사로 점유한 것 즉, 자주점유의 추정이 번복될 수도 있을 것으 로 보입니다.

✡ 등기부취득시효완성 후 그 등기명의가 불법 말소된 경우 소유권 상실여부

【질의】 ➡ 甲은 乙소유 임야를 매수하여 소유권이전등기를 마치고 13년간 점유하다가 사망하였고, 그의 상속인들은 위 임야에 대한 상속등기를 하지 못한 상태로 1년이 지났습니다. 위 임야는 甲이 매수하기 전 乙이 丙으로부터 매수하여 소유하던 것이었는데, 이제 와서 丙은 당시 乙에게로의 소유권이전등기는 원인무효임을 주장하였고, 알고 보니 이미 2년 전 서류를 위조하여 위 임야에 대한 점유자 甲의 등기명의를 임의로 말소시키고 제3자 丁에게로 소유권이전등기를 해두었습니다. 이 경우 甲의 상속인들이 위 임야의 소유권을 회복할 수 있는지요?

【답변】 ➡ 소유권을 회복할 수 있을 것으로 보입니다.

등기부취득시효가 완성된 후 점유자 명의의 등기가 말소되거나 적법한 원인 없이 다른 사람 앞으로 소유권이전등기가 경료된 경우, 점유자가 취득한 소유권을 상실하는지에 관한 판례를 보면, "등기부취득시효에 관하여 민법 제245조 제2항은 '부동산의 소유자로 등기한 자가 10년간 소유의 의사로 평온, 공연하게 선의이며 과실 없이 그 부동산을 점유한 때에는 소유권을 취득한다.'고 규정하고 있는데, 위 규정에 의하여 소유권을 취득하는 자는 10년간 반드시 그의 명의로 등기되어 있어야 하는 것은 아니고 앞사람의 등기까지 아울러 그 기간동안 부동산의 소유자로 등기되어 있으면 된다고 할 것이고, 등기는 물권의 효력발생요건이고 효력존속요건이 아니므로 물권에 관한 등기가 원인 없이 말소된 경우에 그 물권의 효력에는 아무런 영향을 미치지 않는 것이므로, 등기부취득시효가 완성된 후에 그 부동산에 관한 점유자 명의의 등기가 말소되거나 적법한 원인 없이 다른 사람 앞으로 소유권이전등기가 경료되었다 하더라도, 그 점유자는 등기부취득시효의 완성에 의하여 취득한 소유권을 상실하는 것은 아니다."라고 하였습니다(대법원 2001. 1. 16. 선고 98다20110 판결).

또한, "부동산의 소유자로 등기한 자가 10년간 소유의 의사로 평온, 공연하게 선의이며 과실 없이 그 부동산을 점유한 때에는 민법 제245조 제2항의 규정에 의하여 바로 그 부동산에 대한 소유권을 취득하는 것이므로, 등기부취득시효가 완성된 경우에는 별도로 이를 원인으로 한 소유권이전등기청구권이 발생할 여지가 없으므로, 등기부취득시효의 완성 후에 그 부동산에 관한 점유자 명의의 등기가 말소되거나 적법한 원인 없이 다른 사람 앞으로 소유권이전등기가 경료되었다 하더라도, 그 점유자는 등기부취득시효의 완성에 의하여 취득한 소유권에 기하여 현재의 등기명의자를 상대로 방해배제청구를 할 수 있을 뿐이고, 등기부취득시효의 완성을 원인으로 현재의 등기명의자를 상대로 소유권이전등기를 구할 수는 없다."라고 하였습니다(대법원 1999. 12. 10. 선고 99다25785 판결).

그러므로 위 사안에서 위 임야의 소유권은 비록 丙으로부터 乙에게로의 소유권이전등기가 원인무효라고 하여도 甲은 민법 제245조 제2항에 의한 등기부취득시효가 완성되어 그 소유권을 취득하였으며, 등기명의가 丁에게로 불법적으로 이전되었다고 하여도 취득한 소유권을 상실하는 것은 아니라 할 것입니다. 또한, 상속에 의한 부동산의 취득은 등기를 요하지 아니하므로 비록 甲의 상속인들이 위 임야의 상속등기를 하지 않았다고 하더라도 그 소유권을 취득하지 못하는 것은 아닙니다(민법 제187조).

따라서 甲의 상속인들은 소유권에 기한 방해배제로써 丁에게로의 불법적인 소유권이전등기의 말소청구소송을 하여 승소 후 그 등기를 말소시킨 다음 상속등기를 할 수 있을 것으로 보입니다.

◎ 토지에 대한 점유취득시효 완성 전 상속인명의로 등기 된 때 시 효취득여부

【질의】➡ 甲은 그 소유 임야 3,000평에 인접해 있는 乙소유 임야 50평을 25년간 자기소유인 것으로 알고 점유 · 경작해오고 있었습니다. 그런데 최근 乙과 다툼이 생겨 측량해본 결과 乙이 소유자임을 확인하였습니다. 그런데 위 인접임야는 乙의 아버지 丙이 사정을 받았으나 소유권보존등기를 하지 않고 사망하여 甲이 점유하기 시작한 때로부터 15년이 되던 해 乙이 부동산소유권이전등기등에관한특별조치법에 의하여 상속등기를 하였던 것입니다. 이 경우 甲이 점유취득시효를 주장할 수 있는지요?

【답변】➡ 주장할 수 있을 것으로 보입니다.

점유로 인한 부동산소유권의 취득기간에 관하여 민법 제245조 제1항에 의하면 "20년간 소유의 의사로 평온, 공연하게 부동산을 점유하는 자는 등기함으로써 그 소유권을 취득한다."라고 규정하고 있습니다.

여기서 점유취득시효의 대상인 토지의 등기부상 소유자가 변경된 경우 취득시효의 중단사유가 될 것인지 문제됩니다.

점유취득시효의 기간의 완성 전에 등기부상 소유자가 변경된 경우에 관하여 판례를 보면, "점유로 인한 부동산소유권의 시효취득에 있어 취득시효의 중단사유는 종래의 점유상태의 계속을 파괴하는 것으로 인정될 수 있는 사유라야 할 것인바, 취득시효기간의 완성 전에 등기부상의 소유명의가 변경되었다 하더라도 이로써 종래의 점유상태의 계속이 파괴되었다고 할 수 없으므로 이는 취득시효의 중단사유가 될 수 없다."라고 하였습니다(대법원 1993. 5. 25. 선고 92다52764, 52771 판결).

그러나 점유취득시효의 기간의 완성 후에 등기부상 소유자가 변경된 경우에 관하여 판례를 보면, "취득시효기간이 만료된 토지의 점유자는 만료 당시의 토지소유자에 대하여 시효취득을 원인으로 하는 소유권이전등기청구권을 가짐에 그치고, 취득시효기간 만료 후에 새로이 토지의 소유권을 취득한 사람에 대하여는 시효취득으로 대항할 수 없다."라고 하였습니다(대법원 2002. 3. 15. 선고 2001다77352, 77369 판결, 1992. 12. 11. 선고 92다9968, 9975 판결).

  그런데 미등기 토지에 대하여 점유취득시효의 기간의 완성 전에 소유자의 상속인 명의로 부동산소유권이전등기등에관한특별조치법에 의한 소유권보존등기가 경료된 경우, 시효취득에 영향을 미치는 소유자변경에 해당하는지에 관하여 판례를 보면, "토지에 대한 점유로 인한 취득시효완성 당시 미등기로 남아 있던 토지에 관하여 소유권을 가지고 있던 자가 취득시효완성 후에 그 명의로 소유권보존등기를 마쳤다 하더라도 소유자에 변경이 있다고 볼 수 없으며, 그러한 등기명의자로부터 상속을 원인으로 소유권이전등기를 마친 자가 있다 하여도 취득시효완성을 주장할 수 있는 시점에서 역산하여 취득시효기간이 경과되면 그에게 취득시효완성을 주장할 수 있다."라고 하였으며, "점유시효취득대상인 미등기토지에 대하여 소유자의 상속인명의로 구 소유권이전등기등에관한특별조치법(1977. 12. 31. 법률 제3094호로 제정되어 1978. 12. 6. 법률 제3159호로 개정된 것)에 따른 소유권보존등기가 마쳐졌다 하여도 이는 시효취득에 영향을 미치는 소유자 변경에 해당하지 아니한다."라고 하였습니다(대법원 1998. 4. 14. 선고 97다44089 판결).

  그렇지만, 점유자의 취득시효기간 만료 후 그 토지에 관하여 부동산소유권이전등기등에관한특별조치법에 의해 소유권보존등기를 경료한 제3자가 있는 경우, 점유자가 그 등기명의인에 대해 시효취득으로 대항할 수 있는지에 관하여 판례를 보면, "타인소유의 토지에 관하여 구 부동산소유권이전등기등에관한특별조치법에 따라 소유권보존등기를 마친 자는 그 보존등기에 의하여 비로소 소유자로 된다고 할 것이고, 그 등기가 마쳐지기 전에 그 토지를 점유하는 자의 취득시효기간이 경과되었다면 등기명의인은 점유자의 시효완성 후의 새로운 이해관계자라 할 것이므로, 점유자로서는 취득시효완성으로 그 등기명의인에 대항할 수 없다."라고 하였습니다(대법원 1997. 12. 26. 선고 97다42663 판결).

따라서 위 사안에서는 미등기 토지에 대하여 점유취득시효의 기간의 완성 전에 소유자의 상속인 명의로 부동산소유권이전등기등에관한특별조치법에 의한 소유권보존등기가 경료된 경우이므로 그 소유권보존등기가 시효취득에 영향을 미치는 소유자 변경에 해당하지 아니하여 甲은 위 임야 50평에 대하여 점유취득시효를 주장하여 소유권이전등기절차이행청구를 해볼 수 있을 듯합니다.

✪ 전세계약기간이 만료되고 묵시적으로 갱신된 경우 전세권의 효력

【질의】 ➡ 저는 甲소유 주택을 전세금 5,000만원에 1년 기간으로 하는 전세계약을 체결하면서 전세권등기를 설정하였습니다. 현재는 계약기간이 만료되고도 재계약 등의 아무런 조치 없이 수개월이 지난 상태인데, 이러한 경우 저의 전세권의 효력은 어떻게 되는지요?

【답변】 ➡ 전세권은 보호됩니다.

전세권은 전세금을 지급하고 타인의 부동산을 점유하여 그 부동산의 용도에 좇아 사용·수익하며, 그 부동산 전부에 대하여 후순위권리자 기타 채권자보다 전세금에 관한 우선변제를 받을 수 있고, 전세금의 반환이 지체되면 경매를 요구할 수 있는 권리로서 용익물권적 성질과 담보물권적 성질을 겸유(兼有)하고 있는 권리인데, 그 존속기간이 만료되면 당사자간에 계약갱신을 하지 않는 한 전세권은 소멸되는 것이 원칙입니다.

그런데 민법 제312조 제4항은 건물의 전세권설정자가 전세권의 존속기간 만료 전 6월부터 1월까지 사이에 전세권자에 대하여 갱신거절의 통지 또는 조건을 변경하지 아니하면 갱신하지 아니한다는 뜻의 통지를 하지 아니한 경우에는 그 기간이 만료된 때에 전(前)전세권과 동일한 조건으로 다시 전세권을 설정한 것으로 본다고 하고, 이 경우 전세권의 존속기간은 그 정함이 없는 것으로 본다고 규정하고 있으며, 민법 제313조에 의하면 전세권의 존속기간을 약정하지 아니한 때에는 각 당사자는 언제든지 상대방에 대하여 전세권의 소멸을 통고할 수 있고 상대방이 이 통고를 받은 날로부터 6월이 경과하면 전세권은 소멸한다고 규정하고 있으며, 민법 제187조에 의하면 "상속, 공용징수, 판결, 경매, 기타 법률의 규정에 의한 부동산의 취득은 등기를 요하지 아니한다. 그러나 등기를 하지 아니하면 이를 처분하지 못한다."라고 규정하고 있습니다.

그리고 판례는 "전세권의 법정갱신(민법 제312조 제4항)은 법률의 규정에 의한 부동산에 관한 물권의 변동이므로 전세권갱신에 관한 등기를 필요로 하지 아니하고 전세권자는 그 등기 없이도 전세권설정자나 그 목적물을 취득한 제3자에 대하여 그 권리를 주장할 수 있다."라고 하였습니다(대법원 1989. 7. 11. 선고 88다카 21029 판결).

그러므로 위 사안의 경우에 전세권등기의 존속기간에 관하여 변경등기를 하지 아니하였다고 하여도 귀하의 전세권은 보호될 것입니다. 다만, 전세권설정자가 전세권소멸통고를 하고 6월이 경과하면 전세권이 소멸될 수 있습니다.

그리고 전세권이 소멸한 때에는 전세권설정자는 전세권자로부터 그 목적물의 인도 및 전세권설정등기의 말소등기에 필요한 서류의 교부를 받는 동시에 전세금을 반환하여야 할 것입니다(민법 제 317조).

◎ 매도인 사망시 바로 매수인에게 부동산소유권이전등기 가능한지

【질의】 ➡ 저는 甲소유 부동산을 매수하여 잔금까지 모두 지급하였으나 소유권만 이전하지 않고 있던 중, 매도인 甲이 사망하였습니다. 상속인들도 매매사실을 모두 시인하고 협조하려고 하므로, 甲명의로 되어 있는 위 부동산을 상속등기 없이 바로 저의 명의로 이전하려고 하는데 가능한지요?

【답변】 ➡ 가능합니다.

위 사안과 관련하여 판례는 "피상속인소유의 부동산에 관하여 피상속인과의 사이에 매매 등의 원인행위가 있었으나 아직 등기신청을 하지 않고 있는 사이에 상속이 개시된 경우, 상속인은 신분을 증명할 수 있는 서류를 첨부하여 피상속인으로부터 바로 원인행위자인 매수인 등 앞으로 소유권이전등기를 신청할 수 있고, 그러한 경우에는 상속등기를 거칠 필요가 없이 바로 매수인 앞으로 등기명의를 이전할 수 있으며, 이러한 법리는 상속인과 등기권리자의 공동신청에 의한 경우뿐만 아니라 피상속인과의 원인행위에 의한 권리의 이전, 설정의 등기청구권을 보전하기 위한 처분금지가처분신청의 인용에 따른 법원의 직권에 의한 가처분기입등기의 촉탁에서도 그대로 적용되므로, 상속관계를 표시한 기입등기의 촉탁이 있을 경우 적법하게 상속등기를 거침없이 가처분기입등기를 할 수 있다."라고 하였습니다(대법원 1995. 2. 28. 선고 94다23999 판결).

따라서 귀하는 사망한 甲의 상속인들의 협조를 얻어서 상속인들에게 상속하는 상속등기 없이 甲으로부터 귀하에게로 직접 소유권이전등기하면 될 것입니다.

참고로 등기의무자의 사망 전에 등기원인이 이미 존재한 상태에서 등기의무자의 사망 후 그로부터 경료된 등기의 추정력에 관하여 판례는 "사망자 명의의 등기신청에 의하여 경료된 등기는 원인무효의 등기로서 등기의 추정력을 인정할 여지가 없다고 하겠으나, 등기원인이 이미 존재하고 있으나 아직 등기신청을 하지 않고 있는 동안에 등기권리자 또는 등기의무자에 관하여 상속이 개시된 경우 피상속인이 살아 있다면 그가 신청하였을 등기를 상속인이 부동산등기법 제47조의 규정에 따라 신청하는 때에는 그 등기를 무효라고 할 수 없으므로, 사망한 등기의무자로부터 경료된 등기라고 하더라도 등기의무자의 사망 전에 그 등기원인이 이미 존재하는 등의 사정이 있는 경우에는, 그 등기는 위와 같은 절차에 따라 적법하게 경료된 것으로 추정되어 그 등기의 추정력을 부정할 수 없다."라고 하였습니다(대법원 1997. 11. 28. 선고 95다51991 판결).

◘ 공동상속인 중 주소불명인 자가 있는 경우 상속등기절차

【질의】 ➡ 저의 부친은 4년 전 임야 15,000평을 남기고 돌아가셨습니다. 공동상속인으로는 저, 어머니, 누나의 자녀 2명 등 총 4명인데, 누나는 부친이 돌아가시기 2년 전에 사망하였습니다. 그런데 누나의 직계비속 중 외국인과 결혼한 여자 1명이 외국으로 이민을 갔으나 현주소를 알 수 없습니다. 이 경우에 어떻게 상속등기를 할 수 있는지요?

【답변】 ➡ 이민간 재외기관의 확인서를 받아 신청하면 됩니다.

상속재산의 협의분할에 관하여 판례를 보면 "협의에 의한 상속재산의 분할은 공동상속인 전원의 동의가 있어야 유효하고 공동상속인 중 일부의 동의가 없거나 그 의사표시에 대리권의 흠결이 있다면 분할은 무효이다."라고 하였으며(대법원 2001. 6. 29. 선고 2001다28299 판결, 1990. 8. 27 예규번호: 등기선례3-392), 법원의 등기실무에서도 재산상속으로 인한 소유권이전등기신청시 상속을 증명하는 서면의 일부로서 공동상속인 연명으로 작성한 상속재산분할협의서를 첨부서류로 요구하고 있습니다.

그러므로 공동상속인 중 일부의 행방을 알 수 없는 경우에는 그 행방불명된 상속인에 대한 실종선고를 받지 않는 한 협의분할을 할 수 없지만, 공동상속의 경우 상속인 중 1인이 법정상속분에 의하여 나머지 상속인들의 상속등기까지 신청할 수 있고, 이러한 경우 등기신청서에는 상속인 전원을 표시하여야 합니다(1996. 10. 7. 등기선례5-276, 1996.10. 4 예규번호 : 등기선례5-275).

그런데 현행 부동산등기법은 상속등기시에 신청인의 주소를 증명하는 서면을 제출하게 하고 있으므로, 상속인 중 외국에 거주하는 자가 있는 경우 그 자의 주소를 증명하는 서면을 제출하지 아니하고는 상속등기신청을 할 수 없는데, '외국인및재외국민의국내부동산처분등에따른등기신청절차(2000. 4. 10. 등기예규 제992

호)'에 따르면 '재외국민(대한민국에 현재하지 아니한 자로서 국외로 이주를 하여 주민등록이 말소되거나 처음부터 없는 자를 뜻하며, 단지 해외여행자는 이에 포함되지 않음)'의 주소를 증명하는 서면에 관하여 외국주재 한국 대사관 또는 영사관에서 발행하는 재외국민거주사실증명 또는 재외국민등록부등본을 첨부해야 하고, 다만 주재국에 본국 대사관 등이 없어 그와 같은 증명을 발급받을 수 없을 때에는 주소를 공증한 서면으로 갈음할 수 있으며, 재외국민이 귀국하여 국내 부동산을 처분하는 경우에 주소를 증명하는 서면은 국내거소신고사실증명으로도 가능하다고 하였습니다. 그러나 '외국인(대한민국의 국적을 보유하고 있지 아니한 자)'의 경우에 주소를 증명하는 서면에 관하여는 "①본국 관공서의 주소증명서 또는 거주사실증명서(예를 들어, 일본, 독일, 프랑스, 대만 등의 경우)를 첨부하여야 한다. ②본국에 주소증명서 또는 거주사실증명서를 발급하는 기관이 없는 경우(예를 들어, 미국, 영국 등의 경우)에는 주소를 공증한 서면을 첨부하여야 한다. 다만, 이 경우에도 주소증명서에 대신할 수 있는 증명서(예컨대, 운전면허증 또는 신분증 등)를 본국 관공서에서 발급하는 경우, 관할등기소의 등기관에게 그 증명서 및 원본과 동일하다는 취지를 기재한 사본을 제출하여 원본과 동일함을 확인 받은 때 또는 그 증명서의 사본에 원본과 동일하다는 취지를 기재하고 그에 대하여 본국 관공서의 증명이나 공증인의 공증 또는 외국주재 한국대사관이나 영사관의 확인을 받은 때에는 그 증명서의 사본으로 주소를 증명하는 서면에 갈음할 수 있다."라고 하였습니다.

위 사안은 귀하의 사망한 누님의 상속분을 직계비속 2명이 대습상속(代襲相續)을 하는데, 그 중 외국인과 결혼하여 이민간 1인의 소재를 알 수 없어 그 주소를 증명하는 서면을 첨부할 수 없다는데 상속등기의 어려움이 있습니다.

그런데 대위상속등기의 경우 등기선례를 보면, "공동상속인중 다른 1인이 재외국민이어서 그의 현주소를 알 수 없을 때에는 그

상속인의 주소를 증명하는 서면으로서 재외국민거주사실증명 등의
서면 대신 국외 이주되어 말소된 주민등록표등본을 제출하고 그
주민등록표등본에 나타나는 최후의 주소를 그 상속인의 주소지로
할 수 있다고 생각되나, 이 경우 위 재외국민인 상속인의 현주소
를 알 수 없다는 사실은 신청인이 제출한 소명자료에 의하여 당해
등기공무원이 판단할 사항이다."라고 하였으므로(1994. 6. 3. 등
기선례4-148 등기선례4-268), 귀하는 누나의 직계비속이 이민간
국가에 주재한 우리 대사관 또는 영사관측에서 소재를 확인할 수
없다는 확인서를 발급 받아 법정상속분에 의한 상속등기신청을 하
면 당해 등기공무원의 판단하에 상속등기가 가능할 수도 있을 듯
합니다.

◎ 상속을 원인으로 농지를 취득할 경우에도 농지취득자격증명이 필요한지

【질의】 ➡ 농지를 취득할 경우 농지법 제8조 소정의 소재지관서의 증명(농지취득자격증명)을 발급받아야 농지소유권이전이 가능하다고 하는데, 농지를 상속받을 경우에도 농지취득자격증명이 필요한지요?

【답변】 ➡ 필요하지 않습니다.

농지법 제8조에 의하면 "농지를 취득하고자 하는 자는 농지의 소재지를 관할하는 시장(구를 두지 아니한 시의 시장을 말하며, 도농복합형태의 시에 있어서는 농지의 소재지가 동지역인 경우에 한함)·구청장(도농복합형태의 시의 구에 있어서는 농지의 소재지가 동지역인 경우에 한함)·읍장 또는 면장(이하 시·구·읍·면장이라 함)으로부터 농지취득자격증명을 발급 받아야 한다."라고 규정하고 있습니다.

그러므로 토지취득의 경우 지목이 농지로 된 경우는 소재지 관서의 농지취득자격증명을 받아야 할 것입니다.

이와 같이 농지취득자격증명이 요구되는 '농지'에 관하여 판례는 "어떤 토지가 농지법 소정의 농지인지의 여부는 공부상의 지목 여하에 불구하고 당해 토지의 사실상의 현상에 따라 가려져야 할 것이고, 공부상 지목이 답(畓)인 토지의 경우 그 농지로서의 현상이 변경되었다고 하더라도 그 변경상태가 일시적인 것에 불과하고 농지로서의 원상회복이 용이하게 이루어질 수 있다면 그 토지는 여전히 농지법에서 말하는 농지에 해당한다."라고 하였습니다(대법원 1999. 2. 23.자 98마2604 결정).

그리고 농지법 제8조 제1항 단서에 해당되는 경우에는 농지취득자격증명을 발급 받지 아니하고 농지를 취득할 수 있는 예외가 인정되는바, 이를 보면 다음과 같습니다.

(1) 국가 또는 지방자치단체가 농지를 소유하는 경우, (2) 상속(상속인에게 한 '유증'을 포함)에 의하여 농지를 취득하여 소유하는 경우, (3) 농지법 제12조 제1항의 규정에 의하여 담보농지를 취득하여 소유하는 경우, (4) 농지법 제36조 제2항의 규정에 의한 농지전용협의를 완료한 농지를 소유하는 경우, (5) 농업기반공사 및 농지관리기금법에 의하여 농업기반공사가 농지를 취득하여 소유하는 경우, 농어촌정비법 제16조, 제43조, 제56조, 제67조 또는 제85조의 규정에 의하여 농지를 취득하는 경우, 공유수면매립법에 의하여 매립농지를 취득하여 소유하는 경우, 토지수용에 의하여 농지를 취득하여 소유하는 경우, 공익사업을위한토지등의취득및보상에관한법률에 의하여 농지를 취득하여 소유하는 경우, 기타 대통령령이 정하는 토지 등의 개발사업과 관련하여 사업시행자 등이 농지를 취득하여 소유하는 경우, (6) 농업법인의 합병으로 농지를 취득하는 경우, (7) 공유농지의 분할, 시효완성으로 농지를 취득하는 경우, 징발재산정리에관한특별조치법 제20조, 공공익사업을위한토지등의취득및보상에관한법률 제91조의 규정에 의한 환매권자가 환매권에 의하여 농지를 취득하는 경우, 국가보위에관한특별조치법 제5조 제4항에 의한 동원대상지역내의토지의수용·사용에관한특별조치령에 의하여 수용·사용된 토지의정리에관한특별조치법 제2조 및 제3조의 규정에 의한 환매권자 등이 환매권 등에 의하여 농지를 취득하는 경우(농지법시행령 제7조), 농지법 제16조의 규정에 의한 농지이용증진사업시행계획에 의하여 농지를 취득하는 경우에는 농지취득자격증명이 필요치 않습니다.

따라서 귀하가 상속을 원인으로 하여 농지를 취득할 경우에는 농지취득자격증명이 필요하지 않는다 할 것입니다.

◎ 대한민국 국적을 상실한 경우 국내 소유 부동산 관련 법적 문제

【질의】 ➡ 저는 얼마 전 대한민국 국적을 상실하고 외국국적을 취득하였는데, 제가 소유하고 있었던 국내 소재 부동산에 대한 권리관계는 어떻게 되는지 궁금합니다. 그리고 앞으로도 제가 국내 소재 부동산에 대한 소유권을 취득할 수는 있는지요?

【답변】 ➡ 취득할 수 있습니다.

외국인토지법(이하 "같은 법"이라 한다) 제6조에 의하면 대한민국 국적 보유당시에 취득한 토지에 관한 권리를 국적상실 후에도 계속 보유하고자 할 때에는 국적이 변경된 날로부터 6월 이내에 시장, 군수 또는 구청장에게 신고를 하여야 하며, 이러한 '토지의 계속보유신고'를 하지 아니하거나 허위로 신고한 자는 100만원 이하의 과태료가 부과됩니다(같은 법 제9조 제2항 제2호).

토지계속보유신고서에는 토지등기부등본, 국적이 변경되었음을 증명할 수 있는 서류(개인의 경우에 한함), 대한민국의 법령에 의하여 설립된 법인 또는 단체가 외국의 법인 또는 단체로 변경되었음을 증명할 수 있는 서류(법인 또는 단체의 경우에 한함) 등을 첨부하여야 합니다(같은 법 시행규칙 제2조).

또한, 같은 법 제4조 제1항에 의하면 외국인 또는 외국법인이 계약에 의하여 토지에 관한 권리를 취득하고자 할 때에는 계약체결일로부터 60일 이내에 시장, 군수 또는 구청장에게 신고하여야 하며, 이러한 '토지취득신고'를 하지 아니하거나 허위로 신고한 자는 300만원 이하의 과태료가 부과됩니다(같은 법 제9조 제1항).

토지취득신고서에는 토지등기부등본, 토지취득계약서(계약에 의한 경우), 계약 외의 원인으로 인한 토지취득의 경우(상속의 경우: 상속인임을 증명할 수 있는 서류, 경매의 경우: 매각결정서, 환매권 행사의 경우: 환매임을 증명할 수 있는 서류, 법원의 확정

판결의 경우: 확정판결문)에는 그 해당사실 입증서류를 첨부하여
야 합니다(같은 법 시행규칙 제2조).

　그리고 외국인이 군사시설보호구역 등 일정한 지역의 토지를 취
득하려면 계약체결일 전에 시장, 군수 또는 구청장의 허가를 받아
야 하며(같은 법 제4조 제2항), 이를 위반한 경우에는 2년 이하
의 징역이나 2천만원 이하의 벌금에 처하게 됩니다(같은 법 제7
조).

　이러한 토지취득허가신청서에는 토지등기부등본, 토지취득계약
당사자간의 합의서 등의 서류를 첨부하면 됩니다(같은 법 시행규
칙 제2조).

◎ 공동상속재산의 분할협의가 채권자취소권의 대상이 되는지

【질의】 ➡ 甲은 乙에 대한 5,000만원의 대여금채권을 변제기가 지난 후에도 乙의 집행가능 한 재산이 전혀 없어 변제 받지 못하고 있었습니다. 그런데 최근 乙의 아버지가 사망하여 그 유산이 있는데, 乙은 상속재산분할협의시 乙의 상속지분을 포기하여 공동상속인 丙에게로 위 유산이 모두 상속되었습니다. 이 경우 甲이 乙의 상속포기행위를 사해행위로서 취소할 수 있는지요?

【답변】 ➡ 취소할 수 있습니다.

사해행위취소와 관련된 규정을 보면, 민법 제406조 제1항은 "채무자가 채권자를 해함을 알고 재산권을 목적으로 한 법률행위를 한 때에는 채권자는 그 취소 및 원상회복을 법원에 청구할 수 있다. 그러나 그 행위로 인하여 이익을 받은 자나 전득(轉得)한 자가 그 행위 또는 전득 당시에 채권자를 해함을 알지 못한 경우에는 그러하지 아니하다."라고 규정하고 있습니다.

그런데 상속재산의 분할협의가 사해행위취소권행사의 대상이 되는지에 관하여 판례를 보면, "상속재산의 분할협의는 상속이 개시되어 공동상속인 사이에 잠정적 공유가 된 상속재산에 대하여 그 전부 또는 일부를 각 상속인의 단독소유로 하거나 새로운 공유관계로 이행시킴으로써 상속재산의 귀속을 확정시키는 것으로 그 성질상 재산권을 목적으로 하는 법률행위이므로 사해행위취소권행사의 대상이 될 수 있다."라고 하면서 "공동상속인의 상속분은 그 유류분을 침해하지 않는 한 피상속인이 유언으로 지정한 때에는 그에 의하고 그러한 유언이 없을 때에는 법정상속분에 의하나, 피상속인으로부터 재산의 증여 또는 유증을 받은 자는 그 수증재산이 자기의 상속분에 부족한 한도 내에서만 상속분이 있고(민법 제1008조), 피상속인의 재산의 유지 또는 증가에 특별히 기여하거나 피상속인을 특별히 부양한 공동상속인은 상속 개시 당시의 피상속인의 재산가액에서 그 기여분을 공제한 액을 상속재산으로 보고 지정상속분 또는 법정상속분에 기여분을 가산한 액으로써 그 자의 상속분으로 하므로(민법 제1008조의2 제1항), 지정상속분이나 법정상속분이 곧 공동상속인의 상속분이 되는 것이 아니고 특별수익이나 기여분이 있는 한 그에 의하여 수정된 것이 재산분할의 기준이 되는 구체적 상속분이라 할 수 있다. 따라서 이미 채무초과 상태에 있는 채무자가 상속재산의 분할협의를 하면서 상속재산에 관한 권리를 포기함으로써 결과적으로 일반 채권자에 대한 공동담보가 감소되었다 하더라도, 그 재산분할결과가 위 구체적 상속분에 상당하는 정도에 미달하는 과소한 것이라고 인정되지 않는 한 사해행위로서 취소되어야 할 것은 아니고, 구체적 상속분에 상당하는 정도에 미달하는 과소한 경우에도 사해행위로서 취소되는 범위는 그 미달하는 부분에 한정하여야 한다. 이때 지정상속분이나 기여분, 특별수익 등의 존부 등 구체적 상속분이 법정상속분과 다르다는 사정은 채무자가 주장 · 입증하여야 할 것이다."라고 하였습니다(대법원 2001. 2. 9. 선고 2000다51797 판결).

따라서 위 사안에서도 乙이 상속재산분할협의시 그의 상속지분을 포기함으로써 그 재산분할의 결과가 그의 구체적 상속분에 미달되는 경우에는 그 미달되는 부분에 한하여 사해행위로서 취소될 수 있을 것입니다.

◘ 상속포기기간 만료 전 상속인의 채권자가 대위상속등기를 할 수 있는지

【질의】 ➡ 甲은 乙에 대한 채권이 있는데, 乙은 재산이 전혀 없으며, 다만 1개월 전에 乙의 망부 丁이 사망함으로 인하여 丁의 명의로 된 임야 1필지가 있습니다. 그러므로 甲은 채권자대위권을 행사하여 위 임야에 관하여 대위상속등기를 한 후 그 중 乙의 상속지분에 강제집행을 하려고 하는데, 이 경우 乙이 상속권을 한정승인 또는 상속포기 할 수 있는 기간이 경과되지 않은 상태에서도 대위상속등기가 가능한지요?

【답변】 ➡ 가능할 것으로 보입니다.

　　채권자대위권(債權者代位權)에 관하여 민법 제404조에 의하면, "①채권자는 자기의 채권을 보전하기 위하여 채무자의 권리를 행사할 수 있다. 그러나 일신에 전속한 권리는 그러하지 아니하다. ②채권자는 그 채권의 기한이 도래하기 전에는 법원의 허가 없이 전항의 권리를 행사하지 못한다. 그러나 보존행위는 그러하지 아니하다."라고 규정하고 있으며, 민법 제1019조 제1항에 의하면 "상속인은 상속개시 있음을 안 날로부터 3월내에 단순승인이나 한정승인 또는 포기를 할 수 있다. 그러나 그 기간은 이해관계인 또는 검사의 청구에 의하여 가정법원이 이를 연장할 수 있다."라고 규정하고 있고, 민법 제1019조 제3항에 의하면, "상속인은 상속채무가 상속재산을 초과하는 사실을 중대한 과실 없이 상속개시일부터 3월의 기간 내에 알지 못하고 단순승인(제1026조 제1호 및 제2호〈다음 각 호의 사유가 있는 경우에는 상속인이 단순승인을 한 것으로 본다. 1. 상속인이 상속재산에 대한 처분행위를 한 때, 2. 상속인이 제1019조 제1항의 기간 내에 한정승인 또는 포기를 하지 아니한 때〉의 규정에 의하여 단순승인 한 것으로 보는 경우를 포함함)을 한 경우에는 그 사실을 안 날부터 3월내에 한정승인을 할 수 있다."라고 규정하고 있습니다.

그러므로 채권자는 자기의 채권을 보전하기 위하여 채무자의 일정한 권리를 행사할 수 있고, 상속인은 상속개시 있음을 안 날로부터 3월내에 단순승인이나 한정승인 또는 포기를 할 수 있으며, 또한 상속채무가 상속재산을 초과하는 사실을 중대한 과실 없이 상속개시일부터 3월의 기간 내에 알지 못하고 단순승인을 한 경우에는 그 사실을 안 날부터 3월내에 한정승인을 할 수 있습니다. 그런데 위 사안과 같이 상속인이 상속권을 한정승인 또는 포기를 할 수 있는 기간 내에도 대위상속등기가 가능한지 문제됩니다.

이에 관하여 판례를 보면, "상속인 자신이 한정승인 또는 포기를 할 수 있는 기간내에 상속등기를 한때에는 상속의 단순승인으로 인정된 경우가 있을 것이나 상속등기가 상속재산에 대한 처분행위라고 볼 수 없으니 만큼 채권자가 상속인을 대위하여 상속등기를 하였다 하여 단순승인의 효력을 발생시킬 수 없고 상속인의 한정승인 또는 포기할 수 있는 권한에는 아무런 영향도 미치는 것이 아니므로 채권자의 대위권행사에 의한 상소등기를 거부할 수 없다."라고 하였습니다(민법 제997조, 제1005조, 대법원 1964. 4. 3.자 63마54 결정).

그러므로 위 사안에서도 乙이 상속권을 한정승인 또는 상속포기할 수 있는 기간이 경과되지 않은 상태에서도 甲의 대위상속등기가 가능할 것으로 보입니다.

참고로 2002년 1월 14일부터 법률 제6591호로 공포·시행된 개정민법 부칙 제3조 제3항에 의하면 "1998년 5월 27일부터 이 법 시행 전까지 상속개시가 있음을 안 자 중 상속채무가 상속재산을 초과하는 사실을 중대한 과실 없이 제1019조 제1항의 기간(상속개시일부터 3월)내에 알지 못하다가 이 법 시행 전에 그 사실을 알고도 한정승인 신고를 하지 아니한 자는 이 법 시행일부터 3월 내에 제1019조 제3항에 의한 한정승인을 할 수 있다. 다만, 당해 기간 내에 한정승인을 하지 아니한 경우에는 단순승인을 한 것으로 본다."라고 규정하고 있습니다.

◎ 신원보증인이 사망한 경우 상속인에게 그 보증책임이 있는지

【질의】 ➡ 저의 아버지 丙은 3년 전 저의 사촌형인 甲이 乙회사의 조사과에 취직하는데 기간을 정하지 않은 신원보증을 서준 후 얼마 전 사망하였습니다. 그런데 乙회사에서는 甲이 아버지가 사망하시기 전에 1,000만원을 횡령하고 행방불명되었으니 이를 배상하라고 합니다. 그러나 甲이 사고를 낸 것은 경리과로 자리를 옮긴 후이고, 乙회사에서는 이러한 업무변경사실에 대하여 아무런 통지도 하지 않았는데, 제가 신원보증인의 상속인으로서 乙회사에 대하여 책임이 있는지요?

【답변】 ➡ 책임이 있습니다.

　　신원보증계약의 내용은 사용자에 의하여 일방적으로 정하여지는 것이 보통이어서 책임의 범위가 매우 넓게 되는 수가 많습니다. 결국, 신원보증인은 항상 가혹한 책임을 지게 될 위험을 지니게 되므로, 신원보증인의 책임을 합리적으로 조정하기 위하여 신원보증법이 제정되어 있습니다.

　　구 신원보증법(2002. 1. 14. 법률 제6529호로 개정되기 전의 것, 이하 '구 신원보증법'으로 칭함)상 신원보증계약기간을 정하지 않은 경우에는 보증계약기간을 3년으로 보게 되고, 甲이 기능습득자로서 그의 기능이 취직의 조건으로 된 때에는 5년으로 보게 되므로 丙이 甲의 乙회사에 대한 손해배상책임을 지는 기간은 3년입니다(구 신원보증법 제2조, 제3조).

　　그리고 신원보증법 제7조에서 "신원보증계약은 신원보증인의 사망으로 그 효력을 상실한다."라고 규정하고 있으므로, 丙이 乙회사에 대해서 부담하는 신원보증계약상의 책임은 보증기간인 3년이 되기 이전일지라도 丙이 사망한 때에 소멸된다고 할 것입니다.

　　그러나 甲이 乙회사에 손해를 입힌 시점이 丙의 사망 전이므로 그때에 이미 발생된 손해배상책임은 없어지는 것이 아니어서 상속인인 귀하는 乙회사에 대해 배상할 책임이 있다고 할 것입니다.

다만, 귀하의 책임범위에 있어서는 신원보증법상 피용자가 불성실하거나, 임무 또는 임지를 변경하여 신원보증인의 책임을 가중하게 하거나, 그 감독이 곤란하게 될 때에는 사용자는 신원보증인에게 이러한 사실을 통지해야 하고, 사용자가 이러한 통지의무를 게을리 한 경우 보증책임을 경감할 수 있도록 규정하고 있는 바(구 신원보증법 제6조, 제7조), 甲이 조사과에서 경리과로 부서를 옮긴 것은 위 통지사유에 해당되는 것으로 볼 수 있으므로, 설령 귀하가 상속으로 乙회사에 대하여 甲이 끼친 손해를 책임져야 하는 경우에도 1,000만원 전액을 책임져야 하는 것은 아닐 것으로 생각됩니다.

참고로 2002년 1월 14일 법률 제6529호로 개정·시행되고, 이 개정법률시행 후 최초로 계약하거나 갱신하는 신원보증계약부터 적용되는 현행 신원보증법(전면개정)의 주요골자를 보면 다음과 같습니다.

1. 신원보증계약을 피용자가 업무를 수행하는 과정에서 그의 책임 있는 사유로 사용자에게 손해를 입힌 경우에 그 손해를 배상할 책임을 부담할 것을 약정하는 계약으로 정의하여 신원보증계약이 부종적 보증계약임을 분명히 하였음(신원보증법 제2조).

2. 기간을 정하지 아니한 신원보증계약의 존속기간을 3년에서 2년으로, 신원보증계약기간의 최장기한을 5년에서 2년으로 개정하는 등 신원보증인의 책임기간을 축소함(신원보증법 제3조).

3. 사용자가 고의 또는 중과실로 통지의무를 게을리 하여 신원보증인이 해지권을 행사하지 못한 경우 그로 인하여 발생한 손해에 대하여는 그 한도에서 신원보증인의 책임이 면제되는 것으로 하여 통지의무위반의 효과를 규정함(신원보증법 제4조 제2항).

4. 신원보증계약의 기초되는 사정에 중대한 변경이 있는 경우를 신원보증인의 계약해지권 발생사유로 하여 신원보증인의 해지권 발생사유를 확대함(신원보증법 제5조 제3호).

5. 피용자의 고의 또는 중과실로 인하여 발생한 손해가 있는 경우에 신원보증인의 배상책임이 발생하는 것으로 하고, 신원보증인이 수인인 경우에 특별한 의사표시가 없으면 각 신원보증인은 균등한 비율로 의무를 부담하는 것으로 하여 공동신원보증인 사이에는 분별의 이익이 있음을 명문화 함(신원보증법 제6조 제1항).

제4편 상속의 질의 답변 271

◘ 보증한도 정함 없는 계속적보증계약의 보증인 사망시 상속인의 보증승계 여부

【질의】 ➡ 甲은 乙주식회사의 실질적 경영자로서 乙주식회사와 丙 금융기관 사이에 乙주식회사가 丙금융기관에 대하여 현재 및 장래에 부담하는, 어음대출, 어음할인, 당좌대출, 지급보증(사채 보증 포함) 등 여신거래에 관한 모든 채무에 관하여 연대보증책 임을 지되, 보증한도액과 보증기간은 따로 정하지 아니하고 다 만, 보증약정일로부터 3년이 경과한 때에는 보증인인 甲은 서면 에 의하여 보증약정을 해지할 수 있다는 내용의 근보증약정을 체결하였습니다. 그런데 수개월 전 甲이 사망하였고, 최근에 乙 주식회사가 부도 되었으며, 丙금융기관에서는 甲의 상속인 丁에 게 甲의 사망 후 발생된 乙주식회사의 채무를 포함한 채무전액 에 관하여 보증채무를 이행하라고 하고 있습니다. 이 경우 丁으 로서는 乙주식회사의 채무전액에 대하여 보증책임을 지게 되는 지요?

【답변】 ➡ 사망전 채무에 대해서만 보증책임을 지게 됩니다.

채권자와 주채무자 사이의 계속적 거래관계로 인하여 현재 및 장래에 발생하는 불확정적 채무에 관하여 보증책임을 부담하기로 하는 보증계약을 이른바 '계속적 보증계약'이라고 합니다.

그런데 보증한도액이 정해진 계속적 보증계약의 보증인이 사망 한 경우, 그 상속인들이 보증인의 지위를 승계 하는지에 관하여 판례를 보면, "보증한도액이 정해진 계속적 보증계약의 경우 보증 인이 사망하였다 하더라도 보증계약이 당연히 종료되는 것은 아니 고, 특별한 사정이 없는 한 상속인들이 보증인의 지위를 승계 한 다고 보아야 한다."라고 하였습니다(대법원 1999. 6. 22. 선고 99다19322, 19339 판결).

그러나 보증기간과 보증한도액의 정함이 없는 계속적 보증계약

의 보증인이 사망한 경우, 그 상속인이 보증인의 지위를 승계 하
는지에 관하여는 "보증한도액이 정해진 계속적 보증계약의 경우
보증인이 사망하였다 하더라도 보증계약이 당연히 종료되는 것은
아니고 특별한 사정이 없는 한 상속인들이 보증인의 지위를 승계
한다고 보아야 할 것이나, 보증기간과 보증한도액의 정함이 없는
계속적 보증계약의 경우에는 보증인이 사망하면 보증인의 지위가
상속인에게 상속된다고 할 수 없고 다만, 기왕에 발생된 보증채무
만이 상속된다."라고 하였습니다(대법원 2001. 6. 12. 선고
2000다47187 판결).

따라서 위 사안은 보증기간과 보증한도액의 정함이 없는 계속적
보증계약의 경우로서 丁은 甲의 사망 이전에 발생된 채무에 대해
서만 보증책임을 부담하게 될 것으로 보입니다.

◎ 형의 운전 부주의로 동생 사망시 상속인인 부모의 손해배상청구권

【질의】 ➡ 甲은 오래 전 남편과 사별하고 두 명의 아들 乙·丙을 키우며 살았는데, 형인 乙의 운전부주의로 차량이 전복되면서 그 자동차에 동승하였던 乙·丙이 모두 사망하였습니다. 그런데 위 차량은 자동차보험에 가입되어 있었고 乙과 丙은 모두 미혼이었습니다. 이 경우 乙의 과실로 인한 사고라는 이유로 보험회사로부터 丙의 사망에 대한 보험금을 지급 받는데 지장이 없는지요?

【답변】 ➡ 지장이 없습니다.

　　민법 제507조에 의하면 "채권과 채무가 동일한 주체에 귀속한 때에는 채권은 소멸한다. 그러나 그 채권이 제3자의 권리의 목적인 때에는 그러하지 아니하다."라고 규정하고 있습니다.

　　그리고 위 사안에 있어서 사고의 발생과 동시에 乙은 丙에 대하여 불법행위로 인한 손해배상채무를 지게 되고, 丙은 그에 상응하는 손해배상청구권을 취득하게 되는데, 乙·丙이 모두 사망함으로 인하여 그들의 유일한 상속인 甲은 丙의 채권과 乙의 채무를 동시에 상속하게 되는바, 이처럼 채권과 채무가 동일인에게 귀속하는 사실을 가리켜 혼동(混同)이라고 합니다.

　　그런데 위 사안과 관련된 판례를 보면, "민법 제507조가 혼동을 채권소멸사유로 인정하는 것은 채권·채무가 동일주체에 귀속한 때에 채권·채무의 존속을 인정하여서는 안될 적극적인 이유가 있어서가 아니고, 그러한 경우에 채권·채무의 존속을 인정하는 것이 별다른 의미를 가지지 않기 때문에 채권·채무의 소멸을 인정함으로써 그 후의 권리·의무관계를 간소화하려는데 그 목적이 있는 것이라고 여겨지므로, 채권·채무가 동일주체에 귀속되더라도 그 채권의 존속을 인정하여야 할 특별한 이유가 있는 때에는 그 채권은 혼동에 의하여 소멸되지 아니하고 그대로 존속한다고

봄이 상당함에 비추어, 채권·채무가 동일인에게 귀속되는 경우라
도 그 채권의 존재가 채권자 겸 채무자로 된 사람의 제3자에 대한
권리행사의 전제가 되는 관계로 채권존속을 인정하여야 할 정당한
이익이 있을 때에는 그 채권은 혼동에 의하여 소멸하는 것이 아니
라고 봄이 상당하다."라고 하였습니다.

그리고 "자동차운행 중 교통사고가 일어나 자동차운행자나 동승
한 그의 친족이 사망하여 자동차손해배상보장법 제3조에 의한 손
해배상채권과 채무가 상속으로 동일인에게 귀속하게 되는 때에,
교통사고를 일으킨 차량운행자가 자동차손해배상책임보험에 가입
하였다면, 가해자가 피해자의 상속인이 되는 등의 특별한 경우를
제외하고는, 생존한 교통사고 피해자나 사망자의 상속인에게 책임
보험에 의한 보험혜택을 부여하여 이들을 보호할 사회적 필요성이
있는 점은 다른 교통사고와 다를 바 없고, 다른 한편 원래 자동차
손해배상책임보험의 보험자는 상속에 의한 채권·채무의 혼동 그
자체와는 무관한 제3자일뿐만 아니라, 이미 자신의 보상의무에 대
한 대가인 보험료까지 받고 있는 처지여서 교통사고의 가해자와
피해자 사이에 상속에 의한 혼동이 생긴다는 우연한 사정에 의하
여 자기의 보상책임을 면할 만한 합리적인 이유가 없으므로, 자동
차책임보험의 약관에 의하여 피해자가 보험회사에 대하여 직접 보
험금의 지급청구를 할 수 있는 이른바 직접청구권이 수반되는 경
우에는 그 직접청구권의 전제가 되는 자동차손해배상보장법 제3조
에 의한 피해자의 운행자에 대한 손해배상청구권은 상속에 의한
혼동에 의하여 소멸되지 아니한다."라고 하였습니다(대법원
2003. 1. 10. 선고 2000다41653, 41660 판결, 1995. 5.
12. 선고 93다48373 판결, 1995. 7. 14. 선고 94다36698 판
결).

따라서 위 사안에서도 甲은 乙의 채무와 丙의 채권을 동시에 상
속받았다고 하여도 그 채권·채무가 혼동으로 소멸하지 않았으므
로 보험회사에 대하여 보험금의 지급을 청구할 수 있을 것입니다.

◎ 공상군경이 교통사고로 사망한 경우 유족연금액의 공제여부

【질의】 ➡ 甲은 공상군경으로서 국가유공자등예우및지원에관한법률에 의한 연금을 지급 받고 있었는데, 乙의 과실로 인하여 발생된 교통사고로 사망하였습니다. 이 경우 甲의 상속인이 청구할 손해배상액의 산정에 있어서 유족연금액이 공제되는지요?

【답변】 ➡ 공제됩니다.

전상군경, 공상군경, 4 · 19혁명부상자 및 특별공로상이자로서 1급 내지 5급인 상이자가 사망한 경우 그 유족 중 선순위자 1인에게는 그 사망의 원인을 불문하고 유족연금이 지급됩니다(국가유공자등예우및지원에관한법률 제12조 제1항 제2호, 국가유공자등예우및지원에관한법률시행령 제20조 제1항).

그러므로 공상군경으로 국가유공자등예우및지원에관한법률에 의한 연금을 지급 받고 있던 甲이 교통사고로 사망한 경우 甲의 상속인이 청구할 손해배상액의 산정에 있어서 유족연금액이 공제되는지 문제됩니다.

이에 관련된 판례를 보면, "국가유공자등예우및지원에관한법률상 공상군경이 지급받는 연금이나 그가 사망한 경우에 그 유족이 지급받는 유족연금은 모두 수급권자의 생활안정과 복지향상을 도모하기 위한 동일한 목적과 성격을 지닌 급부라고 할 것이므로, 연금을 지급받던 공상군경이 타인의 불법행위로 인하여 사망한 경우에 그 유족이 망인의 연금 상당의 손해배상청구권을 상속함과 동시에 유족연금을 지급받게 되었다면 그 유족은 동일목적의 급부를 이중으로 취득하게 되고, 따라서 그 상속인의 손해액을 산정함에 있어서는 망인의 연금액에서 유족연금액을 공제하는 것이 형평의 이념에 비추어 상당하다."라고 하였습니다(대법원 1993. 10. 22. 선고 93다29372 판결).

또한, 국가유공자등예우및지원에관한법률상의 연금을 받던 공상군경이 타인의 불법행위로 사망한 경우, 공상군경의 유족이 지급받을 손해액을 산정할 때 공상군경의 연금액에서 유족연금액을 공제하는 취지가 동일한 목적과 내용의 급부가 이중으로 지급되는 것을 막는 데 있는 이상, 사망한 사람의 연금액에서 공제하여야 하는 유족연금액의 범위는 사망한 사람의 기대여명기간이 끝날 때까지 그 유족이 받을 금액에 한정되고, 그 뒤 유족이 불법행위로 인한 사망과 관계없이 받을 수 있는 유족연금액은 이에 포함되지 아니한다."라고 하였습니다(대법원 2002. 5. 28. 선고 2002다5019 판결).

따라서 甲의 일실수입을 산정하면서 보훈연금을 상실한 손해를 산정할 경우, 甲의 연금액에서 甲의 기대여명기간이 끝날 때까지 甲의 상속인이 수령할 유족연금액은 공제하여야 할 것이나, 甲의 기대여명기간이 끝난 뒤 甲의 상속인의 여명기간까지의 유족연금액까지 공제하여서는 아니될 것입니다.

◘ 사실혼관계에 있는 처에 대한 증여의 효과

【질의】 ➡ 저는 주위 사람의 소개로 노인 甲을 만나 그를 간병하면서 동거하고 있습니다. 甲의 처는 오래 전에 사망하였고 가족으로는 외아들과 딸이 있는데, 외아들은 미국유학 후 영주권을 얻어 미국에 살고 있으며, 딸도 또한 외국이민을 갔습니다. 그런데 얼마 전 甲이 건강악화로 입원치료를 받게 되었는데, 이를 알고 귀국한 아들·딸은 甲이 자기 사후에 유산을 저에게도 얼마간 증여하겠다고 한 사실에 대해 설혹 기록으로 그러한 사실을 남겼다 하더라도 그것은 법적 효력이 없다고 합니다. 甲의 유언과 가족들의 주장 중 어떤 것이 법적으로 맞는지요?

【답변】 ➡ 가족들의 주장이 맞습니다.

귀하의 경우 동거중인 甲이 사망하였을 때 그의 재산을 귀하가 이전 받는 방법에는 재산상속에 의하는 경우와 유증에 의하는 경우가 있습니다.

첫째, 귀하가 甲의 재산을 상속받기 위해서는 甲과 부부로서 혼인신고를 하여야 하고, 혼인신고를 한 후에 甲이 사망하면 배우자로서의 상속분을 받을 수 있습니다. 그러나 혼인신고를 하지 아니하고 사망하면 재산상속을 받을 수 없습니다(민법 제1003조, 제1009조).

둘째, 유증(遺贈)의 방법에 의한 재산의 이전은 甲이 사망하기 전에 유언으로 일정재산을 귀하에게 증여하는 의사표시를 하고, 甲의 사망 후 그 유언에 대하여 법원의 검인절차를 밟으면 귀하는 유증 받은 재산에 대하여 다른 상속인에 우선하여 그 재산을 이전 받을 수가 있으며, 다만 귀하가 甲의 재산을 전부 유증 받을 경우 등으로 甲의 자녀들이 그들의 법정상속분의 2분의 1 한도 내에서 가지는 유류분에 부족이 생길 경우에는 그 한도 내에서 반환청구를 할 수 있을 것입니다.

한편, 재산상속이나 유증에 의하지 아니하고 **甲**이 살아있는 동안 재산을 이전 받는 방법으로 **甲**이 일정재산을 귀하에게 증여하기로 계약하고 등기이전 등의 이행절차를 완료하게 되면 귀하는 완전한 소유권을 취득할 수 있습니다. 다만, 이 경우에도 상속개시전의 1년 간에 행해진 증여재산에 대하여는 유류분산정재산에 포함될 수 있고, 유류분에 부족이 생긴 때에는 반환청구를 당할 수도 있습니다(민법 제1115조).

참고로 유언의 방식은 자필증서, 녹음, 공정증서, 비밀증서와 구수증서에 의한 다섯 가지 종류가 있는데, 이는 모두 일정한 요건을 요하는 요식행위(**要式行爲**)로서 이러한 요건을 갖추지 못한 유언은 유언으로서의 효력이 없습니다(민법 제1065조).

또한, 특별연고자(**特別緣故者**: 피상속인과 생계를 같이 하고 있던 자, 피상속인의 요양간호를 한 자, 기타 상속인과 특별한 연고가 있던 자)의 상속재산분여청구권은 상속인이 존재하지 않는 경우에만 인정되므로 위 사안의 경우에는 적용이 없습니다(민법 제1057조의2).

◎ 사망한 사실혼배우자 명의 재산에 대한 공유지분권 청구방법

【질의】➡ 저는 10년 전 甲男을 만나 혼인신고를 하지 아니하고 동거하면서 같이 협력하여 상당한 재산을 축적하였는데 모두 甲 명의로 하였습니다. 그런데 甲과의 사이에 자녀도 없고 혼인신고도 하지 않은 상태에서 甲이 갑자기 사망하였고, 위 재산이 甲의 법정상속인인 甲의 부모가 상속하게 됨에 따라 상속권이 없는 저는 생활이 막막하게 되었습니다. 그래서 저는 甲의 부모를 상대로 그 재산이 저와의 공유임을 주장하여 공유지분이전등기청구를 하려고 합니다. 이 경우 반드시 사실혼관계존부확인의 소를 먼저 청구하여야 하는지, 아니면 공유지분권이전등기청구절차에서 함께 다투면 되는지에 대하여 알고 싶습니다.

【답변】➡ 공유지분권이전등기청구절차에서 다투면됩니다.

　　사실혼관계에 있는 부부의 일방이 사실혼 중에 자기 명의로 취득한 재산은 그 명의자의 특유재산으로 추정되나 실질적으로 다른 일방 또는 쌍방이 그 재산의 대가를 부담하여 취득한 것이 증명된 때에는 특유재산의 추정은 번복되어 그 다른 일방의 소유이거나 쌍방의 공유라고 보아야 할 것입니다(대법원 1994. 12. 22. 선고 93다52068 등 판결).

　　따라서 귀하는 막연히 재산취득에 귀하가 협력하였다거나 사실혼생활에 내조의 공이 있었다는 사유만으로는 공유를 주장할 수 없을 것이지만, 위 재산의 취득에 대가를 부담하였다거나 적극적인 재산증식의 노력이 있었던 경우라면 공유를 주장해볼 수도 있을 것입니다.

　　그런데 귀하가 상속인을 상대로 공유를 주장하려면 피상속인과 사실혼관계가 있었음이 인정되어야만 하므로 공유주장 전에 사실혼관계의 확인을 먼저 받아야 하는지가 문제인데, 관련된 판례는 "사실혼배우자의 일방이 사망한 경우 생존하는 당사자가 혼인신고

를 하기 위한 목적으로서는 사망자와의 과거의 사실혼관계존재확
인을 구할 소의 이익이 있다고는 할 수 없고, 이러한 과거의 사실
혼관계가 생존하는 당사자와 사망자와 제3자 사이의 현재적 또는
잠재적 분쟁의 전제가 되어 그 존부확인청구가 이들 수많은 분쟁
을 '일거에 해결하는 유효·적절한 수단일 수 있는 경우'에는 확
인의 이익이 인정될 수 있는 것이지만, 그러한 유효·적절한 수단
이라고 할 수 없는 경우에는 확인의 이익이 부정되어야 한다."라
고 하였습니다(대법원 1995. 11. 14. 선고 95므694 판결,
1996. 5. 10. 선고 94다35565, 35572 판결).

따라서 이러한 판례의 취지에 비추어 위 사안의 경우에는 재산
에 관한 공유관계를 주장하게 될 소송절차에서 그 주장의 전제가
되는 망인과의 사실혼관계의 존재를 주장·입증하여 해결할 수 있
을 것이므로 그로써 충분하고, 사실혼관계존재확인을 구하는 것은
허용되지 않는다고 보아야 할 것입니다.

◎ 교직원연금수령을 위한 과거사실혼관계존재확인청구권

【질의】 ➡ 저는 1년 전 甲과 결혼한 후 결혼 전 각자 소유하고 있던 주택 등의 처리문제로 혼인신고는 하지 않았지만 주민등록상은 동거인으로 되어 있는 상태에서 甲이 질병으로 사망하였습니다. 그런데 甲은 사립학교 교원이어서 사립학교교원연금관리공단에서 상속인에게 연금이 지급되는바, 甲에게는 자녀는 물론 부모도 없으므로 제가 연금지급신청을 하니 사실혼관계존재확인 판결을 받아 오라고 하므로 이러한 판결이 가능한지요?

【답변】 ➡ 가능합니다.

사립학교교원연금법 제36조에 의하면 "급여를 받을 유족의 순위는 재산상속의 순위에 의한다."라고 정하고 있으며, 사립학교교원연금법 제2조 제1항 제2호 가목은 "유족 중 배우자를 사실상 혼인관계에 있던 자를 포함한다."라고 규정하고 있습니다.

따라서 위 공단에서 귀하에게 사실혼관계에 있었다는 것을 확인하기 위하여 사실혼관계존재확인판결을 받아오라고 하는 것으로 보입니다.

그런데 甲이 이미 사망한 상태에서 사실혼관계존재확인판결이 가능한 것인지 문제되는바, 판례는 "일반적으로 과거의 법률관계는 확인의 소의 대상이 될 수 없으나, 혼인, 입양과 같은 신분관계와 같이 그것을 전제로 하여 수많은 법률관계가 발생하고 그에 관하여 일일이 개별적으로 확인을 구하는 번잡한 절차를 반복하는 것보다 과거의 법률관계 그 자체의 확인을 구하는 편이 관련된 분쟁을 일거에 해결하는 유효·적절한 수단일 수 있는 경우에는 예외적으로 확인의 이익이 인정된다. 사실혼관계에 있던 당사자 일방이 사망하였더라도, 현재적 또는 잠재적 법적 분쟁을 일거에 해결하는 유효·적절한 수단이 될 수 있는 한, 그 사실혼관계존부확

인청구에는 확인의 이익이 인정되고, 이러한 경우 친생자관계존부
확인청구에 관한 민법 제865조와 인지청구에 관한 민법 제863조
의 규정을 유추적용하여, 생존당사자는 그 사망을 안 날로부터 1
년 내에 검사를 상대로 과거의 사실혼관계에 대한 존부확인청구를
할 수 있다고 보아야 한다."라고 하면서(대법원 1995. 3. 28. 선
고 94므1447 판결), 산업재해보상보험법상의 유족급여의 수급권
과 관련된 사안에서 사실혼관계존재확인청구가 가능하다고 한 바
있습니다.

따라서 위 판례와 유사한 귀하의 경우에 있어서도 귀하와 甲사
이에 사실혼관계가 존재하였다는 확인청구가 가능할 것으로 보입
니다.

그러나 사망자 사이 또는 생존하는 자와 사망한 자 사이에서는
혼인이 인정될 수 없고, 혼인신고특례법과 같이 예외적으로 혼인
신고의 효력의 소급을 인정하는 특별한 규정이 없는 한 그러한 혼
인신고가 받아들여질 수 없으므로 위와 같은 사실혼관계존재확인
의 판결을 받았을 경우에도 그 판결에 의하여 혼인신고를 할 수는
없는 것입니다(대법원 1991. 8. 13.자 91스6 결정).

참고로 사실혼배우자가 법률상의 배우자가 아니면서도 각종 급
여를 받을 권리자로 규정되어 있는 경우를 보면, 산업재해보상보
험법 제4조 제3호, 공무원연금법 제3조 제1항 제2호 가목, 선원
법시행령 제29조 제1호, 근로기준법시행령 제44조 제1항 제1호,
군인연금법 제3조 제1항 제4호, 독립유공자예우에관한법률 제5조
제1항 제1호, 국가유공자등예우및지원에관한법률 제5조 제1항 제
1호 등이 있습니다.

◎ 자동차보험금 수령을 위한 과거사실혼관계존재확인청구권

【질의】 ➡ 저는 甲과 5년 전부터 동거생활을 하고 있던 중 최근 甲은 교통사고로 사망하였습니다. 가해차량은 자동차종합보험에 가입되어 있었고, 사고 후 甲의 유품을 정리하다가 甲명의의 은행예금통장도 발견하였습니다. 그래서 저는 보험회사측에는 사망보험금의 지급을 은행에 대하여는 예금의 지급을 청구하였으나 유족임을 증명하지 않으면 지급할 수 없다고 합니다. 이에 저는 사실혼관계존재확인의 소를 제기하려 하는데 가능한지요?

【답변】 ➡ 가능합니다.

관련 판례를 보면, "일반적으로 과거의 법률관계는 확인의 소의 대상이 될 수 없으나, 혼인, 입양과 같은 신분관계나 회사의 설립, 주주총회의 결의무효, 취소와 같은 사단적 관계, 행정처분과 같은 행정관계와 같이 그것을 전제로 하여 수많은 법률관계가 발생하고 그에 관하여 일일이 개별적으로 확인을 구하는 번잡한 절차를 반복하는 것보다 과거의 법률관계 그 자체의 확인을 구하는 편이 관련된 분쟁을 일거에 해결하는 유효·적절한 수단일 수 있는 경우에는 예외적으로 확인의 이익이 인정된다. 사실혼관계에 있던 당사자 일방이 사망하였더라도, 현재적 또는 잠재적 법적 분쟁을 일거에 해결하는 유효·적절한 수단이 될 수 있는 한, 그 사실혼관계존부확인청구에는 확인의 이익이 인정되고, 이러한 경우 친생자관계존부확인청구에 관한 민법 제865조와 인지청구에 관한 민법 제863조의 규정을 유추적용하여, 생존 당사자는 그 사망을 안 날로부터 1년 내에 검사를 상대로 과거의 사실혼관계에 대한 존부확인청구를 할 수 있다고 보아야 한다."라고 하였습니다(대법원 1995. 3. 28. 선고 94므1447 판결, 1995. 11. 14. 선고 95므694 판결).

그러나 교통사고로 인한 사망으로 보험회사가 지급하는 사망보험금과 사망한 자 명의의 예금은 상속의 대상이고 법률혼관계가 아닌 사실혼관계의 배우자는 상속인에 포함되지 아니하므로 사실혼관계가 인정된다 할지라도 귀하는 사망보험금과 예금을 지급 받을 수 없는 것입니다. 다만, 상속인이 전혀 없을 경우 특별연고자로서 민법 제1057조의2에 의하여 상속재산의 전부 또는 일부를 분여(分與)받을 수는 있을 것입니다.

그리고 사실혼관계의 배우자임을 이유로 귀하 본인의 위자료를 보험회사에 대하여 청구할 수 있을 것이므로 그러한 위자료청구의 전제로서 검사를 상대로 사실혼관계존재확인의 소를 제기할 수 있을 것으로 보이지만, 직접 보험회사를 상대로 위자료를 구하는 소를 제기하여 그 소송절차 내에서 그 주장의 전제가 되는 甲과의 사실혼관계존재를 주장·입증하는 것이 간편한 방법일 것입니다.

◎ 이성양자(異姓養子)의 성(姓)을 양부의 성으로 변경할 수 있는지

【질의】 ➡ 저는 23세의 남자로서 저와 성(姓)이 다른 甲의 양자가 되려고 하는데, 저의 성을 양부인 甲의 성의로 변경할 수 없는지, 만약 저의 성을 양부인 甲의 성으로 변경할 수 없다면, 저의 성이 양부의 성과 같을 경우와 법적인 면에서 어떠한 차이가 있는지요?

【답변】 ➡ **차이가 없습니다.**

이성양자의 경우 양자의 성을 변경할 수 있는지에 관하여는 명문규정이 없으므로 학설이 대립되고 있으나, 실무에서는 양자의 성은 변경될 수 없는 것으로 보고 있습니다.

즉, 양자의 성과 본을 양친의 성과 본으로 변경할 수 있는지에 관하여 "현행법상 자(子)는 부(父)의 성(姓)과 본(本)을 따르게 되어 있어 양자도 생부(生父)의 성과 본을 따라야 하는 것이므로, 이성양자의 성과 본을 양친의 성과 본으로 변경할 수는 없는 것이다."라고 하였습니다(호적선례 1992. 12. 9. 호적선례 3-221).

따라서 귀하가 양부인 甲의 성을 따르기는 어려울 것으로 보입니다. 다만, 입양촉진및절차에관한특례법 제4조에 의하면 "이 법에 의하여 양자가 될 자는 요보호아동으로서 다음 각호의 1에 해당하는 자이어야 한다. 1. 보호자로부터 이탈된 자로서 특별시장·광역시장·도지사(이하 "시·도지사"라 한다) 또는 시장·군수·구청장(자치구의 구청장에 한한다. 이하 같다)이 부양의무자를 확인할 수 없어 국민기초생활보장법에 의한 보장시설("이하 "보장시설"이라 한다)에 보호의뢰한 자 2. 부모(부모가 사망 기타 사유로 동의할 수 없는 경우에는 다른 직계존속) 또는 후견인이 입양을 동의하여 보호시설 또는 제10조의 규정에 의한 입양기관에 보호의뢰한 자 3. 법원에 의하여 친권상실의 선고를 받은 자의 자로서 시·도지사 또는 시장·군수·구청장이 보장시설에 보호의 뢰한 자 4. 기타 부양의무자를 알 수 없는 경우로서 시·도지사 또는 시장·군수·구청장이 보장시설에 보호의뢰한 자"라고 규정 하고 있고, 같은 법 제8조에 의하면 "①이 법에 의하여 양자로 되 는 자는 양친이 원하는 때에는 양친의 성과 본을 따른다. ②제1항 의 규정에 의하여 양친의 성과 본을 따른 양자가 입양이 취소되거 나 파양된 경우에는 본래의 성과 본을 따른다. 이 경우 그 양자이 었던 자는 본인이 제4조 각호의 1에 해당하였던 자임을 증명하는 서류를 갖추어 호적법이 정하는 바에 의하여 신고하여야 한다."라 고 규정하고 있습니다. 그러므로 18세 미만의 아동으로서 위와 같 은 일정한 요건하에 양친이 원하는 때에는 양친의 성과 본을 따를 수 있도록 하고 있습니다(입양촉진및절차에관한특례법 제2조, 제8 조)

그러나 귀하는 성년인 이성양자로서 양부인 甲의 성을 따르지 못한다고 하여도 1991년 1월 1일부터 시행되고 있는 현행 민법 은 구 민법 중 양자로서 양부와 동성동본이 아닌 자는 호주상속을 하지 못한다고 규정되어 있던 구 민법 제877조 제2항을 삭제하였 으므로, 귀하는 甲이 사망할 경우 호주승계가 가능할 뿐만 아니라 기타 법률관계에 있어서도 甲과 성이 같은 경우와 법적으로는 아 무런 차이가 없을 것으로 보입니다.

✿ 미성년의 자와 함께 상속받은 재산을 모(母) 명의로 할 수 있는지

【질의】 ➡ 저는 미성년자인 자녀 甲·乙과 함께 남편인 망 丙의 공동상속인이자 甲·乙의 친권자입니다. 제가 자녀들과 함께 상속받은 남편 丙명의 사업체를 저의 단독명의로 변경하려고 하는데, 이 경우 저의 친권행사에 제한이 있는지요?

【답변】 ➡ 제한이 있습니다.

법정대리인인 친권자와 그 자(子)와의 사이에 이해 상반되는 행위를 함에는 친권자는 법원에 그 자의 특별대리인의 선임을 청구하여야 합니다(민법 제921조 제1항).

위 사안과 관련된 판례를 보면, "민법 제921조의 '이해상반행위'란 행위의 객관적 성질상 친권자와 자 사이 또는 친권에 복종하는 수인의 자 사이에 이해의 대립이 생길 우려가 있는 행위를 가리키는 것으로서 친권자의 의도나 그 행위의 결과 실제로 이해의 대립이 생겼는가의 여부는 묻지 아니하며, 공동상속재산분할협의는 행위의 객관적 성질상 상속인 상호간에 이해의 대립이 생길 우려가 있는 행위라고 할 것이므로, 공동상속인인 친권자와 미성년인 수인의 자 사이에 상속재산분할협의를 하게 되는 경우에는 미성년자 각자마다 특별대리인을 선임하여 각 특별대리인이 각 미성년자를 대리하여 상속재산분할협의를 하여야 하고, 친권자가 수인의 미성년자의 법정대리인으로서 상속재산분할협의를 한 것이라면, 이는 민법 제921조에 위반된 것으로서 이러한 대리행위에 의하여 성립된 상속재산분할협의는 피대리자 전원에 의한 추인(追認)이 없는 한 무효이다."라고 하였습니다(대법원 1993. 4. 13. 선고 92다54524 판결, 2001. 6. 29. 선고 2001다28299 판결).

그런데 귀하가 상속재산인 사업체를 귀하의 명의로 변경할 경우

는 甲과 乙도 귀하와 공동으로 상속재산인 사업체에 상속지분을
가지고 있으므로, 상호간에 이익이 상반되는 것에 해당되어 귀하
는 가정법원에 甲과 乙의 각 특별대리인선임을 청구하여 그들로
하여금 위와 같은 명의변경에 동의하도록 하여야 할 것입니다.

　친권자의 대리권이 제한되는 이해상반행위로 보는 경우를 예시
하면 ①친권자가 자기의 채무에 관하여 자(子)를 대리하여 중첩적
채무인수를 한 행위, ②친권자의 채무에 관하여 미성년자인 자를
연대채무자로 한 경우, ③친권자가 자기의 채무를 위하여 미성년
자인 자의 부동산을 담보에 제공한 행위, ④친권자가 자기의 채무
를 자에게 전가하기 위하여 자를 대리하여 한 경개계약(更改契
約), ⑤합명회사 사원이 자기의 친권에 복종하는 미성년인 자를
그 회사에 새로 입사시키는 행위 등입니다. 그리고 친권자와 1인
의 미성년인 자가 공동상속인이 되는 경우의 상속재산분할협의의
경우에도 역시 그 자의 특별대리인을 선임하여 상속재산분할협의
를 하여야 할 것이지만(대법원 1993. 3. 9. 선고 92다18481 판
결), 친권자는 상속인이 아니고 성년인 자와 미성년인 자가 공동
상속인인 경우(이혼한 처가 친권자인 경우 등)에 성년인 자와 미
성년인 자 사이의 이해가 상반되는 행위를 친권자가 하는 것은 이
해상반행위에 해당하지 않습니다(대법원 1989. 9. 12. 선고 88
다카28044 판결).

　참고로 특별대리인선임과 관련된 판례를 보면, "민법 제921조
의 특별대리인제도는 친권자와 그 친권에 복종하는 자 사이 또는
친권에 복종하는 자들 사이에 서로 이해가 충돌하는 경우에는 친
권자에게 친권의 공정한 행사를 기대하기 어려우므로 친권자의 대
리권 및 동의권을 제한하여 법원이 선임한 특별대리인으로 하여금
이들 권리를 행사하게 함으로써 친권의 남용을 방지하고 미성년인
자의 이익을 보호하려는데 그 취지가 있으므로, 특별대리인은 이
해가 상반되는 특정의 법률행위에 관하여 개별적으로 선임되어야
하고, 따라서 특별대리인선임신청서에는 선임되는 특별대리인이

처리할 법률행위를 특정하여 적시하여야 하고 법원도 그 선임심판
시에 특별대리인이 처리할 법률행위를 특정하여 이를 심판의 주문
에 표시하는 것이 원칙이며, 특별대리인에게 미성년자가 하여야
할 법률행위를 무엇이든지 처리할 수 있도록 포괄적으로 권한을
수여하는 심판을 할 수는 없으며, 법원이 특별대리인선임심판을
함에 있어서 그 주문에 특별대리인이 처리할 법률행위를 적시하지
아니한 채 단지 특정인을 미성년자를 위한 특별대리인으로 선임한
다는 내용만 기재하는 것은 바람직하지 아니한 것이나, 이러한 내
용의 심판이 있는 경우에도 그 특별대리인의 권한은 그 사건 선임
신청서에서 신청의 원인으로 적시한 특정의 법률행위에 한정되는
것이며 그 밖의 다른 법률행위에 대하여는 그 처리권한이 없다."
라고 하였습니다(대법원 1996. 4. 9. 선고 96다1139 판결).

◎ 피부양자의 과실로 다른 사람이 부양을 요하는 경우

【질의】 ➡ 저에게는 형님이 있는데, 아버지가 사망하여 유산을 상속받을 때 형님이 어머니를 모시는 조건으로 유산의 80%를 차지하였습니다. 그러나 형님의 방탕한 생활로 인하여 상속받은 재산을 탕진하였습니다. 그래서 제가 어머니를 모셔와서 어머니를 부양하면서 생활하고 있습니다. 그런데 최근에 형님이 이번에는 자신의 생활비를 원조해달라고 합니다. 제가 형님에게 생활비를 지급할 의무가 있는지요?

【답변】 ➡ 지급할 의무가 없습니다.

민법 제974조는 직계혈족 및 그 배우자간이나 기타 생계를 같이하는 친족간에는 서로 부양의무가 있다고 규정하고 있습니다(대법원 1992. 3. 31. 선고 90므651, 668 판결).

그리고 부양정도는 소위 생활부조의무라고 하여 자기의 생활의 여유로서 상대방의 생활을 유지하도록 도와주면 된다는 것입니다. 즉, 자기의 사회적 지위, 신분에 상응하는 생활을 하고 남는 여유로 상대방을 부양하면 족한 것이며, 그 지위, 신분에 상응하는 생활정도를 희생하면서까지 상대방을 부양할 의무가 없다고 보는 것입니다.

그런데 위 사안의 경우 형님은 생계를 같이 하는 가족이 아니라면 귀하로서는 부양의무가 없습니다. 또한, 생계를 같이 한다고 하여도 자기의 과실로 인하여 다른 사람의 부양을 필요로 하는 상태에 놓인 형제의 일방은 다른 일방에 대하여 원칙상 부양청구를 할 수 없습니다. 다만, 그러한 경우라고 할지라도 최저의 생활도 할 수 없는 경우에는 그 범위 내에서 귀하가 부양능력이 있는 때에 한하여 부양청구를 할 수 있다고 할 수도 있을 것입니다.

따라서 귀하의 형님의 경우 아버지가 사망하고 상속재산을 분할할 때에 형님이 어머니를 모시는 조건으로 유산의 **80%**를 취득하고도 그 책임을 이행하지 않았고, 방탕한 생활로 유산을 탕진하였다면 그 과실이 너무 크기 때문에 귀하를 상대로 부양청구를 할 수가 없다고 생각됩니다.

◎ 자필증서에 의한 유언의 효력

【질의】 ➡ 저는 10년 전부터 甲의 후처로 들어와 혼인신고 없이 동거인으로 살고 있는데, 甲은 그의 사후에 저의 생활안정을 배려한다면서 "자신이 소유한 부동산 1필지를 사후에 증여하겠다."는 취지의 각서를 자필로 작성하여 저에게 교부하였습니다. 위와 같은 각서로도 유언의 효력이 인정되는지요?

【답변】 ➡ 인정됩니다.

　　민법은 유언의 존재여부를 분명히 하고 위조, 변조를 방지할 목적으로 일정한 방식에 의한 유언에 대해서만 그 효력을 인정하고 있습니다. 민법에 규정된 유언의 방식으로는 자필증서에 의한 유언, 녹음에 의한 유언, 공정증서에 의한 유언, 비밀증서에 의한 유언, 구수증서에 의한 유언이 있습니다(민법 제1065조).

　　'자필증서에 의한 유언'이란 유언 중에서 가장 간단한 방식이며, 그 요건은 유언자가 유언의 내용이 되는 전문과 연월일·주소·성명을 자신이 쓰고 날인한 유언서입니다(민법 제1066조). 이 유언은 자필하는 것이 절대적 요건이므로, 타인에게 구수(口授), 필기시킨 것, 타이프라이터나 점자기를 사용한 것은 자필증서로서 인정되지 않으며 따라서 무효입니다. 다만, 자기 스스로 썼다면 외국어나 속기문자를 사용한 것도, 그리고 가족에게 의문의 여지없는 정도의 의미가 명확한 관용어나 약자·약호를 사용한 유언도 유효합니다.

　　유언서 작성시 연월일도 반드시 자필로 기재하여야 하며 유언서 말미나 봉투에 기재하여도 무방하나 연월일이 없는 유언은 무효입니다. 연월일의 자필이 중요시되는 것은 언제 유언이 성립되었느냐를 명확히 하는 이외에, 유언자의 유언능력을 판단하는 표준시기를 알기 위하여도, 혹은 유언이 2통으로 작성된 경우에 전·후의 유언내용이 저촉되는 때에는, 뒤의 유언으로써 그 저촉되는 부분의 앞의 유언을 취소한 것으로 볼 수 있으므로, 유언에 연월일이 없으면 어느 유언이 전·후의 것인지 불명확하기 때문입니다. 그렇지만 연월일을 반드시 정확하게 기입할 필요는 없으며 '만 60세의 생일'이라든가 '몇 년의 조부 제사일에'라는 식으로 써도 상관없습니다. 그러나 연월만 표시하고 날의 기재를 하지 않은 유언은 무효입니다. 예컨대, '1954년 9월 길일'과 같은 기재는 날짜의 기재가 없는 것으로 무효가 됩니다.

성명의 기재가 없는 유언서 또는 성명을 다른 사람이 쓴 유언서는 무효입니다. 여기서, 성명의 기재는 그 유언서가 누구의 것인가를 알 수 있는 정도면 되므로 호나 자, 예명(藝名) 등도 상관없습니다. 성과 이름을 다 쓰지 않더라도 유언자 본인의 동일성을 알 수 있는 경우에는 유효하지만, 성명의 자서(自書) 대신 자서를 기호화한 인형(印形) 같은 것을 날인한 것은 안됩니다. 또한, 자필증서에 의한 유언은 유언서의 전문과 연월일, 성명을 자서하고 도장찍는 것을 요건으로 하되 도장은 인감증명이 되어있는 실인(實印)일 필요는 없으며, 막도장도 좋고, 무인(拇印)도 무방하며 날인은 타인이 하여도 무방합니다. 사후 문자의 삽입·삭제·변경을 할 때에는 유언자가 자서하고 날인하여야 합니다(민법 제1066조 제2항). 그리고 위와 같은 자필증서를 보관한 자 또는 이를 발견한 자는 유언자의 사망 후 지체 없이 그 증서를 법원에 제출하여 검인을 받아야 합니다(민법 제1091조 제1항).

판례는 "자필증서에 의한 유언은 유언자가 그 전문과 연월일·주소·성명을 자서(自書)하고 날인하여야 하는바(민법 제1066조 제1항), 유언자의 주소는 반드시 유언전문과 동일한 지편(紙片)에 기재하여야 하는 것은 아니고, 유언증서로서 일체성이 인정되는 이상 그 전문을 담은 봉투에 기재하더라도 무방하며, 그 날인은 무인에 의한 경우에도 유효하고, 유언증서에 문자의 삽입·삭제·변경을 함에는 유언자가 이를 자서하고 날인하여야 하나(민법 제

1066조 제2항), 증서의 기재 자체로 보아 명백한 오기를 정정함
에 지나지 아니하는 경우에는 그 정정 부분에 날인을 하지 않았다
고 하더라도 그 효력에는 영향이 없고, 민법 제1091조 제1항에
규정된 유언증서에 대한 법원의 검인은 유언의 방식에 관한 사실
을 조사함으로써 위조·변조를 방지하고 그 보존을 확실히 하기
위한 절차에 불과할 뿐 유언증서의 효력여부를 심판하는 절차가
아니고, 민법 제1092조는 봉인된 유언증서를 검인하는 경우 그
개봉절차를 규정한데 불과하므로, 적법한 유언증서는 유언자의 사
망에 의하여 곧바로 그 효력이 발생하고 검인이나 개봉절차의 유
무에 의하여 그 효력에 영향을 받지 않는다."라고 하였습니다(대
법원 1998. 5. 29. 선고 97다38503 판결, 1998. 6. 12. 선고
97다38510 판결).

그러므로 위 사안에서 甲이 작성한 각서가 위와 같은 방식을 갖
추고 사후에 부동산 1필지를 귀하에게 유증한다는 내용이라면 민
법 제1066조의 자필증서에 의한 유언에 해당하여 유언의 효력이
있을 것으로 보여집니다.

◎ 구수증서에 의한 유언의 효력

【질의】 ➡ 한달 전 사망한 저의 부친은 3년 전 그의 칠순잔치 때에 어머니와 저희 3남매를 모아놓고 그의 사후 재산분배에 대하여 언급하였고, 동생이 그것을 받아 적고 낭독한 그 유언서에 '반드시 이대로 분배하라'고 직접 기재하신 후 서명·날인하였습니다. 그런데 동생은 부친 사망후 위 유언장의 효력을 부인하고 법정상속분에 따른 재산분배를 요구하고 있습니다. 유언 중 구수증서에 의한 유언은 유효하다고 들었는데, 위와 같은 경우 동생의 주장이 정당한지요?

【답변】 ➡ 정당합니다.

구수증서(口授證書)에 의한 유언은 질병 기타 급박한 사유로 보통의 방식에 의하여 유언할 수 없는 경우에 유언자가 2인 이상의 증인의 참여로 그 중 1인에게 유언의 취지를 구수하고, 그 구수를 받은 사람이 이를 필기·낭독하여 유언자와 증인이 그 정확함을 승인한 후 각자가 서명 또는 기명·날인하는 방법의 유언입니다 (민법 제1070조 제1항).

구수증서에 의한 유언은 다음과 같은 요건을 갖추어야 합니다. 첫째, 질병 기타 급박한 사유로 인하여 다른 방식에 의한 유언을 할 수 없는 경우에 한하여 인정됩니다. 기타 급박한 사유란 것은 부상한 경우, 전염병 때문에 교통이 차단된 상태에 있는 경우, 조난한 선박 중에 있는 경우 등을 말합니다. 판례도 "민법 제1065조 내지 제1070조가 유언의 방식을 엄격하게 규정한 것은 유언자의 진의를 명확히 하고 그로 인한 법적 분쟁과 혼란을 예방하기 위한 것이므로, 법정된 요건과 방식에 어긋난 유언은 그것이 유언자의 진정한 의사에 합치하더라도 무효라고 하지 않을 수 없는바, 민법 제1070조 제1항이 구수증서에 의한 유언은 질병 기타 급박한 사유로 인하여 민법 제1066조 내지 제1069조 소정의 자필증서, 녹음, 공정증서 및 비밀증서의 방식에 의하여 할 수 없는 경우에 허용되는 것으로 규정하고 있는 이상, 유언자가 질병 기타 급박한 사유에 있는지 여부를 판단함에 있어서는 유언자의 진의를 존중하기 위하여 유언자의 주관적 입장을 고려할 필요가 있을지 모르지만, 자필증서, 녹음, 공정증서 및 비밀증서의 방식에 의한 유언이 객관적으로 가능한 경우까지 구수증서에 의한 유언을 허용하여야 하는 것은 아니다."라고 하였습니다(대법원 1999. 9. 3. 선고 98다17800 판결, 2000. 12. 12. 선고 99다7329 판결). 둘째, 2인 이상의 증인의 참여와 그 중 1인에게 유언의 취지를 구수하여야 합니다. 증인이 1인밖에 참여하지 않을 때는 그 유언은 무효입니다. 셋째, 구수를 받은 사람이 이를 필기 · 낭독하여 유언자와 증인이 그 정확함을 승인한 후 각자가 서명 또는 기명하고 날인하여야 합니다. 넷째, 구수증서에 의한 유언은 그 증인 또는 이해관계인이 급박한 사유가 종료한 날로부터 7일 내에 가정법원에 검인을 신청하여야 하며(민법 제1070조 제2항), 가정법원은 이 검인을 심판으로서 합니다(가사소송법 제2조 제1항 라류사건 제36호). 다섯째, 금치산자가 구수증서에 의한 유언을 하는 경우에는 그 의사능력이 회복되어 있어야 합니다(민법 제1063조 제1항). 다만, 구수증서에 의한 유언의 경우에는 사실상 의사의 참여가 불가능한 경우가 많기 때문에 의사가 심신회복의 상태를 유언서에 서명 · 날인할 필요는 없습니다(민법 제1070조 제3항).

따라서 귀하의 경우에는 구수증서에 의한 유언의 요건 중 급박한 사정이 당시 존재하였다고 보기가 어려워 유언으로서의 효력이 없을 것으로 보입니다. 따라서 상속인들 사이에 상속분에 대하여 원만한 합의가 이루어지지 않는다면 법정상속지분에 의하여 상속재산을 분할하여야 할 것으로 보입니다.

◎ 유언방식에 위배된 피상속인의 상속재산분할방법 지정행위의 효력

> **【질의】** ➡ 甲은 그가 사망하면 그의 소유인 주택 및 대지는 장남 乙에게, 농지 2필지는 차남 丙에게, 임야는 3남 丁에게 나누어 가지라고 입버릇처럼 말하였습니다. 그런데 甲이 사망하였고, 위와 같은 甲의 유지를 받들어 재산을 분할하려고 하였으나, 丁이 이에 반발하여 법정상속지분에 의하여 분할하여야 한다고 주장합니다. 이 경우 丁의 주장이 타당한지요?

【답변】 ➡ 타당합니다.

민법 제1012조에 의하면 "피상속인은 유언으로 상속재산의 분할방법을 정하거나 이를 정할 것을 제3자에게 위탁할 수 있고 상속개시의 날로부터 5년을 초과하지 아니하는 기간내의 그 분할을 금지할 수 있다."라고 규정하고 있습니다. 그리고 민법은 유언의 존재여부를 분명히 하고 위조, 변조를 방지할 목적으로 일정한 방식에 의한 유언에 대해서만 그 효력을 인정하고 있습니다. 민법에 규정된 유언의 방식으로는 자필증서에 의한 유언, 녹음에 의한 유언, 공정증서에 의한 유언, 비밀증서에 의한 유언, 구수증서에 의한 유언이 있습니다(민법 제1065조).

그런데 위 사안에서 甲의 생전발언은 위와 같은 유언의 방식을 갖추지 못한 것이므로 유언의 방식에 의하지 아니한 피상속인의 상속재산분할방법 지정행위의 효력에 관하여 판례를 살펴보면, "피상속인은 유언으로 상속재산의 분할방법을 정할 수는 있지만, 생전행위에 의한 분할방법의 지정은 그 효력이 없어 상속인들이 피상속인의 의사에 구속되지는 않는다."라고 하였습니다(대법원 2001. 6. 29. 선고 2001다28299 판결).

따라서 위 사안의 경우 甲이 생전에 위와 같은 재산분할방법을 말하였다고 하여도 그것이 유언의 형식을 갖추지 못한 것이므로 그것은 효력이 없다 할 것입니다. 그렇다면 乙·丙·丁 3인은 법정상속지분에 따라서 상속재산을 분할하여야할 것입니다.

◘ 재산상속에 있어서 법정상속인의 상속순위

> 【질의】 ➡ 처자와 노부모, 시동생이 있는 저의 남편이 교통사고를 당하여 사망하였습니다. 이 경우 남편의 재산 및 교통사고배상금의 상속관계는 어떻게 되는지요?

【답변】 ➡ 자와 배우자가 상속하게 됩니다.

상속의 순위에 관하여 민법 제1000조에 의하면 "①상속에 있어서는 다음 순위로 상속인이 된다. 1. 피상속인의 직계비속 2. 피상속인의 직계존속 3. 피상속인의 형제자매 4. 피상속인의 4촌 이내의 방계혈족 ②전항의 경우에 동순위의 상속인이 수인인 때에는 최근친을 선순위로 하고 동친 등의 상속인이 수인인 때에는 공동상속인이 된다. ③태아는 상속순위에 관하여는 이미 출생한 것으로 본다."라고 규정하고 있으며, 이를

구체적으로 살펴보면 다음과 같습니다. 제1순위는 사망한 자의 직계비속(直系卑屬), 즉 자(子), 손자 등입니다. 이 경우 자연혈족(친자식), 법정혈족(양자), 혼인중의 출생자, 혼인외의 출생자, 남자, 여자를 구별하지 아니하며, 태아는 상속순위에 있어서 이미 출생한 것으로 봅니다. 제2순위는 사망한 자의 직계존속(直系尊屬), 즉 부모, 조부모 등입니다. 직계존속은 부계(친가), 모계(외가), 양가, 생가를 구별하지 아니하며, 양자인 경우 친생부모와 양부모는 모두 같은 순위입니다.

제3순위는 사망한 자의 형제·자매이며, 제4순위는 사망한 자의 4촌 이내의 방계혈족입니다.

같은 순위의 상속인이 여러 명인 때에는 촌수가 가까운 사람이 선순위가 되고, 같은 촌수가 여러 명인 경우에는 공동으로 상속하게 됩니다.

또한, 배우자(혼인신고 된 배우자)의 경우에는 피상속인(사망한

자)의 직계비속 또는 피상속인의 직계존속과 같은 순위, 직계비속
과 직계존속이 모두 없을 경우에는 단독으로 상속을 하게 됩니다
(민법 제1003조).

따라서 위 사안의 경우 상속순위는 남편의 자식과 배우자인 귀
하가 공동으로 제1순위의 상속인이 되므로 남편의 노모와 시동생
은 상속인이 될 수 없다고 하겠습니다. 다만, 남편의 노모와 시동
생은 아들 또는 형이 사망함으로 인한 정신적 고통에 대한 위자료
청구권은 그들 고유의 권리로서 가지게 될 것입니다(대법원
1999. 6. 22. 선고 99다7046 판결).

◎ 태아도 재산상속을 할 수 있는지

【질의】 ➡ 저는 얼마 전 동거하는 甲남과 자동차를 타고 가던 중 반대차선에서 진행하던 乙의 잘못으로 교통사고를 당해 甲은 사망하였고 저는 조금 다쳤습니다. 사고 당시 저는 임신 중이었으나 甲의 부모와 상의하여 임신중절수술을 하였습니다. 태아인 경우에도 상속권이 있다고 하는데, 甲의 재산과 위 사고로 인한 손해배상청구권은 누가 상속받게 되는지요?

【답변】 ➡ 甲의 부모가 상속받게 됩니다.

민법 제1000조 제3항 및 제762조에 의하면 태아는 상속순위와 손해배상청구권에 관하여는 이미 출생한 것으로 본다고 규정하고 있습니다.

그러나 태아의 재산상속권과 불법행위에 대한 손해배상청구권은 태아가 살아서 출생하는 것을 전제하여 인정되는 것이며, 만약 태아가 모체와 같이 사망하거나 또는 모체 내에서 사망하는 등 출생하기 전에 사망하였다면 재산상속권과 불법행위에 대한 손해배상청구권은 인정되지 않는 것입니다.

관련 판례를 보면 "태아도 손해배상청구권에 관하여는 이미 출생한 것으로 보는바, 부(父)가 교통사고로 상해를 입을 당시 태아가 출생하지 아니하였다고 하더라도 그 뒤에 출생한 이상 부의 부상으로 인하여 입게 될 정신적 고통에 대한 위자료를 청구할 수 있다."라고 하였지만(대법원 1993. 4. 27. 선고 93다4663 판결), "태아가 특정한 권리에 있어서 이미 태어난 것으로 본다는 것은 살아서 출생한 때에 출생시기가 문제의 사건의 시기까지 소급하여 그 때에 태아가 출생한 것과 같이 법률상 보아준다고 해석하여야 상당하므로, 그가 모체와 같이 사망하여 출생의 기회를 못 가진 이상 배상청구권을 논할 여지가 없다."라고 하였습니다(대법원 1976. 9. 14. 선고 76다1365 판결).

　그러므로 귀하가 태아인 상태에서 임신중절수술을 받았다면 태아는 상속순위에서도 상속인이 되지 못하는 것이고, 물론 불법행위에 대한 손해배상청구권도 발생하지 않습니다. 또한, 귀하는 甲과 혼인신고를 하지 않은 상태이기 때문에 甲의 상속인이 되지 못합니다.

　따라서 甲의 사망당시 재산과 위 사고로 인한 乙에 대한 손해배상청구권은 甲의 부모가 상속하게 될 것입니다. 다만, 귀하도 교통사고를 당하였으므로 그로 인하여 입은 치료비와 사실혼관계에 있던 甲의 사망에 따른 정신적 고통에 대한 위자료 등은 乙에 대하여 청구할 수 있다고 할 것입니다.

◎ 양자로 입양된 자가 생부모의 재산을 상속할 수 있는지

【질의】 ➡ 저는 수년 전 친척집에 양자로 입양되었고, 그 후 생모가 사망하자 생부는 아들이 있는 계모와 혼인신고를 하고 생활하다가 최근에 사망하였습니다. 계모는 제가 양자로 갔기 때문에 상속권이 없다고 주장하는데, 그것이 사실인지요?

【답변】 ➡ 사실이 아닙니다.

민법 제1000조 제1항에 의하면 제1순위의 상속인은 피상속인의 직계비속입니다. 여기서 직계비속이란 자연혈족(친자식)·법정혈족(양자), 혼인중의 출생자·혼인 외의 출생자, 남·녀, 기혼·미혼, 호적내의 유무 등을 구별하지 않으므로 양자는 양부모와 친생부모에 대하여 양쪽 모두에 있어서 제1순위의 상속인이 됩니다.

그리고 피상속인의 배우자는 직계비속 또는 직계존속이 있는 경우에는 그 상속인과 같은 순위로 공동상속인이 되고, 그 상속인이 없을 때에는 단독상속인이 됩니다(민법 제1003조 제1항). 여기서의 배우자는 혼인신고가 된 법률상의 배우자를 말하며, 사실상의 배우자는 부 또는 처로서의 상속권이 인정되지 않습니다.

그런데 위 사안에서 계모가 데리고 온 아들은 피상속인의 혈족이 아니므로 상속인이 되지 못하고, 설령 계모의 아들을 귀하의 아버지가 호적에 입적시켰다고 하여도 양자로서 입양을 시키지 않고 단순히 인수입적시킨 것에 불과할 경우(이러한 경우 가봉자(加捧子)라고 함)에는 역시 상속인이 아닙니다. 다만, 계모는 혼인신고를 한 법률상의 배우자이기 때문에 상속권이 있습니다.

결론적으로 귀하는 계모와 공동상속인이 되어 상속분은 계모 1.5, 귀하 1이 되며, 분배율은 3/5 : 2/5가 될 것입니다.

참고로 양자를 상속할 직계존속에 친생부모도 포함되는지에 관한 판례를 보면, "신민법 시행 후 양자가 직계비속 없이 사망한

경우 그가 미혼인 경우 제2순위 상속권자인 직계존속이, 그에게
유처가 있는 경우 직계존속과 처가 동순위로 각 상속인이 되는바,
이 경우 양자를 상속할 직계존속에 대하여 아무런 제한을 두고 있
지 않으므로 양자의 상속인에는 양부모뿐 아니라 친부모도 포함된
다고 보아야 한다."라고 하였습니다(대법원 1995. 1. 20.자 94
마535 결정).

✪ 타인의 친생자로 된 혼인 외의 자가 생모 재산을 상속받는 방법

> 【질의】 ➡ 저는 甲과 결혼하여 딸을 낳아 출생신고를 하려던 중, 甲의 처로 乙이라는 여자가 등재되어 있음을 발견하였습니다. 알고 보니 저와 甲이 결혼하기 전에 이미 乙과 혼인하여 법률상 부부로 살다가 乙이 집을 나간 후 소식이 없자 대를 이을 목적으로 저와 재혼하였던 것입니다. 저는 그 사실을 용서할 수 없어 딸을 데리고 친정으로 와서 지금까지 살고 있는데, 딸은 甲과 乙사이에 태어난 자녀로 되어 있습니다. 그리고 저에게는 오빠 2명과 친정 어머니가 있으나, 저의 유산을 모두 딸에게만 상속시키고 싶은데 어떻게 하면 되는지요?

【답변】 ➡ 법적으로 친자관계를 인정받아야 합니다.

　　귀하의 딸이 甲과 乙사이에서 태어난 자녀로 호적에 기재된 이상 귀하의 딸은 법률상으로는 甲과 乙의 딸이므로, 귀하가 사망할 경우에 귀하의 모든 재산은 친정어머니에게 상속됩니다(민법 제1000조).

　　그러므로 귀하가 재산을 딸에게 상속시키려면 먼저 귀하와 귀하의 딸 사이의 친자관계를 법적으로 인정받아야 할 것입니다. 이를 위해서는 우선 귀하가 원고가 되어 乙과 귀하의 딸을 상대로 乙과 귀하의 딸 사이에는 친생자관계가 존재하지 않는다는 것과 생모인 귀하와 귀하의 딸 사이에는 친생자관계가 존재한다는 소송 즉, 친생자관계존부확인의 소를 제기하여 법원으로부터 판결을 받은 후, 판결의 확정일로부터 1월 이내에 판결등본 및 그 확정증명서를 첨부하여 호적정정의 신청을 하면 됩니다(민법 제865조, 호적법 제123조).

　　호적정정이 이루어지면 딸의 호적부 모(母)란에는 乙이 아닌 귀하가 모(母)로 등재되게 되므로 귀하의 딸이 귀하의 어머니와 친오빠들보다 선순위의 상속권을 가지게 되는 것입니다. 따라서 귀하의 재산을 딸이 단독으로 상속하게 됩니다. 그리고 귀하의 딸과 乙과는 적모서자의 관계가 되므로 딸은 乙의 상속인이 될 수 없으나, 甲은 친부이므로 甲의 재산에 대해서는 상속권이 있다고 할 것입니다.

◎ 적모와 혼인 외의 출생자, 계모자간에 상속권이 있는지

【질의】 ➡ 제가 어렸을 때 아버지는 계모와 재혼을 하여 살다가 7년 전 사망하였고, 저는 계모의 슬하에서 자랐습니다. 최근에 계모가 사망하였는데, 저도 계모의 재산을 상속받을 수 있는지요?

【답변】 ➡ 상속받을 수 없습니다.

민법 제1000조 제1항 제1호에 의하면 피상속인의 직계비속을 제1순위 상속인으로 규정하고 있습니다. 여기서 직계비속은 자연혈족과 법정혈족을 말합니다. 1991년도 이전의 구 민법에 의하면 부의 혼인외의 자와 배우자간의 적모서자관계와 부의 친자와 계모와의 계모자관계를 법정혈족으로 인정하여 친생자와 동일하게 당연히 상속권이 있었으나, 1991년 1월 1일부터 시행하는 민법에서는 종전의 계모자관계, 적모서자관계에 대한 조문을 삭제함으로써 혈족관계를 부정하고, 다만 직계존속의 배우자로서 인척관계로만 인정하고 있습니다. 그 결과 계모자관계(繼母子關係)와 적모서자관계(嫡母庶子關係)에서는 상속권이 발생할 수 없게 되었습니다.

따라서 귀하와 계모는 계모자관계이므로 현행 민법 하에서는 법정혈족관계가 없기 때문에 상속권이 없고 계모의 유산은 그 친정 측의 가족이 상속하게 될 것입니다.

◎ 남편과 아들이 동시에 사망한 경우 남편 재산의 상속인

【질의】➡ 저는 시아버지를 모시고 남편과 미혼인 외동아들을 키우며 생활하였는데, 얼마 전 남편과 미혼인 아들이 고속버스를 타고 큰댁으로 가던 중 버스가 전복되는 사고를 당하여 모두 동시에 사망하였습니다. 그런데 시고모는 시아버지가 남편에게 증여한 주택을 반환하고 교통사고배상금의 1/2은 시아버지에게 돌려주라고 합니다. 이것이 타당한지요?

【답변】➡ 타당하지 않습니다.

상속은 피상속인의 사망으로 개시됩니다. 그런데 위와 같은 동시사망(同時死亡)에 관하여 민법 제30조에 의하면 "2인 이상이 동일한 위난으로 사망한 경우 동시에 사망한 것으로 추정한다."라고 규정하고 있습니다.

사망의 시기는 상속문제 등에 관련하여 중대한 의미를 갖고 있으나, 2인 이상이 동일한 위난으로 사망한 경우, 누가 먼저 사망하였는가를 입증하는 것은 대단히 곤란하거나 불가능하기 때문에 동시에 사망한 것으로 추정함으로써 사망자 상호간에는 상속이 개시되지 않도록 취급하려는 것입니다.

동시사망으로 추정되는 경우 그 효과는 추정에 불과하므로 반증을 들어 그 추정을 번복할 수 있으나, 반증은 거의 불가능하므로 이 경우의 '추정'은 사실상 '간주'에 가깝다고 할 것이며, 민법 제30조는 상속뿐만 아니라 대습상속 및 유증에도 적용되는 것입니다.

동시사망의 추정을 번복하기 위한 입증책임의 내용 및 정도에 관하여 판례는 "민법 제30조에 의하면, 2인 이상이 동일한 위난으로 사망한 경우에는 동시에 사망한 것으로 추정하도록 규정하고 있는바, 이 추정은 법률상 추정으로서 이를 번복하기 위해서는 동일한 위난으로 사망하였다는 전제사실에 대하여 법원의 확신을 흔들리게 하는 반증을 제출하거나 또는 각자 다른 시각에 사망하였다는 점에 대하여 법원에 확신을 줄 수 있는 본증을 제출하여야 하는데, 이 경우 사망의 선후에 의하여 관계인들의 법적 지위에 중대한 영향을 미치는 점을 감안할 때 '충분하고도 명백한 입증이 없는 한' 위 추정은 깨어지지 아니한다."라고 하였습니다(대법원 1998. 8. 21. 선고 98다8974 판결).

위 사안에서 첫째, 남편이 먼저 사망했다고 하면 남편명의의 주택 및 그 사고로 인한 보상금은 1순위 상속인인 아들과 귀하가 상속하고, 아들의 사망으로 귀하가 다시 상속하게 되며, 아들의 보상금 역시 귀하가 단독으로 상속하게 되므로 이 경우 시아버지는 상속권이 없게 될 것입니다. 둘째, 아들이 먼저 사망하였다면 아들의 보상금을 귀하와 남편이 공동상속하고, 남편의 사망으로 남편의 상속분을 귀하와 시아버지가 공동으로 상속하게 되며, 남편의 주택과 보상금도 귀하와 시아버지가 공동상속 하게 됩니다. 셋째, 남편과 아들이 동시에 사망하였다면 아들의 보상금은 귀하가 단독으로 상속하게 되지만 남편의 주택과 보상금은 귀하와 시아버지가 공동상속 하게 됩니다.

그런데 남편과 아들이 동일한 위난으로 사망한 경우이므로 반대의 증거로 인한 반증이 없는 한 동시사망이 추정되어 아들에 대한 교통사고의 배상금은 귀하가 단독으로 상속하며, 남편에 대한 교통사고의 배상금은 시아버지와 귀하가 공동상속하나 그 상속분은 동일하지 않고 귀하가 3/5, 시아버지가 2/5가 됩니다. 그리고 시아버지가 매수하여 남편에게 준 주택은 증여의 효력이 인정되고 이미 이행한 부분은 취소할 수 없으므로 이것 또한 시아버지와 귀하가 공동상속인이 되어 그 상속분은 귀하가 3/5, 시아버지가 2/5가 될 것입니다.

◎ 조부의 재산을 사망한 부(父)를 대신하여 상속할 수 있는지

【질의】 ➡ 저는 대학교 1학년생으로서 어머니는 어릴 때 돌아가셨고, 고교 1학년 때 장남인 아버지가, 고교 3학년 때인 작년에 할아버지가 사망하였습니다. 할아버지는 사망 당시 임야 2만평 및 대지 200평, 주택 등의 유산을 남겼으며, 유족으로는 삼촌과 고모 각 2명씩 있었습니다. 당시 삼촌과 고모 모두는 할아버지의 유언이 없었는데도 외아들인 제가 미성년자라는 이유로 저를 제외시킨 채 상속재산을 모두 차지하였고, 제가 상속분을 요구하자 "고등학교 1학년 때부터 키워 준 은혜도 과분한데 무슨 배은망덕한 짓이냐"며 호통만 칩니다. 이 경우 제가 돌아가신 할아버지의 유산에 대하여 상속권을 주장할 수는 없는지요?

【답변】 ➡ 주장할 수 있습니다.

귀하의 아버지는 돌아가신 할아버지의 제1순위 상속권자였으나 할아버지보다 먼저 돌아가셨으므로 아버지의 아들인 귀하가 아버지의 상속순위에 갈음하여 할아버지의 상속인이 될 수 있으며, 이를 대습상속(代襲相續)이라고 합니다.

민법 제1001조가 규정한 대습상속의 정의를 보면 상속인이 될 직계비속(위 사안에서 귀하의 아버지) 또는 형제자매가 상속개시 전(위 사안에서 할아버지가 돌아가시기 전)에 사망하거나 결격자가 된 경우, 그 직계비속(위 사안에서 귀하)이 있는 때에는 그가 사망하거나 결격된 자의 순위에 갈음하여 상속인이 되는 것을 말하며, 이는 재산상속의 공평과 정당성이라는 상속의 본지에 합치하는 제도입니다.

그리고 상속개시 전에 사망 또는 결격된 자의 배우자는 대습상속인과 같은 순위로 공동상속인이 되고, 그 대습상속인이 없는 때에는 단독으로 상속인이 될 것이므로 만약, 귀하의 어머니가 살아 계셨다면 귀하와 같은 순위로 공동상속인이 되었을 것이나, 위 사안에서 귀하는 단독으로 대습상속인이 된다 할 것입니다(민법 제 1003조 제2항).

상속분은 상속이 개시된 시점 즉, 할아버지가 사망한 당시의 민법규정이 적용되어 귀하 아버지의 상속분은 삼촌·고모들의 각 상속분과 균등하게 될 것입니다. 따라서 귀하의 아버지의 상속분은 1/5이 되며, 이를 귀하가 대습상속하게 되는 것입니다.

귀하는 위와 같은 정당한 대습상속권을 주장할 수 있는데, 질문에 의하면 삼촌과 고모들이 귀하의 상속분까지 상속한 것으로 보이므로, 귀하는 삼촌과 고모들을 상대로 하여 귀하의 상속분을 돌려줄 것을 요구할 수 있습니다. 이를 상속회복청구권(相續回復請求權)이라고 합니다.

상속회복청구권은 이와 같이 진정한 상속인이 그 상속권의 내용의 실현을 방해하고 있는 자에 대하여 상속권을 주장함으로써 그 방해를 배제하고, 현실로 상속권의 내용을 실현하는 것을 목적으로 하는 청구권입니다.

그러므로 만약 아직 상속재산에 대하여 상속등기가 되어 있지 않다면 상속재산분할을 요구할 수 있으며, 협의가 되지 않을 경우에는 법원에 상속재산분할을 청구할 수 있습니다(민법 제1013조, 제269조).

그런데 이미 상속등기가 되어 있고, 귀하의 삼촌·고모 등이 상속권 또는 상속분에 대하여 다툰다면 재판을 통하여 상속회복청구권을 행사할 수밖에 없으므로 귀하는 상속회복청구의 소를 제기하여야 할 것이며, 이러한 상속회복청구의 소는 가사소송이 아니므로 민사소송법에 의한 소로써 제기하여야 합니다.

상속회복의 재판에서 원고승소판결이 확정된 경우에는 귀하의 삼촌·고모들은 상속재산의 분할에 응하여야 합니다. 만약, 공동상속인인 삼촌·고모들이 상속재산인 위 부동산들을 타인에게 양도하였더라도 상속등기에는 공신력(公信力)이 없는 것이므로 그 부동산을 양수한 제3자는 귀하의 상속분의 범위 내에서는 그 부동산의 소유권을 주장할 수 없고, 따라서 그 제3자는 귀하의 반환청구를 거부할 수 없다고 할 것입니다. 또한, 상속회복청구의 대상인 부동산을 양수한 제3자가 취득시효의 요건을 갖춘 경우에는 그 소유권을 회복할 수 없을 것이지만, 위 사안의 경우에는 취득시효기간(부동산등기부취득 시효기간: 10년, 점유취득시효기간: 20년)이 경과되지 않은 경우이 므로 이러한 문제는 없을 것으로 보입니다.

참고로 2002년 1월 14일부터 시행된 개정민법 제999조에 의하 면 상속회복청구권은 그 침해를 안 날로부터 3년, '상속권의 침해행 위가 있은 날'부터 10년 이내 행사할 수 있다고 규정하고 있습니다.

◎ 아들부부의 싸움 도중 며느리의 방화로 아들만 사망시 상속권자

【질의】 ➡ 저의 아들 부부는 며칠 전 평소 정숙치 못한 며느리의 행실을 문제삼아 부부싸움을 하던 중 며느리가 타인의 아이를 임신한 것을 알게 된 아들이 극도로 흥분하여 몇 차례 구타하자 며느리가 같이 죽는다고 하며 석유를 방바닥에 붓고 성냥을 그어 화재가 발생하였습니다. 아들은 화재로 사망하였고, 며느리는 소방대원에 의해 구조되었습니다. 현재 아들명의의 재산이 많은데, 며느리의 소행이 괘씸하여 타인의 아이를 임신한 며느리에게는 재산을 주지 않고 싶은데 어떻게 하면 되는지요?

【답변】 ➡ 상속결격자로서 상속이 되지 않으며, 태아에 대해서는 친생부인의 소를 제기하면 됩니다

위 사안은 첫째 며느리가 아들을 살해하였음에도 상속권이 있는지 여부, 둘째 태아에게도 상속권이 있는지 여부, 셋째 며느리의 뱃속에 있는 태아가 아들의 자식이 아님을 법적으로 다투는 방법이 무엇이 있느냐로 요약될 수 있습니다.

먼저 상속결격의 문제를 살펴보면, 상속결격은 재산상속인에 대하여 법정사유가 발생하였을 경우에 특별히 재판상의 선고를 기다리지 않고 법률상 당연히 상속자격을 잃게 하는 제도입니다.

민법 제1004조에서 규정한 상속인의 결격사유를 보면, ① 고의로 직계존속, 피상속인, 그 배우자 또는 상속의 선순위나 동순위에 있는 자를 살해하거나 살해하려 한 자, ② 고의로 직계존속, 피상속인과 그 배우자에게 상해를 가하여 사망에 이르게 한 자, ③ 사기 또는 강박으로 피상속인의 양자, 기타 상속에 관한 유언 또는 유언의 철회를 방해한 자, ④ 사기 또는 강박으로 피상속인의 양자 기타 상속에 관한 유언을 하게 한 자, ⑤ 피상속인의 양자 기타 상속에 관한 유언서를 위조, 변조, 파기 또는 은닉한 자

는 상속인이 되지 못합니다.

상속결격의 효과를 살펴보면 상속개시 전에 결격사유가 생기면 후일 상속이 개시되더라도 그 상속인은 상속을 받을 수 없고, 상속개시 후에 결격사유가 생기면 유효하게 개시된 상속도 개시시에 소급하여 무효가 됩니다.

그리고 태아의 상속권문제를 살펴보면 원칙적으로 태아는 상속순위에 관하여 이미 출생한 것으로 보며(민법 제1000조 제3항), 혼인 중에 처가 포태(胞胎)한 때는 친생자로 추정되기 때문에 반증이 없는 한 태아는 상속권이 있습니다(민법 제844조 제1항).

그러므로 귀하는 며느리가 임신한 태아가 사망한 아들의 자식이 아님을 다투어야 할 것인바, 민법 제851조 및 제847조 제1항에 의하면, 부(夫)는 혼인 중에 포태한 자(子)라고 하더라도 친생이 의심스러울 때는 친생부인의 소를 제기할 수 있으며, 부(夫)가 자의 출생 전에 사망한 경우에는 부(夫)의 직계존속이나 그 직계비속에 한하여 친생부인의 소(訴)를 제기할 수 있습니다.

따라서 귀하도 며느리를 상대로 친생부인의 소를 제기하여 태아가 귀하 아들의 자식이 아님을 다투어야 할 것입니다.

결론적으로 위 사안의 경우 사람이 현주(現住)하는 건물에 석유를 붓고 화재를 발생시키는 행위는 살인에 대한 고의가 인정될 것으로 보여지므로, 며느리에게는 상속의 결격사유가 있어 상속결격자로서, 뱃속의 태아에 대해서는 친생부인의 소를 제기하여 아들의 자(子)가 아님을 확인하는 방법으로 각 상속권을 부인할 수 있다고 할 것입니다.

참고로 단순한 가출이나 다른 남자와의 불륜행위 자체가 상속결격사유가 되는지 문제될 수 있으나, 민법이 상속인의 결격사유를 제한적으로 규정한 취지에 비추어 이러한 사유만으로 상속권이 박탈되지는 않을 것으로 보입니다.

그리고 민법 제847조 제1항 중 '그 출생을 안 날로부터 1년 내' 부분의 위헌 여부에 관하여 헌법재판소의 판례를 보면, "친생부

인의 소에 관하여 어느 정도의 제척기간을 둘 것인가는 법률적인
친자관계를 진실에 부합시키고자 하는 부의 이익과 친자관계의 신
속한 확정을 통하여 법적 안정을 찾고자 하는 자의 이익을 어떻게
그 사회의 실정과 전통적 관념에 맞게 조화시킬 것인가에 관한 문
제로서 이해관계인들의 기본권적 지위와 혼인 및 가족생활에 관한
헌법적 결단을 고려하여 결정되어야 할 것이므로 원칙적으로 입법
권자의 재량에 맡겨져 있다 할 수 있다. 다만, 그 제소기간이 지
나치게 단기간이거나 불합리하여 부가 자의 친생자 여부에 대한
확신을 가지기도 전에 그 제척기간이 경과하여 버림으로써 친생을
부인하고자 하는 부로 하여금 제소를 현저히 곤란하게 하거나 사
실상 불가능하게 하여 진실한 혈연관계에 반하는 친자관계를 부인
할 수 있는 기회를 극단적으로 제한하는 것이라면 이는 입법재량
의 한계를 넘어서는 것으로서 위헌이라 아니할 수 없다. 민법 제
847조 제1항은 친생부인의 소의 제척기간과 그 기산점에 관하여
'그 출생을 안 날로부터 1년 내'라고 규정하고 있으나, 일반적으
로 친자관계의 존부는 특별한 사정이나 어떤 계기가 없으면 이를
의심하지 아니하는 것이 통례임에 비추어 볼 때, 친생부인의 소의
제척기간의 기산점을 단지 그 '출생을 안 날로부터'라고 규정한
것은 부에게 매우 불리한 규정일 뿐만 아니라, '1년'이라는 제척
기간 그 자체도 그 동안에 변화된 사회현실여건과 혈통을 중시하
는 전통관습 등 여러 사정을 고려하면 현저히 짧은 것이어서, 결
과적으로 위 법률조항은 입법재량의 범위를 넘어서 친자관계를 부
인하고자 하는 부로부터 이를 부인할 수 있는 기회를 극단적으로
제한함으로써 자유로운 의사에 따라 친자관계를 부인하고자 하는
부의 가정생활과 신분관계에서 누려야 할 인격권, 행복추구권 및
개인의 존엄과 양성의 평등에 기초한 혼인과 가족생활에 관한 기
본권을 침해하는 것이다. 민법 제847조 제1항이 입법재량의 한계
를 넘어서 기본권을 침해한 것으로서 헌법에 위반되는 규정이라
하더라도 이에 대하여 단순위헌선언을 한다면 친생부인의 소의 제

척기간의 제한이 일시적으로 전혀 없게 되는 법적 공백상태가 되고 이로 인하여 적지 않은 법적 혼란을 초래할 우려가 있을 뿐만 아니라 위헌적인 규정에 대하여 합헌적으로 조정하는 임무는 원칙적으로 입법자의 형성재량에 속하는 사항인 것이므로, 우리 재판소는 입법자가 이 사건 심판대상조항을 새로이 개정할 때까지는 법원 기타 국가기관은 이를 더 이상 적용·시행할 수 없도록 중지하되 그 형식적 존속만을 잠정적으로 유지하게 하기 위하여 단순위헌결정 대신 헌법불합치결정을 선고한다. 우리 재판소는 국회의 광범위한 입법형성의 자유를 제약하기 위해서가 아니고 추상적 기준론에 의한 입법형성의 현실적 어려움을 감안하여 일응의 준거가 될만한 사례를 제시하고자 하는바, 친생부인의 소는 부가 자와의 사이에 친생자관계가 존재하지 아니함을 알게 된 때로부터 1년 내에 이를 제기할 수 있으나 다만, 그 경우에도 자의 출생 후 5년이 경과하면 이를 제기할 수 없다고 규정하고 있는 스위스 가족법의 규정이 부와 자 사이의 이익을 충분히 고려하여 조화를 이루고 있는 입법례로 보인다."라고 하였습니다(헌법재판소 1997. 3. 27. 선고 95헌가14, 96헌가7 결정). 그러나 이 규정에 대하여는 아직 개정이 이루어지지 않고 있습니다.

◎ 불륜행위한 처가 남편의 유산을 상속할 수 있는지

【질의】 ➡ 저의 며느리는 무단으로 가출하여 다른 남자와 1년 이상 동거를 하고 있던 중 거처를 수소문한 아들에 의해 불륜관계를 발각 당하자 상간자와 도망을 갔고, 이를 비관한 아들은 매일 술만 마시다 스스로 목숨을 끊었습니다. 그런데 가출한 며느리가 이 사실을 알고 찾아와 아들의 유산인 주택과 대지에 대해 자기와 미성년자인 손자가 상속권자라고 주장하며, 저와 손자가 위 주택에 살고 있음에도 매도하겠다고 합니다. 이 경우 위와 같은 파렴치한 행위를 저지른 며느리에게는 법적 상속권이 인정된다고 하는데, 저에게는 상속권이 없는지요?

【답변】 ➡ 상속권이 없습니다.

　　피상속인이 유언을 남기지 않고 사망한 경우 그의 배우자는 직계비속이 있는 경우에는 그 직계비속과 동순위로, 직계비속이 없는 경우에는 직계존속과 동순위로 공동상속인이 됩니다. 따라서 귀하는 상속인이 되지 못합니다(민법 제1003조).

　　한편, 민법 제1004조에서는 상속인의 결격사유를 규정하여 그러한 결격사유가 있는 상속인에 대해서는 상속권을 박탈하고 있는데, 가출 및 다른 남자와의 불륜행위만으로는 결격사유에 해당되지 않습니다.

　　결론적으로 아들의 유산인 주택과 대지는 며느리와 손자가 공동으로 상속하게 됩니다. 다만, 며느리가 지금까지의 소행으로 볼 때 손자의 보육 및 재산관리에 문제가 있다고 생각된다면 며느리의 그 동안의 비행사실을 주장·입증하여 손자에 대한 며느리의 친권상실(민법 제924조)이나 법률행위의 대리권과 재산관리권의 상실(민법 제925조)을 법원에 청구해보아야 할 것입니다.

　　참고로 친권상실선고에 있어 고려하여야 할 요소에 관한 판례를 보면, "친권은 미성년인 자의 양육과 감호 및 재산관리를 적절히

함으로써 그의 복리를 확보하도록 하기 위한 부모의 권리이자 의무의 성격을 갖는 것으로서, 민법 제924조에 의한 친권상실선고 사유의 해당여부를 판단함에 있어서도 친권의 목적이 자녀의 복리 보호에 있다는 점이 판단의 기초가 되어야 하고, 설사 친권자에게 간통 등의 비행이 있어 자녀들의 정서나 교육 등에 악영향을 줄 여지가 있다 하더라도 친권의 대상인 자녀의 나이나 건강상태를 비롯하여 관계인들이 처해 있는 여러 구체적 사정을 고려하여 '비행을 저지른 친권자를 대신하여 다른 사람으로 하여금 친권을 행사하거나 후견을 하게 하는 것이 자녀의 복리를 위하여 보다 낫다고 인정되는 경우'가 아니라면 섣불리 친권상실을 인정하여서는 안되고, 자녀들의 양육과 보호에 관한 의무를 소홀히 하지 아니한 모의 간통행위로 말미암아 부가 사망하는 결과가 초래된 사실만으로써는 모에 대한 친권상실선고사유에 해당한다고 볼 수 없다."라고 하였습니다(대법원 1993. 3. 4.자 93스3 결정).

또한 과거에 다른 남자들과 불의의 관계를 맺은 일이 있었으나 현재는 이를 끊고 그 자녀의 감호·양육에 힘쓰고 있는 경우에는 그러한 사실만으로 현저한 비행 또는 친권남용이라 할 수 없다고 하였습니다(대법원 1959. 4. 16. 선고 4291민상659 판결).

◎ 동순위의 상속인이 태아를 낙태한 경우 상속결격사유인지

> 【질의】 ➡ 甲은 남편인 乙이 사망하자 임신중인 태아를 출산 후 양육할 능력이 없다고 판단하여 낙태하였습니다. 그런데 乙명의의 임야 5,000평이 발견되자 그 상속에 있어서 乙의 형제들은 甲이 낙태를 하였다고 상속결격사유에 해당하여 상속권이 없다고 주장하는데 그것이 타당한지요?

【답변】 ➡ 타당합니다.

　　원칙적으로 태아는 상속순위에 관하여 이미 출생한 것으로 보게 됩니다(민법 제1000조 제3항). 따라서 위 사안에서 태아는 甲과 공동상속인이 될 수 있었으나, 낙태된 것입니다.

　　그리고 민법 제1004조 제1호에서는 상속인의 결격사유 중 하나로 '고의로 직계존속, 피상속인, 그 배우자 또는 상속의 선순위나 동순위에 있는 자를 살해하거나 살해하려 한 자'를 규정하고 있으며, 이러한 상속결격자는 상속인이 되지 못합니다. 상속결격의 효과를 살펴보면 상속개시 전에 결격사유가 생기면 후일 상속이 개시되더라도 그 상속인은 상속을 받을 수 없고, 상속개시 후에 결격사유가 생기면 유효하게 개시된 상속도 개시시에 소급하여 무효가 됩니다.

　　그러므로 甲이 태아를 낙태한 것이 위 규정의 상속결격사유에 해당될 것인지 문제되는 바, 이와 관련된 판례를 보면, "태아가 재산상속의 선순위나 동순위에 있는 경우에 그를 낙태하면 제1004조 제1호 소정의 상속결격사유에 해당하고, 상속결격사유로서 '살해의 고의' 이외에 '상속에 유리하다는 인식'을 필요로 하는지 여부에 관하여는, ①민법 제1004조 제1호는 그 규정에 정한 자를 고의로 살해하면 상속결격자에 해당한다고만 규정하고 있을 뿐, 더 나아가 '상속에 유리하다는 인식'이 있어야 한다고까지는 규정하고 있지 아니하고, ②민법 제1004조 제1호는 '피상속인 또는 재산상속의 선순위나 동순위에 있는 자'이외에 '직계존속'도 피해자에 포함하고 있고, 위 '직계존속'은 가해자보다도 상속순위가 후순위일 경우가 있는바, 민법이 굳이 동인을 살해한 경우에도 그 가해자를 상속결격자에 해당한다고 규정한 이유는, 상속결격요건으로서 '살해의 고의' 이외에 '상속에 유리하다는 인식'을 요구하지 아니한다는 데에 있다고 해석할 수밖에 없으며, ③민법 제1004조 제2호는 '고의로 직계존속, 피상속인과 그 배우자에게 상해를 가하여 사망에 이르게 한 자'도 상속결격자로 규정하고 있는데, 이 경우에는 '상해의 고의'만 있으면 되고, 이 '고의'에 '상속에 유리하다는 인식'이 필요 없음은 당연하므로, 이 규정들의 취지에 비추어 보아도 그 각 제1호의 요건으로서 '살해의 고의'이외에 '상속에 유리하다는 인식'은 필요로 하지 아니한다고 할 것이다."라고 하였습니다(대법원 1992. 5. 22. 선고 92다2127 판결).

따라서 위 사안의 경우에도 甲이 비록 재산상속에 있어서 유리하게 된다는 인식 없이 오로지 장차 태어날 아기의 장래에 대한 우려 등에 기인하여 乙과의 사이에서 잉태한 태아를 낙태하였다고 하더라도 甲은 乙에 대한 상속결격자에 해당하여 상속인으로서의 지위를 상실하였다고 할 수 있을 것으로 보입니다.

◎ 이혼으로 인한 위자료청구권도 상속이 가능한지

【질의】➡ 甲女는 3년 전 乙男과 혼인하였으나 乙男의 부정행위로 인하여 혼인이 파탄에 이르게 되었습니다. 이에 甲女는 乙男을 상대로 이혼 및 위자료지급청구소송을 제기하여 '서로 이혼하고 乙男은 甲女에게 위자료 5,000만원을 지급하라.'라는 확정판결을 받았습니다. 그러나 甲女는 위자료를 지급 받지 못하고 심장마비로 사망하였는데, 이 경우 甲女의 친정부모가 위 위자료청구권을 상속받을 수 있는지요?

【답변】➡ 상속받을 수 있습니다.

민법 제806조 제3항에 의하면 "정신상 고통에 대한 배상청구권은 양도 또는 승계하지 못한다. 그러나 당사자간에 이미 그 배상에 관한 계약이 성립되거나 소를 제기한 후에는 그러하지 아니하다."라고 규정하여 약혼해제로 인한 위자료는 원칙적으로 양도·승계가 되지 않음을 명시하고 있으며, 이 규정을 재판상 이혼, 혼인의 무효·취소, 입양의 무효·취소, 파양을 원인으로 한 위자료에 관하여 준용하고 있습니다(민법 제825조, 제843조, 제897조, 제908조).

이에 관한 판례를 보면 "이혼위자료청구권은 상대방 배우자의 유책·불법한 행위에 의하여 혼인관계가 파탄상태에 이르러 이혼하게 된 경우 그로 인하여 입게 된 정신적 고통을 위자(慰藉)하기 위한 손해배상청구권으로서 이혼시점에서 확정·평가되고 이혼에 의하여 비로소 창설되는 것이 아니며, 이혼위자료청구권의 양도 내지 승계의 가능여부에 관하여 민법 제806조 제3항은 약혼해제로 인한 손해배상청구권에 관하여 정신상 고통에 대한 손해배상청구권은 양도 또는 승계하지 못하지만 당사자간에 배상에 관한 계약이 성립되거나 소를 제기한 후에는 그러하지 아니하다고 규정하고 민법 제843조가 위 규정을 재판상 이혼의 경우에 준용하고 있으므로 이혼위자료청구권은 원칙적으로 일신전속적 권리로서 양도 나 상속 등 승계가 되지 아니하나, 이는 '행사상 일신전속권이고' '귀속상 일신전속권은 아니라' 할 것인바, 그 청구권자가 위자료의 지급을 구하는 소송을 제기함으로써 청구권을 행사할 의사가 외부적 객관적으로 명백하게 된 이상 양도나 상속 등 승계가 가능하다."라고 하였습니다(대법원 1993. 5. 27. 선고 92므143 판결, 1994. 10. 28. 선고 94므246, 94므253 판결).

따라서 위 사안의 경우 甲女는 위자료 5,000만원에 관한 확정 판결문을 받아 둔 상태에서 사망하였으므로, 甲女의 친정부모는 위 위자료청구채권을 상속받을 수 있다 할 것이고, 이에 승계집행 문을 부여받아 乙의 재산에 강제집행을 할 수 있을 것입니다.

참고로 일반불법행위로 인하여 사망한 경우의 위자료청구권에 대하여 판례는 "정신적 손해에 대한 배상(위자료)청구권은 피해자가 이를 포기하거나 면제하였다고 볼 수 있는 특별한 사정이 없는 한 생전에 청구의 의사를 표시할 필요 없이 원칙적으로 상속하는 것이다."라고 하여(대법원 1966. 10. 18. 선고 66다1335 판결) 가족편의 위자료청구권과는 다르게 상속됨이 원칙임을 확인하고 있을 뿐만 아니라 민법은 "타인의 생명을 침해한 자는 피해자의 직계비속, 직계존속 및 배우자에 대하여는 재산상 손해 없는 경우에도 손해배상의 책임이 있다."라고 규정하여(민법 제752조), 생명침해가 있는 경우에는 피해자와 일정한 신분관계 있는 자도 각자 고유의 위자료를 가해자에게 청구할 수 있음을 밝히고 있습니다.

◎ 이성동복(異姓同腹)의 형제자매도 상속인의 범위에 포함되는지

> **【질의】 ➡** 甲은 저와 성(姓)이 다르지만 어머니는 동일한 이성동복인 형제인데, 최근 甲이 토지 3,000평을 남기고 사망하였는바, 甲은 미혼이었고, 부모 등도 전부 사망하였으므로 제가 甲의 형제자매로서 위 토지를 상속받을 수 있는지요?

【답변】 ➡ 상속받을 수 있습니다.

민법은 재산상속의 순위에 있어서 피상속인의 배우자, 직계존속, 직계비속이 없을 경우 다음 순위로 피상속인의 형제자매가 상속인이 되도록 규정하고 있습니다(민법 제1000조, 제1003조).

그런데 위와 같은 재산상속인으로서의 형제자매에 이성동복(**異姓同腹**)의 형제자매도 포함되는지 문제되는바, 이에 관하여 판례를 보면 "현행 민법(1990. 1. 13. 법률 제4199호로 개정되어 1991. 1. 1.부터 시행된 것) 제1000조 제1항 제3호는 제3순위 상속인으로서 '피상속인의 형제자매'를 들고 있는바, 여기서 '피상속인의 형제자매'라 함은, 민법 개정시 친족의 범위에서 부계와 모계의 차별을 없애고, 상속의 순위나 상속분에 관하여도 남녀간 또는 부계와 모계간의 차별을 없앤 점 등에 비추어 볼 때, 부계 및 모계의 형제자매를 모두 포함하는 것으로 해석하는 것이 상당하다."라고 하였습니다(대법원 1997. 11. 28. 선고 96다5421 판결).

따라서 위 사안에 있어서도 귀하는 이성동복형제인 甲의 유산을 상속받을 수 있을 것입니다.

◎ 수탁자의 공동상속인에 대한 신탁해지의 방법

【질의】 ➡ 甲문중은 문중원 乙에게 문중소유 임야 6,000평을 명의
신탁 해두었는데, 얼마 전 乙은 장남 丙과 차남 丁을 남기고
사망하였으므로 위 임야는 상속되어 丙과 丁의 공유로 되어 있
습니다. 그런데 丁은 현재 소재불명이므로 丙에게만 명의신탁해
지의 통지를 하였는데, 丙은 丁에 대하여는 명의신탁해지의 통
지를 하지 않았다는 이유로 자기에 대한 명의신탁해지의 통지도
효력이 없다고 하는바, 그것이 사실인지요?

【답변】 ➡ 사실입니다.

민법 제547조 제1항에 의하면 "당사자의 일방 또는 쌍방이 수
인인 경우에는 계약의 해지나 해제는 그 전원으로부터 또는 전원
에 대하여 하여야 한다."라고 규정하고 있습니다.

그러나 판례는 "수탁자의 사망으로 인하여 수탁자의 지위가 공
동상속 되었을 때 신탁해지의 의사표시가 그 공동상속인 일부에게
만 이루어졌다면 신탁해지의 효과는 그 일부 상속인에게만 발생하
는 것이고, 이 때에는 해제권의 불가분에 관한 민법 제547조의
규정은 그 적용이 없고 그 일부에 한하여 신탁해지의 효과가 발생
하는 것일 뿐, 수탁자나 수탁자의 지위를 승계한 사람이 수인이라
하여 그 전원에게 신탁해지의 의사표시를 동시에 하여야만 그 효
과가 발생하는 것은 아니라 할 것이다."라고 하였습니다(대법원
1992. 6. 9. 선고 92다9579 판결, 1999. 8. 20. 선고 97다
50930 판결, 1979. 5. 22. 선고 73다467 판결, 1968. 2.
20. 선고 67다1868 판결).

따라서 위 사안의 경우에도 甲문중의 丙에 대한 명의신탁해지의
의사표시는 丙에게는 그 효력을 발생할 것이므로 丙의 공유지분에
대하여는 명의신탁해지의 효력이 발생될 수 있을 것입니다. 다만,
丁의 공유지분에 대하여는 명의신탁해지의 효력이 발생되지 않을

것입니다.

그리고 甲문중이 丙과 丁을 상대로 명의신탁해지로 인한 소유권이전등기청구소송을 제기하여 그 소장부본이 丁에게도 송달된다면 그때부터 丁의 공유지분에 대하여도 명의신탁해지의 효력이 발생할 것으로 보입니다.

◘ 부의금은 누구에게 귀속되는지

【질의】➡ 망 甲의 사망으로 인하여 조문객들이 교부한 부의금의 분배에 관하여 상속인인 망 甲의 아들 乙·丙·丁 3인간에 불화가 생겼습니다. 이 경우 부의금의 분배는 어떻게 하여야 하는지요?

【답변】➡ 상속분에 따라 분배합니다

부의금의 귀속주체에 관한 판례를 보면, "사람이 사망한 경우에 부조금 또는 조위금 등의 명목으로 보내는 부의금은 상호부조의 정신에서 유족의 정신적 고통을 위로하고 장례에 따르는 유족의 경제적 부담을 덜어줌과 아울러 유족의 생활안정에 기여함을 목적으로 증여되는 것으로서, 장례비용에 충당하고 남는 것에 관하여는 특별한 다른 사정이 없는 한 사망한 사람의 공동상속인들이 각자의 상속분에 응하여 권리를 취득하는 것으로 봄이 우리의 윤리감정이나 경험칙에 합치된다고 할 것이다."라고 하였습니다(대법원 1992. 8. 18. 선고 92다2998 판결, 1966. 9. 20. 선고 65다2319 판결).

따라서 위 사안에 있어서도 장례비용에 충당하고 남는 부의금에 관하여는 달리 특별한 사정이 없는 한 공동상속인들이 각자의 상속분에 따라 그 권리를 취득한다고 하여야 할 것이므로, 그 상속분에 따라 배분하면 될 것으로 보입니다.

◎ 상속재산관리인 선임청구인에게 보수의 예납을 명할 수 있는지

【질의】 ➡ 甲은 乙에 대하여 5,000만원의 대여금채권을 갖고 있었고, 최근 乙이 사망하였으나 그 상속인을 알 수 없어 법원에 민법 제1053조 제1항에 의한 상속재산관리인 선임청구를 하였습니다. 그런데 법원은 甲에게 그 상속재산관리인 보수상당액의 예납을 명하였는바, 甲이 그 보수상당액에 대한 예납의무가 있는지, 또한 그 예납명령에 대한 불복방법은 어떻게 되는지요?

【답변】 ➡ 불복절차에서 다툴 수 있습니다.

　　민법 제26조 제2항에 의하면 "법원은 그 선임한 재산관리인에 대하여 부재자의 재산으로 상당한 보수를 지급 할 수 있다."라고 규정하고 있고, 민법 제1053조에 의하면 "①상속인의 존부가 분명하지 아니한 때에는 법원은 제777조의 규정에 의한 피상속인의 친족 기타 이해관계인 또는 검사의 청구에 의하여 상속재산관리인을 선임하고 지체 없이 이를 공고하여야 한다. ②제24조 내지 제26조의 규정은 전항의 재산관리인에 준용한다."라고 규정하고 있으며, 민사소송법 제116조 제1항에 의하면 "비용을 필요로 하는 소송행위에 대하여 법원은 당사자에게 그 비용을 미리 내게 할 수 있다."라고 규정하고 있습니다.

　　또한, 민사소송규칙 제19조 제1항에서는 민사소송법 제116조 제1항의 규정에 따라 법원이 소송비용을 미리 내게 할 수 있는 당사자는 그 소송행위로 이익을 받을 당사자로 하되, ①송달료는 원고(상소심에서는 상소인을 말함), ②변론의 속기 또는 녹음에 드는 비용은 신청인, 다만, 직권에 의한 속기 또는 녹음의 경우에 그 속기 또는 녹음으로 이익을 받을 당사자가 분명하지 아니한 때에는 원고, ③증거조사를 위한 증인·감정인·통역인 등에 대한 여비·일당·숙박료 및 감정인·통역인 등에 대한 보수와 법원 외에서의 증거조사를 위한 법관, 그 밖의 법원공무원의 여비·숙박료는 그 증거조사를 신청한 당사자, 다만, 직권에 의한 증거조사의 경우에 그 증거조사로 이익을 받을 당사자가 분명하지 아니한 때에는 원고, ④상소법원에 소송기록을 보내는 비용은 상소인의 기준을 따라야 한다고 규정하고 있습니다.

그리고 가사소송규칙 제4조 제1항에 의하면 가사소송법 및 가사소송규칙에 의한 사실조사, 증거조사, 소환, 고지, 공고, 기타 심판절차의 비용의 예납에 관하여는 특별한 규정이 있는 경우를 제외하고는 민사소송법 제116조 및 민사소송규칙 제19조, 제20조의 규정을 준용한다고 규정하고 있으며, 가사소송규칙 제52조 제1항에 의하면 "가정법원이 부재자의 재산관리에 관하여 직권으로 심판하거나 청구에 상응한 심판을 한 경우에는, 심판 전의 절차와 심판의 고지비용은 부재자의 재산의 부담으로 한다. 가정법원이 명한 처분에 필요한 비용도 같다."라고 규정하고 있고, 가사소송규칙 제78조(상속재산의 관리와 보존)에 의하면 "제41조 내지 제52조의 규정은 민법 제994조, 제1023조(제1044조의 규정에 의하여 준용되는 경우를 포함), 제1040조 제1항, 제1047조 및 민법 제1053조의 규정에 의한 상속재산의 관리와 보존에 관한 처분에 이를 준용한다."라

고 규정하고 있습니다.

그러므로 상속재산관리인에 대하여 부재자의 재산으로 상당한 보수를 지급할 수 있고, 기타 심판절차의 비용의 예납에 관하여는 그 소송행위로 인하여 이익을 받을 당사자에게 그 비용을 예납하게 할 수 있으며, 그 비용은 피상속인의 상속재산의 부담으로 한다고 할 것입니다.

그런데 위 사안과 같이 상속재산관리인의 보수를 가사소송규칙 제4조 제1항에서 규정하고 있는 '기타 심판절차의 비용'에 포함된다고 보아 상속재산의 부담으로 볼 수 있는지, 그 비용의 예납을 청구인에게 명할 수 있는지 문제됩니다.

이에 관하여 판례를 보면 "법원이 민법 제1053조 제1항에 의하여 선임하는 상속재산관리인의 보수는 가사소송규칙 제4조 제1항에서 규정하고 있는 '기타 심판절차의 비용'에 포함된다고 해석함이 상당하므로 위 규정이 준용하는 민사소송법 제106조(현행 민사소송법 제116조), 민사소송규칙 제5조(현행 민사소송규칙 제19조) 제1항에 의하여, 그 선임을 청구한 청구인에게 이를 예납하게 할 수 있고, 민법 제1053조 제2항, 제26조 제2항 및 가사소송규칙 제78조, 제52조 제1항의 규정들은 상속재산관리인의 보수는 종국적으로 상속재산의 부담으로 한다는 것일 뿐, 청구인에게 그 보수를 예납하게 하는 것을 금지한 취지는 아니므로 이러한 규정들이 있다 하여 위와 달리 볼 것은 아니며, 한편 그 보수 상당액의 예납명령에 대하여는 불예납을 이유로 하여 청구인에게 불이익한 심판 등이 이루어질 경우 그에 대한 불복절차에서 그 당부를 다툴 수 있을 뿐 독립하여 불복할 수 없다."라고 하였습니다(대법원 2001. 8. 22.자 2000으2 결정).

따라서 상속재산관리인의 보수상당액에 대한 예납명령은 상속재산으로 부담하더라도 상속재산관리인의 선임청구인에게 할 수 있을 것이며, 한편 그 예납명령에 대하여 불복할 경우에는 독립하여 불복할 수는 없다 할 것이고, 만일 불예납을 이유로 하여 청구인에게 불이익한 심판 등이 이루어질 경우 그에 대한 불복절차에서 그 당부를 다툴 수 있을 것으로 보여집니다.

❖ 1990. 1. 13. 개정된 민법 시행 후 상속인의 법정상속분

【질의】 ➡ 저의 남편은 최근 갑자기 고혈압으로 쓰러져 의식불명상태로 있다가 유언도 남기지 못한 채 사망하였습니다. 상속인으로는 저와 출가한 딸 그리고 두 아들이 있는데, 자녀들간에 분쟁이 발생하지 않도록 상속문제를 잘 처리하려고 합니다. 민법상 상속분은 어떻게 되는지요?

【답변】 ➡ 배우자1.5에 자녀는 1입니다.

재산상속에 있어서 피상속인이 상속분을 유언으로 지정하지 않은 경우 공동상속인의 상속분은 민법 제1009조의 법정상속분에 의하게 됩니다. 같은 순위의 상속인이 수인인 때에는 그 상속분은 균분으로 하며, 피상속인의 배우자의 상속분은 직계비속(직계비속이 없어 직계존속과 공동상속하는 때에는 직계존속)의 상속분에 5할을 가산하게 됩니다.

그리고 공동상속인 중에 피상속인으로부터 재산의 증여 또는 유증을 받은 자가 있는 경우에 그 수증재산이 자기의 상속분에 달하지 못한 때에는 그 부족한 한도에서 상속분이 있습니다(민법 제1008조). 또한, 공동상속인 중에 피상속인의 재산의 유지 또는 증가에 특별히 기여한 자(피상속인을 특별히 부양한 자 포함)가 있을 때에는 상속개시 당시의 피상속인의 상속재산에서 공동상속인의 협의로 정한 기여분을 공제한 것을 상속재산으로 보며, 기여자의 상속분은 위 상속재산을 기초로 산정 한 법정상속분에 기여분을 가산한 액이 됩니다. 만약 협의가 이루어지지 않을 경우에는 기여자의 청구에 의하여 가정법원에서 기여분을 정합니다(민법 제1008조의2).

따라서 귀하의 자녀들은 남녀 구별 없이 균등하게 상속을 받게 되며, 자녀의 상속분이 1일때 귀하의 상속분은 1.5의 비율이 됩니다. 공동상속인 중에 수증자나 기여자가 없을 경우 귀하는 상속재산의 3/9, 귀하의 자녀는 각각 상속재산의 2/9권리가 있습니다[배우자 1.5: 아들 1: 아들 1: 딸 1].

✪ 1990. 1. 13. 개정된 민법 시행 전 상속인의 법정상속분

【질의】 ➡ 저의 부친은 1982년 3월 4일 사망하면서 유산으로 주택을 한 채 남기셨습니다. 당시 상속인으로는 모친과 아들 3형제 부친 사망 전에 출가한 장녀가 있었으나, 위 주택의 등기는 부친명의로 유지한 채 살고 있었으나, 최근 상속문제로 형제간에 약간의 다툼이 있었습니다. 이 경우 법정상속분은 어떻게 되는지요?

【답변】 ➡ **사망당시의 기준으로 균분배분합니다.**

상속은 사망으로 인하여 개시되므로(민법 제997조), 위 사안의 법정상속분도 귀하의 부친이 사망한 때의 규정에 의하여 산정 되어야 합니다(민법 부칙 제12조).

따라서 1982년 3월 4일의 재산상속의 법정상속분을 보면 다음과 같습니다. 재산상속에 있어서 상속인이 수인으로 공동상속을 할 경우 상속분은 균분(均分)으로 함을 원칙으로 합니다.

그러나 ① 재산상속인이 동시에 호주상속(戶主相續)을 할 경우에는 그 고유의 상속분의 5할을 가산하며, ② 동일가적내(同一家籍內)에 없는 여자의 상속분은 남자의 상속분의 4분의 1로 하고, ③ 피상속인(亡者)의 배우자 상속분은 직계비속(자녀 등)과 공동으로 상속하는 때에는 동일가적 내에 있는 직계비속의 상속분의 5할을 가산하며, 직계존속(부모 등)과 공동으로 상속하는 때에는 직계존속의 상속분의 5할을 가산합니다.

따라서 공동상속인의 균분상속분을 1로 할 때 처는 1.5, 장남(호주)은 1.5, 출가녀는 0.25, 그 외의 형제자매는 1의 비율로 법정상속이 됩니다.

그러므로 질의의 경우를 보면 모친 1.5, 장남(호주상속인) 1.5, 출가한 장녀 0.25, 2남 3남 각 1의 비율로 되어, 모친: 6/21(1을 기준으로 하기 위하여 각자의 비율에 4를 곱하여 더한 수임), 장남: 6/21, 출가한 장녀: 1/21, 2남: 4/21, 3남: 4/21의 비율로 법정상속이 됩니다.

※ 참 고 : 민법개정에 따른 상속지분의 변천을 보면 다음과 같습니다(균분상속분을 1로 할 경우임).

구 분	내 용
1959. 12. 31. 이전	· 호주 사망시는 호주상속인이 재산 전부를 단독상속(대법원1969. 2. 18. 56다 2105) · 호주 아닌 가족사망시는 직계비속(출가녀 제외)이 평등하게 공동상속함(대법원1981. 11. 24. 80다2346)
1960. 1. 1. 이후 1978. 12. 31. 까지	· 호주상속인 1. 5, 동일가적내 여자는 0. 5, 출가녀, 분가녀 각 0. 25, 기타 상속인은 1의 비율로 상속 · 처는 직계비속과 공동상속시는 0. 5, 직계존속과 공동상속시는 1의 비율로 됨.
1979. 1. 1. 이후 1990. 12. 31. 까지	· 장남 1. 5, 출가녀 0. 25, 기타자녀 1, 처 1. 5의 비율로 상속
1991. 1. 1 이후 현재까지	· 장남, 차남, 출가녀 등의 구분 없이 각 1의 비율로 상속 · 처는 1. 5의 비율로 상속함.

◎ 특별수익자의 상속분

【질의】 ➡ 저의 아버지는 시가 6,000만원 상당의 부동산을 유산으로 남기고 사망하였고, 상속인으로는 어머니와 형, 저, 그리고 누나가 있습니다. 그리고 아버지 생전에 형에게는 주택구입자금 2,000만원, 누나에게는 결혼자금 1,000만원을 증여한 사실이 있습니다. 그러므로 제가 생각하기에는 형과 누나는 충분한 상속을 받은 것 같은데도 공동상속인임을 이유로 저와 같은 비율의 상속분을 주장하고 있습니다. 이 경우 형과 누나의 주장이 맞는지요?

【답변】 ➡ 맞지 않습니다.

민법 제1008조에 의하면 "공동상속인 중에 피상속인으로부터 재산의 증여 또는 유증을 받은 자가 있는 경우에 그 수증재산(受贈財産)이 자기의 상속분에 달하지 못한 때에는 그 부족한 부분의 한도에서 상속분이 있다."라고 규정하고 있기 때문에 특별수익자가 있는 경우에 상속재산을 분할함에 있어서 그 전제로서 각 상속인이 현실로 상속하여야 할 비율을 확정할 필요가 있습니다. 특별수익자는 수증재산이 상속분을 초과한 경우에는 그 초과부분을 반환하여야 하지만, 수증자가 상속포기를 하면 반환의무를 지지 않습니다.

이에 관한 판례를 보면, "민법 제1008조는 공동상속인 중에 피상속인으로부터 재산의 증여 또는 유증을 받은 자가 있는 경우에 그 수증재산이 자기의 상속분에 달하지 못한 때에는 그 부족한 부분의 한도에서 상속분이 있다고 규정하고 있는바, 이는 공동상속인 중에 피상속인으로부터 재산의 증여 또는 유증을 받은 특별 수익자가 있는 경우에 공동상속인들 사이의 공평을 기하기 위하여 그 수증재산을 상속분의 선급으로 다루어 구체적인 상속분을 산정 함에 있어 이를 참작하도록 하려는데 그 취지가 있는 것이므로, 어떠한 생전증여가 특별수익에 해당하는지는 피상속인의 생전의 자산, 수입, 생활수준, 가정상황 등을 참작하고 공동상속인들 사이의 형평을 고려하여 당해 생전증여가 장차 상속인으로 될 자에게 돌아갈 상속재산 중의 그의 몫의 일부를 미리 주는 것이라고 볼 수 있는지에 의하여 결정하여야 할 것이다."라고 하였으며(대법원 1998. 12. 8. 선고 97므513, 520, 97스12 판결), "공동상속인 중에 특별수익자가 있는 경우의 구체적인 상속분의 산정을 위해서는, 피상속인이 상속개시당시에 가지고 있던 재산의 가액에 생전증여가액을 가산한 후, 이 가액에 각 공동상속인별로 법정상속분율을 곱하여 산출된 상속분의 가액으로부터 특별수익자의 수증재산의 가액을 공제하는 계산방법에 의할 것이고, 여기서 이런 계산의 기초가 되는 피상속인이 상속개시 당시에 가지고 있던 재산의 가액은 상속재산 가운데 적극재산의 전액을 가리키는 것으로 보아야 옳다."라고 하여 (대법원 1995. 3. 10. 선고 94다16571 판결, 1998. 12. 8. 선고 97므513, 520, 97스12 판결) 특별수익자가 있는 경우의 상속재산범위와, 그 부여방법을 제시하고 있습니다.

위 판례에 의하여 특별수익자가 있는 경우의 구체적인 상속분계산 방식을 보면, ① 상속재산분배액＝(상속재산의 가액＋생전증여)×상속분율－(생전증여＋유증)이며, ② 구체적인 상속분＝상속재산의 분배액＋생전증여 또는 유증입니다. 즉, 위 사안의 경우 상속분은 어머니 1.5, 형님 1, 누나 1, 귀하 1이 되며, 상속재산의 분배율은 어머니 3/9, 형님 2/9, 누나 2/9, 귀하 2/9가 되어 현재 남아있는 부동산(시가 6,000만원)의 상속재산분배액은 다음 표와 같습니다.

상속인	법 정 상속분	각 공동상속인의 상속분잔액	구체적 상속분	상속재산 분배액	상속 이익
어머니	3/9	(6천만원+2천만원+1천만원)×3/9 = 3천만원	3/6	6천만×3/6= 3천만원	3천만원
형 님	2/9	(6천만원+2천만원+1천만원)×2/9 － 2천만 = 0	0	0	2천만원
누 나	2/9	(6천만원+2천만원+1천만원)×2/9 － 1천만원 = 1천만원	1/6	6천만×1/6= 1천만원	2천만원
본 인	2/9	(6천만원+2천만원+1천만원)×2/9 = 2천만원	2/6	6천만×2/6= 2천만원	2천만원
계		6천만원	1	6천만원	9천만원

◘ 피상속인 재산의 증가에 기여한 상속인의 기여분

【질의】 ➡ 저는 혼인 전부터 직업 없이 빈둥거리던 남편과 달리 열심히 노력하여 음식점을 마련하였으나 남편명의로 하였고, 시부모까지 모시고 살았습니다. 그런데 최근 남편이 사망하면서 상속인으로 자녀가 없어 시부모와 공동상속 하게 되었는바, 저는 위 음식점이 저의 노력으로만 마련한 것이기에 제가 단독으로 상속받고 싶은데 법적으로 가능한지요?

【답변】 ➡ 가능합니다.

기여분이란 공동상속인 중에서 피상속인재산의 유지 또는 증가에 관하여 특별히 기여하였거나, 피상속인을 특별히 부양하는 자가 있을 경우에는 이를 상속분의 산정에 고려하는 제도입니다. 즉, 공동상속인 사이에 실질적인 공평을 꾀하려는 제도로서 개정 민법에 신설한 제도입니다. 피상속인이 상속개시 당시에 가지고 있던 재산의 가액에서 기여상속인의 기여분을 공제한 것을 상속재산으로 보고 상속분을 산정하여 이 산정된 상속분에다 기여분을 보탠 액을 기여상속인의 상속분으로 합니다(민법 제1008조의2 제1항).

그리고 기여분을 주장할 수 있는 자는 공동상속인에 한하므로 공동상속인이 아닌 자는 아무리 피상속인의 재산의 유지 또는 증가에 기여하였더라도 기여분의 청구를 할 수 없습니다. 예컨대, 사실상의 배우자, 포괄적 수증자 등은 상속인이 아니므로 기여분 권리자가 될 수 없습니다.

기여의 정도는 통상의 기여가 아니라 특별한 기여이어야 되며, 특별한 기여라 함은 본래의 상속분에 따라 분할하는 것이 기여자에게 불공평한 것으로 명백히 인식되는 경우로서 예를 들어 수인의 아들 가운데 한 사람이 무상으로 부(父)의 사업을 위하여 장기간 노무를 제공한 경우는 이에 해당하나 배우자의 가사노동은 배우자 서로간 부양의무가 있으므로 특별한 기여에 해당한다고 볼 수는 없다고 하겠습니다.

기여분은 공동상속인의 협의 또는 가정법원의 심판으로 결정됩니다. 가정법원은 협의가 되지 아니하거나 협의할 수 없는 때에는 기여자의 청구에 의해 기여의 시기, 방법 및 정도와 상속재산의 액, 기타의 사정을 참작하여 기여분을 정합니다(민법 제1008조의2 제3항).

기여분은 상속이 개시된 때의 피상속인의 재산가액에서 유증의 액수를 공제한 액을 넘지 못하며(민법 제1008조의2 제3항), 이 제한은 기여분 보다는 유증을 우선시키기 위한 것입니다.

이상에서 살펴본 바와 같이 귀하의 경우에는 기여분에 대하여 보호를 받을 수 있으며, 보호방법으로는 공동상속인끼리 협의를 하고, 협의가 되지 않거나 협의가 불가능한 경우에 가정법원에 청구하여 기여분을 보호받을 수도 있습니다.

◎ 특별연고자의 상속재산분여

【질의】 ➡ 저는 8년 전 고아인 남편과 만나 혼인신고 없이 동거하고 있는데, 남편은 얼마 전 회사에서 일을 끝마치고 집으로 돌아오던 중 교통사고로 사망하였습니다. 8년 간 결혼생활을 하며 취득한 남편명의의 부동산과 교통사고 배상금에 대하여 제가 상속받을 수 있는지요?

【답변】 ➡ 받을 수 있습니다.

우리 민법은 피상속인의 직계비속, 직계존속, 형제자매, 4촌 이내의 방계혈족 및 배우자에 한하여 상속인이 될 수 있으며, 이러한 상속인이 없는 상속재산은 국가에 귀속된다고 규정하고 있습니다(민법 제1058조 제1항).

그러나 사실상의 배우자나 사실상의 양자와 같이, 피상속인과 생계를 같이 하고 있거나 피상속인의 요양간호를 한 자, 기타 피상속인과 특별한 연고가 있던 자는 법률상 상속인이 아니기 때문에 피상속인의 재산을 상속할 길이 없다면 이는 불합리하다 할 것입니다. 이를 시정하기 위하여 현행 민법은 상속권을 주장하는 자가 없는 경우에 한하여 특별연고자에 대한 분여를 인정하였습니다.

즉, ①상속인의 존부가 분명하지 아니한 때에는 법원은 피상속인의 친족 기타 이해관계인 또는 검사의 청구에 의하여 상속재산관리인을 선임하고 지체 없이 이를 공고한 후에 공고가 있은 날로부터 3월내에 상속인의 존부를 알 수 없는 때에는 관리인은 지체 없이 일반상속채권자와 유증 받은 자에 대하여 2월 이상의 기간을 정하여 그 기간 내에 그 채권 또는 유증 받은 사실을 신고할 것을 공고하여야 하며, ②공고기간 내에 상속권을 주장하는 자가 없는 때에는 가정법원은 피상속인과 생계를 같이하고 있던 자, 피상속

인의 요양간호를 한 자 기타 피상속인과 특별한 연고가 있던 자의
청구에 의하여 상속재산의 전부 또는 일부를 분여할 수 있는데,
이 청구는 가정법원이 상속인수색의 공고에서 정한 상속권주장의
최고기간이 만료된 후 2월 이내에 하여야 합니다(민법 제1053조,
제1056조, 제1057조의2 제2항).

그리고 가정법원에서 분여청구를 인용하는 경우에도 그 분여의
범위는 법원의 자유로운 판단에 의하여 결정될 것입니다.

◎ 상속재산의 분할방법

【질의】 ➡ 저의 아버지는 얼마 전 사망하셨는데, 상속재산으로 약간의 부동산과 주식 그리고 은행예금이 있습니다. 상속인으로는 어머니를 비롯하여 남동생과 여동생 등 총 6명입니다. 이 경우 상속재산의 분할은 어떻게 하는지요?

【답변】 ➡ 배우자 1.5에 자녀 1의 비율로 균등분할 하면 됩니다.

재산상속은 피상속인의 사망으로 개시되며, 재산상속인이 수인인 때에는 상속재산은 그 공동상속인의 공유로 됩니다(민법 제997조 및 제1006조). 상속재산의 분할이라 함은 상속개시로 인하여 생긴 공동상속인간에 상속재산의 공유관계를 종료시키고 각 상속인에게 그의 상속분을 확정·배분시키는 일종의 청산행위입니다.

상속재산을 분할하는 방법에는 세 가지가 있습니다.

첫째, 유언에 의한 분할입니다. 피상속인은 유언으로 상속재산의 분할방법을 정하거나 이를 정할 것을 제3자에게 위탁할 수 있고, 상속개시의 날로부터 5년을 초과하지 아니하는 기간내의 그 분할을 금지할 수 있습니다(민법 제1012조).

둘째, 협의에 의한 분할입니다. 공동상속인은 유언에 의한 분할방법의 지정이나 분할금지가 없으면, 언제든지 그 협의에 의하여 상속재산을 분할할 수 있습니다(민법 제1013조 제1항). 협의는 공동상속인 전원의 동의가 있어야 하며(대법원 2001. 6. 29. 선고 2001다28299 판결), 그 분할되는 몫은 반드시 각자의 법정상속분에 따르지 않아도 됩니다.

그러나 상속인 중에 미성년자와 그 친권자가 있는 경우에는 친권자가 그 미성년자의 주소지를 관할하는 가정법원에 특별대리인 선임신청을 하여 그 선임된 특별대리인과 분할의 협의를 하여야 합니다(민법 제921조).

셋째, 법원에 의한 분할입니다. 공동상속인 사이에서 상속재산 분할의 협의가 성립되지 아니한 때에는 각 공동상속인은 가정법원에 분할을 청구할 수 있습니다(민법 제1013조 제2항). 여기에서 '협의가 성립되지 아니한 때'에는 분할방법에 관해서 뿐만 아니라 분할여부에 관하여 의견이 일치하지 않는 경우도 포함됩니다. 이런 경우에는 각 공동상속인은 먼저 가정법원에 조정을 신청하여야 하며(가사소송법 제2조 제1항 마류사건 제10호), 조정이 성립되지 않으면 심판을 청구할 수 있는데, 심판에 의한 분할방법은 현물분할을 원칙으로 하며, 가정법원은 현물로 분할할 수 없거나 분할로 인하여 현저히 그 가액이 감소될 염려가 있는 때에는 물건의 경매를 명하기도 합니다.이상에서 살펴본 바와 같이 귀하의 경우에 상속재산의 분할에 관하여 부친이 특별히 유언을 남기지 않고 돌아가셨다면 우선 가족(공동상속인)간의 원만한 협의에 의하여 해결하도록 하고, 협의가 성립되지 아니하는 때에는 나머지 공동상속인을 상대로 그들의 보통재판적 소재지(상대방의 주거지를 말함)나 부동산 소재지에 있는 법원에 조정신청을 할 수 있으며, 조정에 관하여 조정을 하지 아니하기로 하는 결정이 있거나, 조정이 성립되지 아니한 경우에는 제소신청에 의한 방법으로 상속재산을 분할할 수 있습니다.

◎ 공동상속인의 일부가 상속등기에 협력하지 않을 경우

【질의】 ➡ 저의 부친은 상속재산으로 주택 한 채를 남기고 돌아가셨고, 그 상속인으로는 모친과 남동생, 출가한 여동생 등 모두 4명이 있습니다. 그런데 출가한 여동생 1명이 협의분할에 동의하지 않으면서 법정상속비율에 따른 상속지분등기에도 협력하지 않고 있습니다. 이 경우 제가 단독으로 상속등기를 신청할 수 있는지, 만일 가능하다면 등기에 따른 세금 등의 부담을 여동생에게도 청구할 수 있는지요?

【답변】 ➡ 청구할 수 있습니다.

민법 제265조에 의하면 "공유물의 관리에 관한 사항은 공유자의 지분의 과반수로써 결정한다. 그러나 보존행위는 각자가 할 수 있다."라고 규정하고 있습니다.

그러므로 공유물의 보존행위는 공유자 각자가 단독으로 할 수 있을 것입니다. 위 사안에서도 상속재산에 대한 상속인 전원의 공유등기를 공유물의 보존행위로 본다면 공유자 각자가 단독으로 청구할 수 있다 할 것입니다.

이와 관련된 판례를 보면 "공동상속재산은 상속인들의 공유이고, 또 부동산의 공유자인 한 사람은 그 공유물에 대한 보존행위로서 그 공유물에 관한 원인무효의 등기 전부의 말소를 구할 수 있다."라고 하여 상속재산에 관한 말소등기사무가 보존행위임을 확인하고 있습니다(대법원 1996. 2. 9. 선고 94다61649 판결).

또한, 등기예규에 의하면, "상속개시 후 상속권을 한정승인 또는 포기할 수 있는 기간이 경과한 후에 공동상속인 중 일부가 공동상속등기에 협력하지 않는다 하여 일부 상속등기는 할 수 없고, 상속등기를 하고자 하는 상속인이 상속등기에 협력하지 아니하는 상속인의 상속등기까지 이를 신청할 수 있다."라고 하였으며 (1984. 7. 4. 등기예규 제535호), 등기선례도 공동상속인 중 일부가 법정상속분에 의하여 부동산에 대한 상속등기를 신청할 수 있는지에 관하여 "공동상속의 경우 상속인 중 1인이 법정상속분에 의하여 나머지 상속인들의 상속등기까지 신청할 수 있고 이러한 경우 등기신청서에는 상속인 전원을 표시하여야 한다."라고 하였습니다(1996. 10. 7. 등기선례5-276).

따라서 상속이 개시되어 상속권을 한정승인 또는 포기할 수 있는 기간이 경과한 후에도 공동상속인 중 일부가 공동상속등기에 협력하지 않는다면 공동상속인 중 1인이 단독으로 다른 상속인의 지분을 포함한 전체에 대한 상속등기를 신청할 수 있을 것입니다.

이 경우 부담할 세금과 관련하여 판례는 "공유재산에 관한 취득세와 재산세를 공유자의 한 사람이 이를 부담하였다면, 특단의 사정이 없는 한 다른 공유자에게 그 부담부분에 대하여 구상채권을 갖는다고 할 것이다."라고 하였는바(대법원 1984. 11. 27. 선고 84다카317, 318 판결), 만일 귀하가 공유의 상속등기를 하면서 부담한 세금이 있다면 다른 상속인의 각 지분비율에 따른 세금부담분을 각 상속인에게 청구할 수 있다고 할 것입니다.

◎ 상속재산분할협의 불성립시 상속재산분할 방법

【질의】➡ 저의 부친은 유산으로 몇 필지의 토지를 남기고 얼마 전 사망하셨습니다. 상속인으로는 저와 모친, 남동생 1명, 출가한 누이 3명으로 모두 6명이 있는데, 모친과 남동생은 제가 부모를 모시고 있었다는 이유로 자기들의 상속지분을 저에게 양보하겠다고 하지만, 누이 3명은 자기들의 법정상속지분보다도 더 요구하고 있어서 분할협의를 못하고 있습니다. 이 경우 모친과 남동생, 저의 법정상속지분만이라도 상속등기를 할 수 없는지요?

【답변】➡ 할 수 없습니다.

상속재산의 분할은 상속개시로 인하여 생긴 공동상속인간에 있어서 상속재산의 공유관계를 종료시키고 상속분에 응하여 그 배분·귀속을 목적으로 하는 일종의 청산행위를 말하며, 각 공동상속인은 언제든지 협의로 상속재산을 분할할 수 있습니다. 재산상속의 협의분할은 공동상속인 전원이 참가하지 않으면 안되므로, 상속인의 일부를 제외하고 협의분할을 하거나 무자격자인 상속인이 참가한 협의분할은 원칙상 무효입니다.

이에 관한 대법원 판례를 보면 "상속재산의 협의분할은 공동상속인간의 일종의 계약으로서 공동상속인 전원이 참여하여야 하고 일부 상속인만으로 한 협의분할은 무효이다."라고 하였습니다(대법원 1995. 4. 7. 선고 93다54736 판결).

또한, 법원의 등기실무에서도 재산상속으로 인한 소유권이전등기신청시 상속을 증명하는 서면의 일부로서 공동상속인 연명으로 작성한 상속재산분할협의서를 첨부서류로 요구하고 있습니다.

따라서 귀하의 경우에도 모친과 동생의 지분을 장남이 상속받으려면 나머지 상속인 전원이 함께 모여 이에 동의하는 협의분할서를 작성하지 못한다면 그 지분만의 등기를 할 수는 없고, 만약 귀

하의 모친과 남동생 그리고 귀하의 법정상속지분만에 관하여 상속
으로 인한 소유권이전등기신청을 한다면 이는 사건이 등기할 것이
아닌때에 해당하므로 위 신청은 부동산등기법 제55조 제2호에 의
하여 각하되게 됩니다(1984. 7. 24 등기선례 1-227, 307).

　　판례도 등기공무원의 결정에 대한 이의의 제기에서 "공동상속인
중 일부 상속인의 상속등기만은 경료할 수 없다."라고 결정한 바
있습니다(대법원 1995. 2. 22.자 94마2116 결정).

　　그러므로 공동상속인간의 협의가 이루어지지 않을 때에는 공동
상속인 중 1인이 법정상속지분으로 공동상속등기를 신청할 수 있
으며, 이 경우 신청서에는 상속인 전원의 법정상속분이 표시되어
야 합니다. 이와 같이 법정상속분의 상속등기를 필한 후 모친과
동생의 소정 법정지분을 귀하에게 이전하는 절차를 밟아야 할 것
입니다. 다만, 이 경우 이전 등에 따른 양도소득세 혹은 증여세
등이 부과될 수도 있습니다.

◎ 사망한 부모의 빚을 물려받지 않을 수 있는지

【질의】 ➡ 저의 부친은 사업을 하다가 실패하여 많은 채무를 지고 채권자들로부터 독촉을 받아 오던 중 얼마 전 돌아가셨습니다. 저의 능력으로는 부친이 남긴 채무를 갚을 길이 없는데, 어떻게 하면 되는지요?

【답변】 ➡ 상속포기를 신청하시면 됩니다.

상속에 관하여 민법 제997조에 의하면 "상속은 사망으로 인하여 개시된다."라고 규정하고 있고, 민법 제1005조에 의하면 "상속인은 상속 개시된 때로부터 피상속인의 재산에 관한 포괄적 권리의무를 승계 한다. 그러나 피상속인의 일신에 전속한 것은 그러하지 아니하다."라고 규정하고 있습니다.

그러므로 일반적으로 부모의 사망과 동시에 자식들은 상속인이 되어 부모명의의 토지나 집과 같은 부동산이나 은행예금 등의 적극적 재산은 물론, 부모가 다른 사람에 대하여 부담하고 있는 차용금채무, 보증채무 등의 소극적 재산도 상속받게 되는 것입니다. 즉, 일신전속적인 권리를 제외하고는 부모가 가지고 있던 모든 권리 · 의무를 포괄적으로 물려받게 됩니다.

그러나 부모가 남긴 상속재산 중 적극적 재산보다 소극적 재산이 더 많아 자식들이 이와 같은 권리 · 의무의 승계, 즉 상속을 받지 않으려면 상속개시 있음을 안 날로부터 3월내에 피상속인의 최후 주소지 관할 법원에 상속포기신고를 하면 됩니다(민법 제1019조 제1항).

상속포기를 하면 피상속인의 사망으로 일단 발생한 상속의 효력, 즉 권리 · 의무의 승계는 부인되고 처음부터 상속인이 아니었던 것과 같이 되며, 일단 상속을 포기한 후에는 이를 다시 취소하지 못합니다(민법 제1024조 제1항, 제1042조).

또 다른 방법으로는 부모가 남겨놓은 적극적 재산의 한도 내에
서 부모의 채무를 변제할 것을 조건으로 상속을 승인하는 한정승
인신청을 할 수도 있습니다. 이 신청도 역시 상속개시 있음을 안
날로부터 3월내에 상속재산의 목록을 첨부하여 법원에 한정승인의
신고를 하여야 효력이 발생합니다(민법 제1028조, 제1030조).

그리고 2002년 1월 14일 법률 제6591호로 개정되기 전의 민
법 제1026조 제2호에 의하면 "상속인이 제1019조 제1항(상속인
은 상속개시 있음을 안 날로부터 3월내에 단순승인이나 한정승인
또는 포기를 할 수 있다.)의 기간 내에 한정승인 또는 포기를 하
지 아니한 때에는 단순승인을 한 것으로 본다."라고 규정하고 있
었으나, 이 규정에 대하여 1998년 8월 27일 선고된 헌법재판소
결정(96헌가22 등)에 의하면 "...위 법률조항은 1999년 12월
31일까지 개정하지 아니하면 2000년 1월 1일부터 그 효력을 상
실한다. 법원 기타 국가기관 및 지방자치단체는 입법자가 개정할
때까지 위 법률의 적용을 중지하여야 한다."라고 하였습니다.

이에 따라 2002년 1월 14일부터 법률 제6591호로 공포·시
행된 개정민법 제1019조 제3항에 의하면 "제1항의 규정에 불구
하고 상속인은 상속채무가 상속재산을 초과하는 사실을 중대한 과
실 없이 제1항의 기간 내에 알지 못하고 단순승인(제1026조 제1
호 및 제2호의 규정에 의하여 단순승인 한 것으로 보는 경우를 포
함)을 한 경우에는 그 사실을 안 날부터 3월내에 한정승인을 할
수 있다."라고 규정하고 있으며, 또한 개정민법 부칙 제3항에서는
한정승인에 관하여 경과규정을 두었는데 이를 보면, "1998년 5월
27일부터 이 법 시행 전까지 상속개시가 있음을 안 자 중 상속채
무가 상속재산을 초과하는 사실을 중대한 과실 없이 제1019조 제
1항의 기간 내에 알지 못하다가 이 법 시행 전에 그 사실을 알고
도 한정승인신고를 하지 아니한 자는 이 법 시행일부터 3월내에
제1019조 제3항의 개정규정에 의한 한정승인을 할 수 있다. 다
만, 당해 기간 내에 한정승인을 하지 아니한 경우에는 단순승인을

한 것으로 본다."라고 규정하고 있습니다.

따라서 귀하의 경우와 같이 부친이 빚만 남겨두고 돌아가셨고, 상속포기신고기간 등이 아직 경과하지 않았다면 조속히 관할 법원에 상속포기신고 또는 한정승인신고를 함으로써 상속채무에 대한 면책을 주장할 수 있을 것입니다.

다만, 주의할 것은 상속포기나 한정승인의 신청을 한 경우에도 상속인이 그 신청 후 상속재산을 은닉 또는 부정소비 하거나 고의로 재산목록에 기입하지 아니하는 등의 행위를 한 때에는 상속인이 단순승인을 한 것으로 간주될 수 있습니다(민법 제1026조).

참고로 2004년 1월 29일 선고된 헌법재판소 결정(2002헌가22 등)에 의하면 "민법(2002. 1. 14. 법률 제6591호로 개정된 것)부칙 제3항 본문 중 1998년 5월 27일부터 이 법 시행전까지 상속개시가 있음을 안자 중 부분은 헌법에 합치되지 아니 한다"라고 하였습니다.

◎ 상속포기서 목록에 상속재산이 누락된 경우 상속포기의 효력

【질의】➡ 저는 부친이 빚을 많이 남긴 채 사망하여 가정법원에 상속포기신고를 하였고 이는 수리되었습니다. 그런데 상속포기서에 첨부된 재산목록에서 누락된 부동산이 있는바, 그 부동산에는 상속포기의 효력이 미치지 않는지요?

【답변】➡ 효력이 미칩니다.

　　재산상속의 포기는 상속인이 상속개시 있음을 안 날로부터 3월 내에 가정법원에 상속포기신고를 하여야 하는바, 그 효력은 처음부터 상속인이 아니었던 것으로 됩니다(민법 제1042조).

　　그런데 위 사안의 경우는 상속포기서에 첨부된 재산목록에서 누락된 상속재산에도 상속포기의 효력이 미치는지에 관한 것으로 이에 관한 판례는 "상속의 포기는 상속인이 법원에 대하여 하는 단독의 의사표시로서 포괄적 무조건적으로 하여야 하므로 상속포기는 재산목록을 첨부하거나 특정할 필요가 없다고 할 것이고, 상속포기서에 상속재산의 목록을 첨부하였다고 하더라도 그 목록에 기재된 부동산 및 누락된 부동산의 수효 등과 제반 사정에 비추어 상속재산을 참고자료로 예시한 것에 불과하다고 보여지는 이상, 포기당시 첨부된 재산목록에 포함되어 있지 않은 재산의 경우에도 상속포기의 효력은 미친다."라고 하였습니다(대법원 1995. 11. 14. 선고 95다27554 판결).

　　따라서 위 사안의 경우에도 상속포기신고서에 첨부된 재산목록에서 제외된 부동산에 대하여도 상속포기효력은 미친다고 하여야 할 것입니다.

☼ 제1순위 상속인이 상속을 포기한 경우 상속순위

【질의】 ➡ 저의 아버지는 1년 전 빚만 남긴 채 돌아가셨고, 독자인 저는 제1순위 단독상속인이었으나, 아버지 사망 후 2개월쯤 되어 상속포기를 하였습니다. 그런데 저에게는 미성년인 아들 하나가 있는바, 주변사람들은 친권자인 제가 미성년인 저의 아들의 상속포기를 하지 않았기 때문에 아버지의 모든 채무를 저의 아들이 책임져야 한다고 합니다. 이 말이 맞는지요?

【답변】 ➡ 맞습니다.

결론적으로 말씀드리면 귀하의 자(子)는 귀하 선친의 모든 채무를 부담해야 합니다. 왜냐하면 민법은 ①피상속인의 직계비속, ②피상속인의 직계존속, ③피상속인의 형제자매, ④피상속인의 4촌 이내의 방계혈족의 순으로 재산상속순위를 정하고, 동순위 상속인이 수인일 경우에는 최근친(最近親)을 선순위로 한다고 규정하고 있기 때문입니다(민법 제1000조).

즉, 귀하 및 귀하의 아들은 선친의 직계비속으로서 제1순위 상속인이나 귀하와 선친사이는 1촌이고, 선친과 귀하의 아들 사이는 2촌이기 때문에 귀하가 최근친으로서 선순위 상속인이 되는 것이고, 귀하가 상속을 포기하였을 경우의 다음 순위의 상속인은 귀하의 아들이 되는 것입니다.

판례도 또한 채무자인 피상속인이 그의 처와 동시에 사망하고 제1순위 상속인인 자(子)전원이 상속포기한 경우에 상속포기한 자는 상속개시시부터 상속인이 아니었던 것과 같은 지위에 놓이게 되므로 같은 순위의 다른 상속인이 없어 그 다음 근친 직계비속인 피상속인의 손(孫)들이 차순위의 본위 상속인으로서 피상속인의 채무를 상속하게 된다고 하였으며(대법원 1995. 9. 26. 선고 95다27769 판결), 제1순위상속권자인 처와 자들이 모두 상속을 포기한 경우에도 손(孫)이 직계비속으로서 상속인이 된다고 하여(대법원 1995. 4. 7. 선고 94다11835 판결), 이를 확인하고 있습니다.

따라서 위 사안의 경우에도 제1순위 중 최근친이자 단독상속인인 귀하가 상속포기 하였으므로 제1순위 상속인 중 다음 근친은 귀하의 미성년인 아들(즉, 피상속인의 손자)이 상속인이 되기 때문에 법정대리인인 귀하가 미성년인 귀하의 아들의 상속포기나 한정승인을 하지 않고 오랜 기간이 지났으므로 선친의 채무를 귀하의 아들이 부담해야 합니다.

✪ 미성년자의 상속포기 또는 한정승인권 행사기간

【질의】 ➡ 저는 이혼하면서 당시 아들 乙의 양육은 전남편 甲이 돌보기로 하여 따로 살고 있었습니다. 그런데 6개월 전 甲은 사망하였고, 그의 채권자들이 아직 미성년인 아들 乙에게 채무변제를 독촉하고 있다는 사실을 알게 되었습니다. 이 경우 乙이 상속책임을 면할 수 있는 방법이 없는지요?

【답변】 ➡ 친권자로서 사망사실을 알게된 3개월 이내에 상속포기를 하면 됩니다.

상속은 피상속인의 사망으로 인하여 개시되고(민법 제997조), 상속재산에는 적극적 재산은 물론 소극적 재산(채무)도 모두 포함됩니다. 그러므로 상속인은 피상속인의 채무가 과다한 경우에는 가정법원에 상속포기 또는 한정승인을 신청하여 수리(심판)됨으로써 그 책임을 면할 수 있을 것입니다.

상속포기 또는 한정승인에 관하여 민법 제1019조에 의하면 "① 상속인은 상속개시 있음을 안 날로부터 3월내에 단순승인이나 한정승인 또는 포기를 할 수 있다... ③제1항의 규정에 불구하고 상속인은 상속채무가 상속재산을 초과하는 사실을 중대한 과실 없이 제1항의 기간 내에 알지 못하고 단순승인(제1026조 제1호 및 제2호의 규정에 의하여 단순승인 한 것으로 보는 경우를 포함)을 한 경우에는 그 사실을 안 날부터 3월내에 한정승인을 할 수 있다." 라고 규정하고 있고, 민법 제1020조에 의하면 "상속인이 무능력자인 때에는 전조(前條) 제1항의 기간은 그 법정대리인이 상속개시 있음을 안 날로부터 기산한다."라고 규정하고 있습니다.

또한, 2002년 1월 14일 법률 제6591호로 공포·시행된 개정 민법 부칙 제3항에서는 한정승인에 관한 경과조치를 두었는바, 이에 의하면 "1998년 5월 27일부터 이 법 시행 전까지 상속개시가 있음을 안 자 중 상속채무가 상속재산을 초과하는 사실을 중대한 과실 없이 제1019조 제1항의 기간 내에 알지 못하다가 이 법 시행 전에 그 사실을 알고도 한정승인신고를 하지 아니하는 자는 이 법 시행일부터 3월내에 제1019조 제3항의 개정규정에 의한 한정승인을 할 수 있다. 다만, 당해 기간 내에 한정승인을 하지 아니한 경우에는 단순승인을 한 것으로 본다."라고 규정하고 있습니다.

그리고 '상속개시 있음을 안 날'이란 상속개시의 원인 되는 사실의 발생을 앎으로써 자기가 상속인이 되었음을 안 날을 말하는 것이므로, 상속재산 또는 상속채무의 존재를 알아야만 위와 같은 기간이 진행되는 것은 아니며(대법원 1991. 6. 11.자 91스1 결정), 위 사안에서 귀하는 甲과 이혼하여 별거를 하였고 甲이 乙의 친권자행사자로 지정되어 乙을 양육하다가 사망하였는데, 친권은 부모로서의 고유의 권리이자 의무이므로 부모의 일방을 친권행사자로 지정하는 것은 다른 일방의 친권행사를 정지시키는 것일 뿐이고 그의 친권을 소멸시키는 것은 아니므로, 친권자 중 그 행사권자인 甲은 사망하였으나 모(母)가 있는 경우에는 후견이 개시되지 않고 귀하가 당연히 친권자로서 乙의 법정대리인이 되는 것입니다.

따라서 무능력자인 미성년자 乙의 상속포기 또는 한정승인기간은 법정대리인인 귀하가 아들 乙이 甲의 상속인이 되었음을 안 날(사망사실을 안 날)로부터 3개월 이내라 할 것이고, 아직 그 기간이 경과되지 않았다면 귀하는 乙의 친권자로서 乙을 대리하여 가정법원에 상속포기 또는 한정승인을 하여 수리(심판)됨으로써 乙이 상속책임을 면할 수 있을 것입니다.

그리고 개정민법 부칙 제3항에 의하여, 만일 귀하가 1998년 5월 27일부터 2002년 1월 14일 전까지 사이에 甲의 사망사실은 알았으나 상속재산을 초과하는 상속채무 있다는 사실을 중대한 과실 없이 알지 못하고, 2002년 1월 14일 전까지 한정승인신고를 하지 않은 경우라면 2002년 1월 14일부터 3월내에 한정승인을 함으로써 상속재산을 초과한 부분에 대한 면책을 주장할 수 있을 것으로 보입니다.

참고로 2004년 1월 29일 선고된 헌법재판소 결정(2002헌가 22 등)에 의하면 "민법(2002. 1. 14. 법률 제6591호로 개정된 것)부칙 제3항 본문 중 1998년 5월 27일부터 이 법 시행전까지 상속개시가 있음을 안자 중 부분은 헌법에 합치되지 아니 한다"라 고 하였습니다.

✪ 상속개시 전 상속포기의 효력

【질의】 ➡ 저는 형이 서울에 살고 있어 혼자가 된 아버지를 모시고 살고 있었으나 최근 아버지께서 논 3,000평을 남기고 돌아가셨습니다. 형은 아버지 생전에 매달 저에게 아버지의 생활비로 50만원을 보내주었지만 제가 아버지를 모시고 있었으므로 아버지 재산에 대한 상속권을 모두 포기했었습니다. 그러나 아버지가 돌아가시자 형이 자신의 상속권을 주장합니다. 형의 상속권주장이 타당한지요?

【답변】 ➡ 타당합니다.

상속의 포기는 상속이 개시된 후(아버지가 사망한 후) 일정기간 내에 가능하고, 가정법원에 신고하는 등 일정한 절차와 방식을 따라야만 그 효력이 있으므로, 상속개시 전에 한 상속포기의 약정은 그와 같은 절차와 방식에 따르지 아니한 것으로 법적 효력이 없다 하겠습니다(민법 제1041조).

또한, 상속인이 피상속인인 아버지의 생존시에 상속을 포기하기로 약정하였다고 하더라도 상속개시 후 민법이 정하는 절차와 방식에 따라 상속포기를 하지 아니한 이상 상속개시 후에 자신의 상속권을 주장하는 것은 정당한 권리행사로서 권리남용에 해당하거나 신의성실의 원칙에 반하는 권리의 행사라고 할 수도 없을 것입니다.

판례도 "유류분을 포함한 상속의 포기는 상속이 개시된 후 일정한 기간 내에만 가능하고 가정법원에 신고하는 등 일정한 절차와 방식을 따라야만 그 효력이 있으므로, 상속개시 전에 한 상속포기 약정은 그와 같은 절차와 방식에 따르지 아니한 것으로 효력이 없고, 상속인 중의 1인이 피상속인의 생존시에 피상속인에 대하여 상속을 포기하기로 약정하였다고 하더라도, 상속개시 후 민법이 정하는 절차와 방식에 따라 상속포기를 하지 아니한 이상, 상속개시 후에 자신의 상속권을 주장하는 것은 정당한 권리행사로서 권리남용에 해당하거나 또는 신의칙(信義則)에 반하는 권리의 행사라고 할 수 없다."라고 하였습니다(대법원 1998. 7. 24. 선고 98다9021 판결).

따라서 형의 상속권주장은 법률상으로는 하자가 없다고 하겠습니다.

◎ 공동상속인 중 1인의 행방불명시 소유권이전등기 방법

【질의】 ➡ 저는 甲과 그 외 5인이 공동상속인으로 되어 있는 가옥을 매수하기로 甲과 계약을 체결하고, 그 대금으로 2,500만원을 지급한 다음 甲에게 등기이전을 요구하였더니 甲은 공동상속인 중 한 사람인 乙이 행방불명되어 등기이전을 해줄 수 없다고 합니다. 그런데 저는 이 집을 인도 받아 살고 있으며, 꼭 이 집을 등기이전 받고 싶은데 어떤 방법이 있는지요?

【답변】 ➡ 실종선고를 신청하여야 합니다.

　　매매에 의한 부동산에 대한 소유권이전등기는 등기의무자(공동상속인)와 등기권리자(귀하)가 공동하여 신청하여야 하기 때문에 (부동산등기법 제28조), 공동상속재산에 관한 등기이전은 공동상속인 전부의 협력이 있어야 귀하에게 완전한 소유권이전등기가 될 수 있습니다.

　　왜냐하면 상속재산은 공동상속인의 공유이고, 공유물의 처분에는 다른 공유자 전부의 동의를 얻어야 하기 때문입니다(민법 제264조).

　　따라서 귀하가 위 가옥의 완전한 소유권을 취득하기 위해서는 공동상속인 전원의 동의가 필요한데, 매도인인 공동상속인 중 행방불명자 乙이 있으므로 현재로서는 행방불명된 사람의 상속지분을 제외한 나머지의 지분을 이전 받을 수밖에 없을 것입니다.

　　그런데 민법 제27조에 의하면 "①부재자의 생사가 5년 간 분명하지 아니한 때에는 법원은 이해관계인이나 검사의 청구에 의하여 실종선고를 하여야 한다. ②전지(戰地)에 임한 자, 침몰한 선박 중에 있던 자, 추락한 항공기 중에 있던 자 기타 사망의 원인이 될 위난을 당한 자의 생사가 전쟁종지 후 또는 선박의 침몰, 항공기의 추락 기타 위난이 종료한 후 1년 간 분명하지 아니한 때에도 제1항과 같다."라고 규정하고 있으며, 민법 제28조에 의하면 "실종선고를 받은 자는 전조(前條)의 기간이 만료한 때에 사망한 것으로 본다."라고 규정하고 있습니다.

그러므로 행방불명된 乙에 대하여 위와 같은 실종선고의 요건이 갖추어져 이해관계인(乙의 법률상 사망으로 인하여 직접적으로 신분상 또는 경제상의 권리를 취득하거나 의무를 면하게 되는 사람: 대법원 1986. 10. 10.자 86스20 결정) 또는 검사의 청구에 의하여 실종선고가 된다면 乙이 사망한 것으로 간주되어 위 가옥 중 乙의 지분이 乙의 상속인들에게 다시 상속지분별로 상속될 것이므로, 그들로부터 그들의 각 지분의 등기명의이전에 관하여 협력을 받아 위 가옥 중 乙의 지분에 해당하는 부분의 공유지분권이전등기를 할 수는 있을 것입니다.

◎ 피상속인의 재산과 상속인 재산의 분리

【질의】 ➡ 저는 甲에게 사업관계로 4,000만원을 대여해주면서 지불각서를 받아 두었으나, 최근 甲이 사망하여 甲의 재산전부를 甲의 외아들이 상속하였습니다. 그런데 상속인은 낭비벽이 심하고 채무 또한 많아 甲의 상속재산과 상속인의 고유재산이 혼합될 경우 저의 채권을 변제 받지 못할 것만 같습니다. 이 경우 피상속인의 상속재산으로부터 저의 채권을 우선변제 받을 수 없는지요?

【답변】 ➡ 우선변제 받을 수 있습니다.

　　상속에 의하여 상속재산과 상속인재산의 혼합이 생긴 경우, 상속재산이 채무초과이면 상속인의 채권자가 불이익을 입게 되고, 상속인의 고유재산이 채무초과이면 상속채권자가 불이익을 입게 됩니다. 그러므로 피상속인 또는 상속인 각각의 고유재산을 믿고 거래한 채권자가 상속으로 인하여 양 재산의 혼합으로 불이익을 받지 않도록 양 재산의 관계를 별도로 하는 것이 필요합니다.

　　이를 위하여 민법은 상속채권자나 유증 받은 자 또는 상속인의 채권자는 상속 개시된 날로부터 3월내에 상속재산과 상속인의 고유재산의 분리를 법원에 청구할 수 있습니다(민법 제1045조 제1항). 그러나 상속인이 상속의 승인이나 포기를 하지 않는 동안은 3월의 기간이 경과한 후에도 재산분리청구가 허용됩니다(민법 제1045조 제2항).

　　법원이 재산분리를 명하는 심판을 하면 분리청구권자는 5일 안에 일반상속채권자와 유증을 받은 사람에 대하여 재산분리명령이 있은 사실과 2개월 이상의 기간을 정하고 그 기간 안에 채권 또는 유증 받은 사실을 신고할 것을 공고하여야 합니다(민법 제1046조 제1항).

또한, 알고 있는 상속채권자 또는 유증 받은 사람에 대해서는 별도로 채권신고를 최고하여야 합니다(민법 제1046조 제2항).

그리고 부동산에 관한 법률행위로 인한 물권의 득실변경은 이를 등기하지 않으면 그 효력이 발생하지 않지만(민법 제186조), 상속으로 인한 부동산에 관한 물권의 취득은 예외로 등기를 필요로 하지 않는 것으로 되어 있습니다(민법 제187조).

그러나 상속재산이 분리된 경우에는 상속재산에 대하여 권리를 취득한 제3자의 이익을 보호하고 거래의 안전을 도모하기 위하여 분리된 상속재산 중 부동산에 관하여는 등기하지 않으면 제3자에게 대항할 수 없도록 하였습니다(민법 제1049조). 여기서 제3자란 상속인의 채권자뿐만 아니라 모든 제3자를 포함하는데, 동산의 경우에는 선의의 제3자는 선의취득의 법리에 의하여 보호받을 수 있습니다(민법 제249조).

상속인은 상속재산의 분리청구기간(상속이 개시된 날로부터 3월 내)과 상속채권자와 유증에 대한 공고기간(2월 이상)이 만료하기 전에는 상속채권자와 유증 받은 자에 대하여 변제를 거절할 수 있습니다(민법 제1051조 제1항). 위의 기간이 만료한 후에는 상속인은 상속재산으로써 재산의 분리를 청구하였거나 또는 그 기간 내에 신고한 상속채권자, 유증 받은 자에 대하여 각 채권액 또는 수증액의 비율로 변제하여야 합니다(민법 제1051조 제2항 본문). 그러나 질권·저당권 등의 우선권이 있는 채권자에 대하여는 상속재산으로써 우선적으로 변제하여야 합니다(민법 제1051조 제2항 단서).

따라서 위 사안의 경우 귀하는 가정법원에 상속이 개시된 후 3개월 이내에 재산분리신청을 하여 피상속인의 고유재산으로부터 상속인의 채권자보다 우선하여 채권을 변제 받을 수 있을 것입니다.

◎ 공동상속인 1인 명의로 소유권이전등기 된 부동산의 회복방법

【질의】 ➡ 저의 부친은 유산으로 임야 1필지 약 3,000평을 남기고 돌아가셨고, 유족으로는 모친과 저를 포함한 3형제가 있습니다. 그런데 위 임야를 장남인 甲이 임의로 부동산소유권이전등기등에관한특별조치법상 매매를 원인으로 하여 단독으로 소유권이전등기를 경료하였습니다. 제가 이를 되찾을 방법은 없는지요?

【답변】 ➡ 소유권이전등기말소청구를 하면 됩니다.

사안은 첫째 甲이외의 공동상속인의 협력 없이 귀하 단독으로 소유권이전등기말소등기를 청구할 수 있는지 여부, 둘째 부동산소유권이전등기등에관한특별조치법(이하 '특별조치법'이라 함)에 의거 이전한 행위의 효력, 셋째 甲을 상대로 언제까지 소유권이전등기말소를 구하여야 하는지가 문제됩니다.

먼저 귀하 단독으로 소유권이전등기 말소등기청구를 할 수 있는지에 관해 살펴보면, 판례는 "부동산의 공유자 1인은 당해 부동산에 관하여 제3자 명의로 원인무효의 소유권이전등기가 경료되어 있는 경우, 공유물에 관한 보존행위로서 제3자에 대하여 그 등기 전부의 말소를 구할 수 있고, 상속에 의하여 수인의 공유로 된 부동산에 관하여 그 공유자 중의 1인이 부정한 방법으로 공유물전부에 관한 소유권이전등기를 그 단독명의로 경료함으로써 다른 공유자가 공유물에 대하여 갖는 권리를 방해한 경우에 있어서는, 그 방해를 받고 있는 공유자 중의 1인은 공유물의 보존행위로서 위 단독명의로 등기를 경료하고 있는 공유자에 대하여 그 공유물의 공유지분을 제외한 나머지 공유지분전부에 관하여 소유권이전등기 말소등기절차의 이행을 구할 수 있다."라고 하고 있으므로(대법원 1988. 2. 23. 선고 87다카961 판결), 귀하는 단독으로 甲을 상대로 하여 말소등기를 청구할 수 있습니다.

둘째, 장남이 부친의 사망 이후 매매를 원인으로 특별조치법에 의해 단독으로 소유권이전등기 한 등기의 효력은 그 공동상속인 중 1인이 다른 공동상속인들로부터 각자의 상속분을 포기 받고 단독으로 등기한 것이라고 추정되지는 아니하나(대법원 1966. 4. 26. 선고 66다428 판결), 특별조치법에 의하여 소유권이전등기가 경료된 경우 그 등기는 일반적으로는 그 법에 규정된 절차에 따라 적법하게 된 것으로서 실체적 권리관계에도 부합되는 등기로 추정됩니다. 따라서 그 등기의 기초가 된 위 특별조치법상의 보증서나 확인서가 위조되었거나 허위로 작성된 것이라든지 그 밖의 다른 사유로 인하여 그 등기가 위 특별조치법에 따라 적법하게 된 것이 아니라는 점이 주장·입증되어야만 그와 같은 추정은 번복됩니다(대법원 1993. 9. 14. 선고 93다12268 판결).

셋째, 甲을 상대로 언제까지 소유권이전등기의 말소를 구하여야 하는지에 대하여 살펴보면, 관련된 판례는 "상속인 중 1인이 피상속인의 생전에 그로부터 토지를 매수한 사실이 없음에도 불구하고 이를 매수하였다고 하여 특별조치법에 의한 이전등기를 경료하였음을 이유로 하여 나머지 상속인들을 대위하여 그 말소를 청구하는 소는 상속회복청구의 소에 해당한다고 볼 수 없다."라고 하여 매매사실이 허위임을 다투어 소유권이전등기의 말소를 구하는 소송은 상속회복청구의 소가 아님을 밝히고 있습니다(대법원 1993. 9. 14. 선고 93다12268 판결).

따라서 귀하는 단독으로 원인무효로 인한 소유권이전등기말소등기청구를 할 수 있고, 그 소송은 매매사실을 다투는 경우에는 상속회복청구의 소가 아니기 때문에 상속회복청구권과 관련된 출소제한 기간, 즉 그 침해를 안 날로부터 3년의 제한 등을 받지 아니하며(민법 제999조 제2항), 특별조치법상의 보증서나 확인서가 위조되었거나 허위로 작성되었음을 입증하여 소유권이전등기의 말소를 구할 수 있다 할 것입니다.

◎ 피상속인의 무권대리인이 상속인이 된 경우 무권대리의 효력

【질의】 ➡ 저는 甲의 아들인 乙로부터 甲소유의 부동산을 매수하여 이전등기 하였는데, 甲은 乙이 제시한 위임장, 매매계약서, 인감증명 등은 위조된 것이므로 무효라고 주장하며 저를 상대로 소유권이전등기말소청구소송을 제기하였습니다. 그러나 소송진행 중 甲이 사망하자 乙은 공동상속인인 丙과 丁을 설득하여 소를 취하하겠다고 합니다. 소가 취하되면 위 부동산을 유효하게 취득할 수 있는지요?

【답변】 ➡ 유효하게 취득할 수 있습니다.

위 사안은 무권대리인이 본인을 상속할 때 법률행위의 효력이 어떻게 되느냐의 문제입니다. 민법상 무권대리란 대리권 없이 행한 대리행위를 말하며 무권대리인의 대리행위를 본인은 취소 또는 추인할 수 있는 권리를 가집니다.

위 사안에 있어서 자(子)가 부(父)의 무권대리인으로서 부의 재산을 처분하고, 부의 사망에 의하여 상속하는 경우와 같이 무권대리인이 본인을 상속하여 본인과 대리인의 자격이 동일인에게 귀속하는 경우 판례를 보면, "甲이 대리권 없이 乙소유 부동산을 丙에게 매도하여 부동산소유권이전등기등에관한특별조치법에 의하여 소유권이전등기를 마쳐주었다면 그 매매계약은 무효이고 이에 터잡은 이전등기 역시 무효가 되나, 甲은 乙의 무권대리인으로서 민법 제135조 제1항의 규정에 의하여 매수인인 丙에게 부동산에 대한 소유권이전등기를 이행할 의무가 있으므로, 그러한 지위에 있는 甲이 乙로부터 부동산을 상속받아 그 소유자가 되어 소유권이전등기이행의무를 이행하는 것이 가능하게 된 시점에서 자신이 소유자라고 하여 자신으로부터 부동산을 전전 매수한 丁에게 원래 자신의 매매행위가 무권대리행위이므로 무효였다는 이유로 丁 앞으로 경료된 소유권이전등기가 무효의 등기라고 주장하여 그 등기의 말소를 청구하거나 부동산의 점유로 인한 부당이득금의 반환을 구하는 것은 금반언의 원칙이나 신의성실의 원칙에 반하여 허용될수 없다."라고 하였습니다(대법원 1994. 9. 27. 선고 94다20617 판결).

그러나 무권대리인 이외에 공동상속인이 있는 경우에는 피상속인이 본인에게 가지는 추인권과 추인거절권은 상속인 전원에게 승계되므로 전원의 추인이 없으면 무권대리행위는 공동상속인에 대하여 유효로 되지 않습니다.

따라서 위 사안의 경우에는 다른 공동상속인 丙·丁의 추인을 얻는다면 乙의 무권대리행위가 유효하게 되므로 귀하는 부동산을 취득할 수 있을 것입니다.

◎ 공동상속인 1인이 자기의 지분에 근저당을 설정할 수 있는지

【질의】 ➡ 저는 아버지의 유산을 어머니, 형제 2명과 공동으로 상속하였습니다. 얼마 전 등기부등본을 확인해보니 형님이 자기지분에 저당권을 설정하고 돈을 빌렸습니다. 형님의 행위가 적법한지요?

【답변】 ➡ 적법합니다.

공동상속인은 각자의 상속분에 응하여 피상속인의 권리의무를 승계하나(민법 제1007조), 분할할 때까지는 상속재산을 공유로 한다고 규정하고 있습니다(민법 제1006조).

상속재산의 공유의 성질에 관하여 합유설과 공유설이 있습니다.

합유설에 의하면 상속지분은 합유가 되어 개개의 상속재산에 대한 지분은 처분이 불가하며, 채권채무는 분할될 때까지 공동상속인에게 연대적으로 귀속되지만, 공유설에 의하면 각자 개개의 상속재산에 대하여 상속분에 따라 물권적 지분을 가지고 그 지분을 양도 및 용익물권(用益物權)의 설정도 무방합니다.

합유설은 상속인의 의사에 충실하는 것이 되며, 공유설은 제3자의 거래안전보호를 목적으로 하고 있습니다. 위의 두 학설에서 우리 민법은 상속을 가산의 승계로 보지 않고, 개인적으로 각 상속인에게 재산이 취득되는 원인으로 보기 때문에 공유설이 다수설이며 판례의 태도이기도 합니다.

따라서 상속재산을 공유로 본다면 공유는 공유지분의 처분을 공유자의 자유의사에 맡기기 때문에 형님의 저당권설정행위는 적법하다고 볼 수 있습니다.

○ 상속회복청구권이 포괄적 유증의 경우에도 적용되는지

【질의】 ➡ 甲녀는 乙남과 수년간 동거하였으나 혼인신고를 하지 않았는데, 乙은 사망하기 전에 그의 사망 후 재산 중 3분의 1을 甲에게 증여하겠다는 유언공증을 해둔 후 사망하였습니다. 그런데 乙의 전처 소생인 상속인 丙과 丁은 乙이 사망하자마자 甲을 배제한 채 乙의 유산을 그들만이 상속하였습니다. 甲은 그러한 사실을 알고서도 乙이 사망한 후 5년이 지나도록 위 유산에 대하여 다투지 않았으나, 지금이라도 위 유산 중 甲의 몫을 찾을 수 있는지요?

【답변】 ➡ 찾을 수 없을 것으로 보입니다.

'포괄적 유증'이란 상속재산의 전부 또는 일부를 그에 관한 권리와 의무를 일괄하여 유증하는 경우를 말하며, 유언에 의하여 상속재산의 전부라든가 또는 몇 분의 1 이라든가를 증여하는 것을 말합니다.

포괄적수증자의 권리의무에 관하여 민법 제1078조에 의하면 "포괄적 유증을 받은 자는 상속인과 동일한 권리의무가 있다."라고 규정하고 있습니다. 그리고 상속회복청구권과 그 제척기간에 관하여 민법 제999조 제1항에 의하면 "상속권이 참칭상속권자로 인하여 침해된 때에는 상속권자 또는 그 법정대리인은 상속회복의 소를 제기할 수 있다."라고 규정하고 있으며, 민법 제999조 제2항 전문에서는 상속회복청구권은 그 침해를 안 날부터 3년을 경과하면 소멸된다고 규정하고 있습니다.

위 사안에서는 甲이 乙이 사망한 후 5년이 경과된 시점에서 乙의 유언에 의한 3분의 1 지분을 회복하고자 하는바, 이 경우에도 민법 제999조가 적용되는지 문제됩니다.

이에 관하여 판례를 보면, "상속인의 상속회복청구권 및 그 제척기간에 관하여 규정한 민법 제999조는 포괄적 유증의 경우에도 유추 적용된다."라고 하였습니다(대법원 2001. 10. 12. 선고 2000다22942 판결).

따라서 위 사안에서 甲은 乙의 상속인 丙과 丁이 甲의 유증분을 침해한 사실을 알고서도 5년이 지나도록 그 회복을 청구하지 않았으므로 지금에 이르러서 丙과 丁에게 甲의 지분의 반환을 청구하기는 어려울 것으로 보입니다.

◎ 상속개시 10년 후 상속권을 침해당한 경우 상속회복청구권

【질의】 ➡ 甲과 乙은 10년 전 사망한 아버지 丙의 공동상속인인데, 최근 乙이 아버지 丙명의로 남아있던 임야를 자기의 단독명의로 상속등기를 하였습니다. 그러므로 甲은 자기의 상속권을 침해받았다며 위 乙명의의 상속등기말소청구소송을 제기하려고 하는바, 이와 같이 상속권의 침해행위가 상속개시의 날로부터 10년이 지난 시점에서 이루어진 경우에도 가능한지요?

【답변】 ➡ 가능합니다.

 2002년 1월 14일부터 시행된 개정민법 제999조에 의하면 "① 상속권이 참칭상속권자로 인하여 침해된 때에는 상속권자 또는 그 법정대리인은 상속회복의 소를 제기할 수 있다. ②제1항의 상속회복청구권은 그 침해를 안 날부터 3년, 상속권의 침해행위가 있은 날부터 10년을 경과하면 소멸된다."라고 규정하고 있습니다.

 그러므로 상속권자는 자기의 상속권이 침해를 받은 경우 그 침해를 안 날부터 3년, 상속권의 침해행위가 있은 날부터 10년 내에 상속회복의 소를 제기할 수 있을 것입니다. 그런데 위 사안에서 乙이 단독으로 상속등기를 한 행위의 무효를 원인으로 하는 甲의 말소등기청구소송이 위 규정상의 상속회복청구권으로 보아 위 10년의 제척기간을 적용할 수 있느냐가 문제됩니다.

 이에 관하여 판례를 보면 "재산상속에 관하여 진정한 상속인임을 전제로 그 상속으로 인한 지분권 등 재산권의 귀속을 주장하고, 자기들만이 재산상속을 하였다는 일부 공동상속인을 상대로 상속재산인 부동산에 관한 등기의 말소 등을 청구하는 경우에 그 소유권 또는 지분권이 귀속되었다는 주장이 상속을 원인으로 하는 것인 이상 그 청구원인 여하에 불구하고 이는 구 민법(1990. 1. 13. 법률 제4199호로 개정되기 전의 것) 제999조 소정의 상속회복청구의 소로 보아야 한다."라고 하였습니다(대법원 1994. 10.

21. 선고 94다18249 판결).

　따라서 위 **甲**이 단독으로 상속등기 한 **乙**을 상대로 **甲**의 상속지분에 상응하는 부분을 원인무효라고 주장하여 그 부분에 대한 **乙**의 등기를 말소하라는 청구도 상속회복청구라고 보아야 할 것이고, **乙**이 상속개시일로부터 10년이 지난 시점에서 **甲**의 상속권을 침해한 경우라고 하더라도 상속권의 침해행위가 있은 날부터 10년이 지나지 않았고, 그 상속권 침해를 안 날로부터 3년이 지나지 않았다면, **甲**이 **乙**을 상대로 **甲**의 지분에 상응하는 **乙**의 등기를 말소하라는 청구를 해볼 수 있을 것으로 보입니다.

◎ 유류분제도란 무엇인지

【질의】 ➡ 유류분제도란 어떠한 것인지요?

【답변】 ➡ 일정한 범위의 상속인이 피상속인재산의 일정한 비율을 확보할 수 있는 지위를 가지는 것을 말합니다.

사유재산을 인정하는 사회에서 개인에게는 원칙적으로 자신이 소유하고 있는 재산을 자유롭게 처분하는 자유가 인정됩니다. 따라서 각 개인은 자신의 재산을 생전에 자유롭게 처분할 수 있음은 물론 유언에 의한 사후처분도 할 수 있는 것입니다.

그러나 이 원칙을 그대로 적용하게 되면 여러 가지 문제점이 생길 수 있는데, 즉, 유언자의 재산이라는 것도 가족들의 노력의 결과가 어느 정도 포함되어 있다고 보아야 할 경우가 많기 때문입니다.

따라서 우리 민법은 이러한 경우에 있어서 개인재산처분의 자유, 거래의 안전과 가족생활의 안정, 가족재산의 공평한 분배라고 하는 서로 대립되는 요구를 타협·조정하기 위해 1977년에 유류분제도를 신설하였습니다. 즉, 상속이 개시되면 일정한 범위의 상속인은 피상속인재산의 일정한 비율을 확보할 수 있는 지위를 가집니다. 이것을 유류분권이라고 하는바, 이 유류분권으로부터 유류분을 침해하는 유증·증여의 효력을 빼앗는 반환청구권이라는 구체적·파생적 권리가 생깁니다.

유류분을 가지는 사람은 피상속인의 직계비속, 배우자, 직계존속, 형제자매입니다(민법 제1112조). 그 중 유류분권을 행사할 수 있는 사람은 상속의 순위상 상속권이 있는 사람이어야 합니다. 예컨대, 제1순위 상속인인 직계비속이 있는 경우에는 제2순위 상속인인 직계존속은 유류분권을 행사할 수 없습니다. 태아도 살아서 출생하면 직계비속으로서 유류분권을 갖고 대습상속인도 피대습자의 상속분의 범위 안에서 유류분을 가집니다(민법 제1118조에 의한 제1001조, 제1010조 준용).

유류분은 법정상속권에 기초하고 있는 것이므로 상속권의 상실 원인인 상속인의 결격·포기에 의하여 상속권을 상실한 때에는 유류분권도 당연히 잃게 됩니다.

상속인 중 유류분권자라도 그 유류분의 비율은 ①피상속인의 직계비속은 법정상속분의 2분의 1, ②피상속인의 배우자는 법정상속분의 2분의 1, ③피상속인의 직계존속은 법정상속분의 3분의 1, ④피상속인의 형제자매는 법정상속분의 3분의 1과 같은 차이가 있습니다(민법 제1112조).

또한, 유류분권에 기한 반환청구권은 유류분권리자가 상속의 개시와 반환하여야 할 증여 또는 유증을 한 사실을 안 때로부터 1년 내에 하지 아니하면 시효에 의하여 소멸하고 상속이 개시된 때로부터 10년을 경과한 때에도 동일하게 소멸합니다(민법 제1117조).

◎ 공동상속인 중 특별수익자가 있는 경우 유류분청구권

【질의】 ➡ 저의 아버지는 어머니와 저를 포함한 두 형제를 남기고 2개월 전 돌아가셨습니다. 아버지는 돌아가시기 2년 전 아버지 명의의 대지와 주택을 형의 명의로 이전해주면서 어머니와 동생인 저를 잘 돌볼 것을 부탁하셨습니다. 그러나 형은 아버지가 돌아가신 후 어머니를 모시려 하지도 않고 생활비도 주지 않아 다른 상속재산이 없는 어머니께서는 생계유지가 막막하여 유류분청구를 하려고 합니다. 이 경우 형에게 이전한 증여재산도 유류분청구의 대상이 될 수 있는지요?

【답변】 ➡ 유류분청구의 대상이 됩니다.

　　민법 제1113조 제1항에 의하면 "유류분은 피상속인의 상속개시시에 있어서 가진 재산의 가액에 증여재산의 가액을 가산하고, 채무의 전액을 공제하여 이를 산정한다."라고 규정하고 있고, 민법 제1114조에 의하면 "증여는 상속개시전의 1년 간에 행한 것에 한하여 제1113조의 규정에 의하여 그 가액을 산정한다. 당사자 쌍방이 유류분권리자에 손해를 가할 것을 알고 증여를 한 때에는 1년 전에 한 것도 같다."라고 규정하여 원칙적으로 상속개시 전 1년 간에 행한 증여에 한하여 유류분재산에 포함하고 있습니다.

　　따라서 위 규정대로라면 귀하의 선친과 형 사이의 증여는 2년 전에 이루어졌기 때문에 유류분재산에 포함되지 아니한다고 하겠습니다.

　　그러나 판례는 공동상속인 중에서 피상속인으로부터 특별수익한 자가 있는 경우와 관련하여 "공동상속인 중에 피상속인으로부터 재산의 생전증여에 의하여 특별수익을 한 자가 있는 경우에는 민법 제1114조의 규정은 그 적용이 배제되고, 따라서 그 증여는 상속개시 1년 이전의 것인지 여부, 당사자 쌍방이 손해를 가할 것을 알고서 하였는지 여부에 관계없이 유류분산정을 위한 기초재산에 산입된다."라고 하여 민법 제1114조를 배제하고 있습니다(대법원 1996. 2. 9. 선고 95다17885 판결, 1995. 6. 30. 선고 93다 11715 판결, 1998. 12. 8. 선고 97므513, 520, 97스12 판 결).

따라서 귀하의 어머니와 귀하는 각 상속지분의 2분의1에 상당한 유류분을 청구할 수 있고, 그 유류분산정에 있어서 형이 2년 전에 증여 받은 대지와 주택을 포함하여 산정되어야 할 것입니다.

한편, 유류분권리자의 증여 또는 유증재산의 반환청구권은 유류 분권리자가 상속개시와 반환하여야 할 증여 또는 유증을 한 사실을 안 때로부터 1년 내에 하지 아니하면 시효에 의하여 소멸하고, 상속이 개시한 때로부터 10년이 경과한 때도 소멸하므로 귀하는 이 기간을 준수하여 유류분권을 행사하여야 할 것입니다.

참고로 유류분산정시 산입될 '증여재산'에 아직 이행되지 아니 한 증여계약의 목적물이 포함되는지 여부에 관하여 판례는 "유류 분산정의 기초가 되는 재산의 범위에 관한 민법 제1113조 제1항 에서의 '증여재산'이란 상속개시 전에 이미 증여계약이 이행되어 소유권이 수증자에게 이전된 재산을 가리키는 것이고, 아직 증여 계약이 이행되지 아니하여 소유권이 피상속인에게 남아있는 상태로 상속이 개시된 재산은 당연히 '피상속인의 상속개시시에 있어서 가진 재산'에 포함되는 것이므로, 수증자가 공동상속인이든 제3자이든 가리지 아니하고 모두 유류분 산정의 기초가 되는 재산을 구성한다."라고 하였습니다(대법원 1996. 8. 20. 선고 96다 13682 판결).

◎ 유증으로 유류분이 침해된 경우 상속인의 구제

【질의】 ➡ 저의 아버지께서는 장남인 저와 어머니 그리고 남동생 1
명을 유족으로 두고 3개월 전에 사망하였습니다. 유산으로는 현
재 저의 가족이 살고 있는 시가 7,000만원 상당의 집 한 채와
1억 4천만원 상당의 토지가 있으나, 아버지께서는 유언으로 집
은 저의 가족에게 물려주고 토지는 甲이라는 사회봉사단체에 증
여하셨습니다. 저의 가족들은 아버지의 높으신 뜻을 저버릴 생각
은 없습니다만 생활을 이끌어 가기 어려운 바, 이러한 경우 장
남인 제가 상속재산의 일부를 청구할 수는 없는지요?

【답변】 ➡ 청구할 수 있습니다.

이러한 경우에 상속이 개시되면 일정범위의 상속인은 피상속인
의 재산의 일정비율을 확보할 수 있는 유류분제도가 인정되고 있
습니다. 민법은 유류분권리자(귀하의 가족)가 받은 상속재산이 유
류분을 침해하는 유증 또는 증여의 결과 유류분이 부족할 때에는
유류분제도를 둔 취지에서 유류분권리자가 자기의 유류분을 보전
하는 방법을 인정하였습니다.

즉, 유류분권은 구체적으로는 반환청구권으로 나타나며, 유류분
권리자는 유류분에 부족한 한도에서 유증 또는 증여된 재산의 반
환을 청구할 수 있습니다(민법 제1115조 제1항). 그러나 이 반환
청구권은 반드시 행사하여야 하는 것은 아니며, 유류분의 보전은
유류분권리자의 자유로운 의사에 달려 있습니다.

민법 제1112조에 의해 피상속인의 배우자와 직계비속의 유류분
은 그 법정상속분의 1/2이 됩니다. 귀하 가족의 법정상속분은 제
1009조에 의해 피상속인의 배우자인 귀하의 어머니는 1.5, 귀하
와 귀하의 남동생은 각각 1의 비율로 됩니다. 실제로 각 지분별로
계산해 보면 귀하의 어머니의 법정상속분은 9,000만원(=2억1천

만원×3/7)이 되며, 귀하와 귀하의 남동생의 상속분은 각 6,000만원(=2억1천만원×2/7)이 됩니다. 그런데 유류분은 법정상속분의 1/2이므로 귀하 어머니의 유류분은 4,500만원이 되고, 귀하와 귀하의 남동생의 유류분은 각 3,000만원이 됩니다.

한편, 실제로 상속되는 재산은 귀하의 어머니의 경우 3,000만원(7,000만원×3/7), 귀하와 귀하의 남동생의 경우 각 2,000만원(7,000만원×2/7)밖에 되지 아니하므로 귀하의 어머니는 1,500만원(4,500만원-3,000만원), 귀하와 귀하의 남동생은 각 1,000만원(3,000만원-2,000만원)이 부족하게 됩니다.

따라서 귀하의 가족은 각자 자신의 부족한 유류분의 한도에서 甲에게 재산의 반환을 청구할 수 있습니다. 다만, 반환청구권은 상속의 개시 및 증여의 사실을 안 때로부터 1년 내에 행사하지 아니하거나, 상속이 개시된 때, 즉 귀하의 부친의 사망일로부터 10년 내에 행사하지 아니하면 소멸합니다.

◎ 사인증여무효소송 제기시 유류분청구권의 소멸시효 중단여부

【질의】 ➡ 甲은 생전에 그의 동거녀 乙과 딸 丙이 있는 자리에서 자신이 모아둔 돈 중 丙에게 3,000만원을 주고, 나머지 돈과 甲소유 아파트는 乙에게 주되 자신의 사후에 이를 분배한다는 증여의사를 표시하고, 乙과 丙도 이에 동의한 후 그러한 내용을 메모한 메모지에 乙과 丙은 무인을 날인하고, 甲은 인장을 날인하였습니다. 그런데 甲이 사망한 후에 乙과 丙 사이에 분쟁이 발생하였으며, 丙이 乙을 상대로 위와 같은 사인증여가 무효라고 주장하면서 이를 전제로 乙이 보관중인 甲명의의 예금통장 및 인장의 교부와 甲소유의 금원 중 乙이 임의로 소비한 금액의 반환을 청구하여 소송이 진행 중 1년이 경과하였습니다. 이 경우 丙이 위 소송에서 패소한 후 위 사인증여가 유효함을 전제로 유류분반환청구권을 행사할 수 있는지요?

【답변】 ➡ 행사할 수 있습니다.

사인증여(死因贈與)란 증여자의 사망으로 인하여 효력이 생기는 증여계약인데, 위 사안에서 甲·乙·丙 3인이 유증의 방식에 의하지 아니한 사인증여계약을 체결하였는바, 유증의 방식에 관한 민법 제1065조 내지 제1072조가 사인증여에 준용되는지 문제됩니다.

이에 관련된 판례를 보면, "민법 제562조는 사인증여에 관하여는 유증에 관한 규정을 준용하도록 규정하고 있지만, 유증의 방식에 관한 민법 제1065조 내지 제1072조는 그것이 단독행위임을 전제로 하는 것이어서 계약인 사인증여에는 적용되지 아니한다."라고 하였습니다.

그러므로 위와 같은 사인증여도 유효하다고 할 것입니다.

다음으로 유류분반환청구권의 소멸시효에 관하여 민법 제1117

조에 의하면 "반환의 청구권은 유류분권리자가 상속의 개시와 반환하여야 할 증여 또는 유증을 한 사실을 안 때로부터 1년 내에 하지 아니하면 시효에 의하여 소멸한다. 상속이 개시한 때로부터 10년을 경과한 때도 같다."라고 규정하고 있는바, 위 사안에서 丙이 위 사인증여가 무효라는 전제에서 乙이 보관중인 甲명의의 예금통장 및 인장의 교부와 甲소유의 금원 중 乙이 임의로 소비한 금액의 반환을 청구하였다가, 甲이 사망한 후 1년이 경과된 시점에서 유류분반환청구권을 행사할 경우 유류분반환청구권의 소멸시효가 완성된 것인지 문제됩니다.

이에 관련된 판례를 보면, "민법 제1117조는 유류분반환청구권은 유류분권리자가 상속의 개시와 반환하여야 할 증여 또는 유증을 한 사실을 안 때로부터 1년 내에 하지 아니하면 시효에 의하여 소멸한다고 규정하고 있는바, 여기서 '반환하여야 할 증여 등을 한 사실을 안 때'라 함은 증여 등의 사실 및 이것이 반환하여야 할 것임을 안 때라고 해석하여야 하므로, 유류분권리자가 증여 등이 무효라고 믿고 소송상 항쟁하고 있는 경우에는 증여 등의 사실을 안 것만으로 곧바로 반환하여야 할 증여가 있었다는 것까지 알고 있다고 단정할 수는 없을 것이나, 민법이 유류분반환청구권에 관하여 특별히 단기소멸시효를 규정한 취지에 비추어 보면 유류분권리자가 소송상 무효를 주장하기만 하면 그것이 근거 없는 구실에 지나지 아니한 경우에도 시효는 진행하지 않는다 함은 부당하므로, 피상속인의 거의 전 재산이 증여되었고 유류분권리자가 위 사실을 인식하고 있는 경우에는, 무효의 주장에 관하여 일응 사실상 또는 법률상 근거가 있고 그 권리자가 위 무효를 믿고 있었기 때문에 유류분반환청구권을 행사하지 않았다는 점을 당연히 수긍할 수 있는 특별한 사정이 인정되지 않는 한, 위 증여가 반환될 수 있는 것임을 알고 있었다고 추인함이 상당하고, 유류분반환청구의 의사표시는 침해를 받은 유증 또는 증여행위를 지정하여 이에 대한 반환청구의 의사를 표시하면 그것으로 족하고 그로 인하여 생긴 목적물의 이전등기청구권이나 인도청구권 등을 행사하는 것과는 달리 그 목적물을 구체적으로 특정하여야 하는 것은 아니며, 민법 제1117조 소정의 소멸시효의 진행도 위와 같은 의사표시로 중단되지만, 유류분권리자가 소멸시효기간의 경과 이전에 사인증여가 무효라고 주장하면서 이를 전제로 수증자에게 수증자가 보관중인 망인 명의의 예금통장 및 인장의 교부와 망인 소유의 금원 중 수증자가 임의로 소비한 금액의 반환을 구하였다 하더라도, 이러한 주장이나 청구 자체에 그와 반대로 위 사인증여가 유효임을 전제로 그로써 자신의 유류분이 침해되었음을 이유로 하는 유류분반환의 청구가 포함되어 있다고 보기는 어렵다."라고 하였습니다(대법원 2001. 9. 14. 선고 2000다66430, 66447 판결, 2002. 4. 26. 선고 2000다8878 판결).

따라서 위 사안에서 丙이 위 사인증여가 무효라는 전제에서 乙이 보관중인 甲명의의 예금통장 및 인장의 교부와 甲소유의 금원 중 乙이 임의로 소비한 금액의 반환을 청구한 것만으로는 유류분반환청구권의 소멸시효가 중단되었다고 할 수 없을 것으로 보이고, 甲이 사망한 후 1년이 경과되었으므로 유류분반환청구권의 소멸시효가 완성되었다고 할 수 있을 듯합니다.

☯ 피상속인의 사실혼배우자에게 주택임차권이 승계되는지

【질의】 ➡ 저는 2년 전부터 甲男이 전세보증금 3,000만원에 임차한 주택에서 혼인신고 없이 동거를 해오고 있었는데 최근에 甲男이 사망하였습니다. 그런데 저와 甲男과의 사이에 자녀는 없고 현재 甲男의 부모는 생존하고 있습니다. 이 경우 제가 위 주택에 대한 임차권을 승계 받을 수는 없는지요?

【답변】 ➡ 공동으로 승계받게 됩니다.

　　민법에서는 재산상속에 대하여 배우자가 제1순위의 상속인으로 되어 있습니다. 여기서의 배우자는 혼인신고를 한 법률상의 배우자를 말하므로, 귀하처럼 혼인신고 없이 사실혼관계에 있었던 자는 현행 민법에 의하면 상속권이 없습니다.

　　그러나 이러한 법리대로만 하면 사실혼관계자는 생활의 기반상실 등의 염려가 있습니다. 따라서 귀하와 같은 사람을 보호하기 위하여 주택임대차보호법에서는 임차권의 승계를 일반상속법의 원리와 다르게 규정하고 있습니다.

　　주택임대차보호법의 규정을 살펴보면, 먼저 임차인이 상속권자 없이 사망한 경우에는 상속권이 없는 사실상 혼인관계에 있는 사람일지라도 임차권 즉, 임차인의 권리와 의무를 승계 합니다(주택임대차보호법 제9조 제1항).

　　이에 반하여 같이 공동생활을 하는 상속인이 있는 경우에는 사실상의 배우자는 상속권이 없습니다. 그리고 임차인이 사망할 당시 상속권자가 그 주택에서 가정공동생활을 하지 않고 있는 경우에는, 그 주택에서 가정공동생활을 하던 사실상의 혼인관계에 있는 사람과 2촌 이내의 친족이 공동으로 임차권 즉, 임차인의 권리와 의무를 승계 합니다(주택임대차보호법 제9조 제2항).

　　따라서 위 사안의 경우 甲의 부모가 위 주택에서 가정공동생활을 하는지의 유무에 따라 다릅니다. 甲의 부모가 위 주택에서 가족공동생활을 하는 경우에는 그들이 상속인이 되고 귀하는 임차권에 대한 권리와 의무가 없게 되며, 甲의 부모가 가족공동생활을 하지 않는 경우에는 귀하와 甲의 부모가 공동하여 임차권에 대한 권리와 의무를 승계 하게 됩니다.

◎ 공동상속부동산을 혼자 점유하다가 임의로 처분한 경우

【질의】 ➡ 甲은 공동상속재산인 토지를 혼자 점유하고 있던 중 다른 공동상속인의 동의를 받지 않고서도 동의를 받은 것처럼 속여 이 토지를 乙에게 매도하고 그 대금을 모두 수령하였습니다. 이 경우 다른 공동상속인이 甲을 횡령죄로 고소하여 처벌할 수 있는지요?

【답변】 ➡ 횡령죄로 처벌받지 않을 것으로 보입니다.

횡령죄는 타인의 재물을 보관하는 자가 그 재물을 횡령하거나 그 반환을 거부한 때에 성립하고 5년 이하의 징역 또는 1,500만원 이하의 벌금에 처하게 됩니다(형법 제355조 제1항).

그런데 위 사안에 있어서 甲이 타인의 재물을 보관하는 자의 지위에 있는지가 문제되는바, 판례를 보면, "부동산에 관한 횡령죄에 있어서 타인의 재물을 보관하는 자의 지위는 동산의 경우와는 달리 부동산에 대한 점유의 여부가 아니라 부동산을 제3자에게 유효하게 처분할 수 있는 권능의 유무에 따라 결정하여야 하므로, 부동산을 공동으로 상속한 자들 중 1인이 부동산을 혼자 점유하던 중 다른 공동상속인의 상속지분을 임의로 처분하여도 그에게는 그 처분권능이 없어 횡령죄가 성립하지 아니한다."라고 하였습니다 (대법원 2000. 4. 11. 선고 2000도565 판결).

따라서 위 사안에서 甲의 위와 같은 행위가 乙에 대하여 사기죄가 성립될 수 있을 것인지는 별론으로 하고, 甲을 다른 공동상속인에 대한 횡령의 죄로 처벌하기는 어려울 것으로 보입니다.

◎ 매도인 사망으로 그 장남이 단독상속시 소유권이전등기청구의 상대방

【질의】 ➡ 저는 甲으로부터 부동산을 매수하면서 그 대금을 모두 지급하였으나 소유권이전등기를 마치기 전에 甲이 사망하였고, 그의 유족으로는 배우자와 자녀 3명이 있습니다. 그런데 등기부 등본을 확인해보니 위 부동산이 협의분할에 의해 장남 단독명의로 이전등기가 되어 있었습니다. 이 경우 제 명의의 이전등기절차를 어떻게 밟아야 하는지요?

【답변】 ➡ 매매를 원인으로 하는 소유권이전등기를 청구하면 됩니다.

민법 제1005조에 의하면 "상속인은 상속 개시된 때로부터 피상속인의 재산에 관한 포괄적 권리·의무를 승계 한다. 그러나 피상속인의 일신에 전속한 것은 그러하지 아니하다."라고 규정하고 있는바, 사망한 사람의 채권·채무는 상속의 포기 등이 없는 한 상속인들에게 당연히 상속되는 것이므로, 甲의 귀하에 대한 소유권이전등기의무 역시 당연히 상속인들인 甲의 처와 아들 3명이 공동으로 부담하게 됩니다.

또한 민법 제1012조에 의하면 "피상속인은 유언으로 상속재산의 분할방법을 정하거나 이를 정할 것을 제3자에게 위탁할 수 있고, 상속개시의 날로부터 5년을 초과하지 아니하는 기간내의 그 분할을 금지할 수 있다."라고 규정하고 있고, 민법 제1013조 제1항에 의하면 "제1012조의 경우 외에는 공동상속인은 언제든지 그 협의에 의하여 상속재산을 분할할 수 있다."라고 규정하고 있는바, 상속재산의 공동상속인들은 상속지분을 타인에게 양도하여 협의분할을 할 수 있고, 그 결과 상속인 1인에게 그 지분 전부가 돌아갈 수도 있습니다.

한편, 민법 제1015조에 의하면 "상속재산의 분할은 상속 개시된 때에 소급하여 그 효력이 있다. 그러나 제3자의 권리를 해하지 못한다."라고 규정하고 있는바, 협의분할이 이루어지면 다른 상속인들은 처음부터 그 부동산을 상속하지 않은 것으로 됩니다. 즉, 협의분할에는 소급효(遡及效)가 있어 협의분할에 의한 단독명의자가 처음부터 위 부동산을 상속한 것이 됩니다.

판례도 "상속재산에 관하여 공동상속인간에 협의분할이 이루어짐으로써 공동상속인 중의 1인이 고유의 상속분을 초과하는 재산을 취득하게 되었다 하더라도 상속재산의 분할은 상속개시시에 소급하여 그 효력이 있으며, 따라서 이는 상속개시 당시에 피상속인으로부터 직접 승계 받은 것으로 보아야 한다."라고 하였습니다(대법원 1992. 10. 27. 선고 92다32463 판결, 1990. 11. 13. 선고 88다카24523, 24530 판결).

그리고 부동산소유권이전등기의무자는 특별한 사정이 없는 한 등기부상의 명의인이라 할 것입니다. 판례도 "부동산소유권이전등기의무자는 특별한 사정이 없는 한 등기부상의 명의인이라고 할 것인바, 피상속인으로부터 매수한 부동산에 관하여 그 공동상속인들의 협의분할에 의하여 그 중 1인만이 단독으로 그 상속등기까지 마쳤다면 협의분할의 소급효(遡及效)에 의하여 나머지 공동상속인들은 이 사건 부동산을 상속한 것이 아니라 할 것이고, 현재 등기부상의 등기명의자가 아니어서 등기의무자가 될 수도 없다 할 것이므로 그에 대한 지분소유권이전등기절차를 이행할 의무가 없다."라고 하였습니다(대법원 1991. 8. 27. 선고 90다8237 판결, 1993. 7. 13. 선고 92다17501 판결).

따라서 위 부동산의 단독명의인인 장남만이 이 사건 부동산을 상속하였다 할 것이고 등기의무자가 되며 나머지 상속인들은 등기의무자가 될 수 없는 것입니다.

결국 귀하는 현재의 등기명의자인 장남을 피고로 하여 망인과의 매매를 원인으로 하는 소유권이전등기청구소송을 할 수 있다고 하겠습니다.

◎ 종중재산에 관한 소송당사자로 종중이 될 수 있는지

【질의】 ➡ 甲종중에서는 경기도 소재 임야 약 50,000평을 종중원인 乙에게 명의신탁하고 그 관리를 맡기고 있었습니다. 그런데 乙은 10년 전 사망하였고 그의 자녀들이 임야를 상속한 후 소유권을 주장하며 처분하려고 합니다. 이에 甲종중에서는 명의신탁해지로 인한 소유권이전등기절차이행청구의 소를 제기하고자 하는데, 소송절차에서 원고로서의 '종중'을 구성하는 절차와 방법은 어떻게 되는지요?

【답변】 ➡ 대표자를 선출하여 종중명의로 소송을 하면 됩니다.

민사소송에서 당사자능력이란 민사소송의 당사자가 되어 소송상의 모든 효과의 귀속주체가 될 수 있는 일반적 능력을 의미하는데, 이는 민법상 권리·의무의 주체가 될 수 있는 능력 즉 인격과 일치합니다.

따라서 자연인과 법인만이 당사자능력이 있다 할 것이고, 인격이 없는 단체 예컨대, 민법상의 조합 등은 원칙적으로 당사자가 될 수 없습니다. 다만, 민사소송법은 일정한 요건을 갖춘다면 자연인이나 법인이 아니더라도 소송의 당사자가 될 수 있도록 하고 있습니다(민사소송법 제52조). 소송의 당사자가 되기 위해서는 사단(社團)이나 재단(財團)의 실체를 갖추고 대표자의 정함이 있을 것을 요건으로 하고 있습니다. 사단이란 일정 목적하의 다수인의 결합체로서 그 구성원의 가입·탈퇴에 관계없이 존속하여 대내적으로 그 결합체의 의사를 결정하고 목적달성을 위한 업무를 집행할 기관이 있고, 대외적으로 그 결합체를 대표할 대표자나 관리인의 정함이 있는 것을 말합니다.

그런데 종중은 공동선조의 후손들에 의하여 선조의 분묘수호 및 봉제사와 후손상호간의 친목을 목적으로 형성되는 자연발생적인 종족단체로서 선조의 사망과 동시에 후손에 의하여 성립하는 것이

며, 종중의 규약이나 관습에 따라 선출된 대표자 등에 의하여 대
표되는 정도로 조직을 갖추고 지속적인 활동을 하고 있다면 법인
이 아닌 사단으로서의 단체성이 인정됩니다(대법원 1994. 9. 30.
선고 93다27703 판결).

그리고 종중의 대표자는 종중규약이나 특별한 관례가 있으면 그
에 따라 선출하되 그것이 없으면 일반관습에 의하여 종장 또는 문
장이 그 종중원 중 성년이상의 남자를 소집하여 출석자의 과반수결
의로 선출하여야 하며, 평소에 종장이나 문장이 선임되어 있지 아니
하고 그 선임에 관한 종중규약이나 관례가 없으면 생존하는 종중원
중 항렬이 가장 높고 나이가 많은 연고항존자가 종장 또는 문장이
되는 것이 우리나라의 일반관습입니다(대법원 1999. 4. 13. 선고
98다50722 판결, 1996. 3. 12. 선고 94다56999 판결).

참고로 종중총회를 개최함에 있어 소집통지대상이 되는 종원의
범위확정 방법 및 그 소집통지방법에 관하여 판례를 보면, "종중
이 그 총회를 개최함에 있어서는 특별한 사정이 없는 한 세보(世
譜)에 기재된 모든 종원은 물론, 기타 세보(世譜)에 기재되지 아
니한 종원이 있으면 이 역시 포함시켜 총회의 소집통지대상이 되
는 종원의 범위를 확정한 후, 소재가 분명하여 연락 가능한 종원
에게 개별적으로 소집통지를 하여야 한다."라고 하였습니다(대법
원 2000. 7. 6. 선고 2000다17582 판결). 이처럼 종중이 소송
당사자능력이 인정되므로 위 사안에 있어서도 위 판례와 같은 절
차로 대표자를 선출하여 종중명의로 소송수행을 할 수 있을 것입
니다.

그리고 위와 같은 종중이 명의신탁해지로 인한 소유권이전등기절
차이행청구의 소송에서 승소하여 종중명의로 부동산등기를 하려면
부동산등기법 제30조에 따라 종중의 대표자가 등기권리자 또는 등
기의무자 자격으로 신청할 수 있으며, 이때 종중은 시장(구가 설치
되어 있는 시에서는 구청장)·군수로부터 부여받은 부동산등기용등
록번호를 병기하여야 할 것입니다(부동산등기법 제41조의 2).

◎ 담보권실행경매개시결정 전 채무자 사망시 경매절차의 속행여부

【질의】➡ 甲은 乙에 대한 대여금채무를 담보하기 위하여 乙명의의 부동산에 근저당권을 설정하였습니다. 그런데 위 채무가 변제되지 않아서 경매를 신청하였는데, 乙이 경매개시결정 전에 사망하였으나 그 상속인들이 상속등기를 하지 않고 있음을 알게 되었습니다. 이 경우 甲이 신청한 경매절차는 어떻게 되는지요?

【답변】➡ 소유자를 乙의 상속인으로 경정해 두어야 합니다.

담보권실행을 위한 경매의 경우에는 강제경매절차와는 달리 채무자, 소유자가 경매개시 전에 사망한 경우에 그 상속인들이 그와 같은 사실을 증명하고 자기를 이해관계인으로 취급하여 절차를 속행하여 줄 것을 신청함으로써 경매절차에 관여할 수 있으나, 그렇게 하지 않는 이상 경매절차는 사망한 등기부상의 채무자, 소유자와의 관계에서 그대로 계속 진행되며 이에 의하여 매각허가결정을 하여도 위법이 아닙니다.

판례도 "부동산에 대한 근저당권의 실행을 위한 경매는 그 근저당권 설정등기에 표시된 채무자 및 저당 부동산의 소유자와의 관계에서 그 절차가 진행되는 것이므로, 그 절차의 개시 전 또는 진행 중에 채무자나 소유자가 사망하였다고 하더라도 그 재산상속인들이 경매법원에 대하여 그 사망 사실을 밝히고 자신을 이해관계인으로 취급하여 줄 것을 신청하지 아니한 이상 그 절차를 속행하여 저당 부동산의 낙찰을 허가하였다고 하더라도 그 허가결정에 위법이 있다고 할 수 없다."라고 하였습니다(대법원 1998. 12. 23.자 98마2509 결정, 1988. 3. 2.자, 88마45 결정).

다만, 담보권실행을 위한 경매신청시에 소유자의 사망사실 및 상속인들의 적법한 상속포기신고사실이 확인될 경우에는 상속재산관리인을 상대로 하지 않는 이상 사망자나 상속인들을 상대로 한

경매신청은 부적법하여 각하 될 것입니다. 소유자에 관하여 담보
권실행을 위한 경매신청 전에 상속이 개시되었으나 그 상속등기가
되지 아니한 경우에는 대위에 의한 상속등기(부동산등기법 제52
조)를 하고 그 상속인을 소유자로 하여 경매신청을 하여야 함이
원칙이지만, 이를 간과하고 경매개시결정을 한 때에는 그 소유자
의 표시는 경정하면 족하고 개시결정을 취소하고 신청을 각하 하
여야 하는 것은 아니고, 이미 담보권실행을 위한 경매개시결정을
한 후에는 채권자의 상속대위등기촉탁신청은 받아들일 수 없을 것
으로 보입니다.

　따라서 위 사안에서도 甲이 신청한 담보권실행을 위한 경매신청
사건은 乙의 사망에도 불구하고 영향을 받지 않을 것으로 보이지
만, 乙의 사망신고가 되었다면 소유자의 표시를 乙의 상속인으로
경정해둠이 좋을 것으로 보입니다.

◎ 담보권실행경매개시결정 후 채무자 사망시 경매절차의 속행 여부

【질의】 ➡ 甲은 乙에 대한 대여금채권을 담보하기 위하여 부동산에 설정된 근저당권에 기하여 경매신청을 하여 경매개시결정 후 乙이 사망하였습니다. 그런데 乙의 상속인들은 사망신고도 하지 않고 있습니다. 이 경우 위 경매절차는 어떻게 되는지요?

【답변】 ➡ 경매절차는 영향을 받지 않습니다.

담보권실행을 위한 경매에 있어서는 경매개시결정 후 채무자가 사망한 경우 경매절차는 중단되지 않고 속행됩니다.

판례도 "부동산에 대한 근저당권의 실행을 위한 경매는 그 근저당권설정등기에 표시된 채무자 및 저당부동산의 소유자와의 관계에서 그 절차가 진행되는 것이므로, 그 절차의 개시 전 또는 진행 중에 채무자나 소유자가 사망하였다고 하더라도 그 재산상속인들이 경매법원에 대하여 그 사망사실을 밝히고 자신을 이해관계인으로 취급하여 줄 것을 신청하지 아니한 이상, 그 절차를 속행하여 저당부동산의 낙찰을 허가하였다고 하더라도 그 허가결정에 위법이 있다고 할 수 없다."라고 하였습니다(대법원 1998. 12. 23.자 98마2509 결정, 1998. 10. 27. 선고 97다39131 판결).

또한, "등기부에 기입된 부동산의 권리자가 사망하여 이해관계인의 지위를 승계한 상속인들이 등기부상 상속등기를 게을리 하여 경매기일통지가 이미 사망한 등기부상 권리자의 주소에 등기우편으로 송달된 경우, 가령 그 상속인들이 송달된 주소에 아무도 살고 있지 아니하여 그 경매기일통지를 받지 못하였다 하더라도 그 송달은 발송시에 상속인들에 대한 송달로서 효력을 발생하고, 그로 인하여 상속인들이 경매절차에 참가할 권리가 박탈되었다 하더라도 그 경매절차가 위법하다고 볼 수 없다."라고 하였습니다(대법원 1995. 9. 6.자 95마372 결정).

그리고 경매법원에서 당사자에게 매각기일을 통지하였는데 송달보고서에 당사자가 사망한 것으로 되어 있는 경우에 법원으로서는 절차를 더 이상 진행시키지 않고 신청채권자에게 상대방의 사망사실여부에 대한 조사와 당사자표시변경의 보정을 명할 것으로 보이는데, 이 때 상대방의 상속인의 비협조 내지 무관심으로 사망신고가 늦어지는 경우 사망에 대한 증명에 어려움이 있을 것입니다. 이러한 경우에 강제경매라면 신청채권자가 보정할 때까지 절차를 정지할 수밖에 없을 것이지만, 담보권실행을 위한 경매라면 경매절차를 그대로 진행할 수 있을 것입니다.

따라서 위 사안의 경우 甲은 乙의 사망신고가 되었다면 당사자표시변경의 보정을 해둠이 좋을 것이나, 당사자표시변경의 보정을 하지 않았다고 하여도 위 경매절차는 영향을 받지 않을 것으로 보입니다.

◎ 사망한 자를 채무자로 한 담보권실행경매시 시효중단효력 있는지

【질의】 ➡ 甲은 乙에 대한 물품대금채무에 대한 담보로 乙명의의 부동산에 설정된 근저당권을 실행하는 경매를 신청하였는데, 乙은 이미 사망하였으나 경매는 계속 진행되어 그 부동산이 매각되고 배당까지 끝났으나 甲은 물품대금의 일부를 배당 받는데 그쳤습니다. 그런데 乙의 상속인들도 집행이 가능한 재산이 파악되기 않아서 방치하고 있던 중 변제기로부터 4년(경매종료 후 2년)이 된 시점에서 乙의 상속인들이 재산을 소유하고 있는 것이 파악되어 그들을 상대로 상속된 채무의 지급을 청구하려고 하는바, 이 경우 소멸시효기간은 어떻게 되는지요?

【답변】 ➡ 소멸시효는 완성되었습니다.

소멸시효의 중단사유에 관하여 민법 제168조에 의하면 "소멸시효는 ①청구, ②압류 또는 가압류, 가처분, ③승인의 사유로 인하여 중단된다."라고 규정하고 있고, 민사집행법 제83조 제1항에 의하면 "경매절차를 개시하는 결정에는 동시에 그 부동산의 압류를 명하여야 한다."라고 규정하고 이 규정은 민사집행법 제268조에 의하여 담보권실행을 위한 경매에도 준용되고 있으므로, 담보권실행을 위한 경매의 개시결정은 소멸시효의 중단사유가 되는 것입니다.

그러나 민법 제176조에 의하면 "압류, 가압류 및 가처분은 시효의 이익을 받은 자에 대하여 하지 아니한 때에는 이를 그에게 통지한 후가 아니면 시효중단의 효력이 없다."라고 규정하고 있으므로, 사망한 사람을 채무자로 한 담보권실행을 위한 경매절차가 진행된 경우, 상속인들에 대하여 그 담보권실행을 위한 경매에 시효중단의 효력이 인정될 수 있을 것인지 문제됩니다.

이에 관하여 판례를 보면, "금융기관의연체대출금에관한특별조치법 제3조에 의하면 금융기관의 신청에 의하여 진행되는 경매절차(현행 금융기관부실자산등의효율적처리및한국자산관리공사의설립에관한법률 제45조의2 제1항에서는 담보권실행을 위한 경매절차에 한하도록 규정함)에 있어서 통지 또는 송달은 경매신청 당시 당해 부동산등기부상에 기재되어 있는 주소 등으로 송달하여 일방적으로 절차를 진행할 수 있도록 되어 있으나, 사망한 자를 채무자로 하여 진행한 임의경매에 시효중단의 효력을 인정할 수 없는 점, 민법 제176조는 압류, 가압류 및 가처분은 시효의 이익을 받은 자에 대하여 하지 아니한 때에는 이를 그에게 통지한 후가 아니면 시효중단의 효력이 없다고 규정하고 있어서 시효이익을 받을 자가 아닌 자에 대한 압류 등에 대하여 채무자에게 통지되는 것을 조건으로만 예외적으로 시효중단의 효력을 인정하고 있는 점 등에 비추어 위 특별조치법에 의하여 사망한 사람을 채무자로 한 임의경매의 진행이 적법하다고 하여도 그 점만으로는 곧바로 채무자 겸 담보설정자가 사망한 상태에서 그 망인을 채무자로 하여 진행한 임의경매에 대하여 통상의 집행절차에 따라 이루어진 임의경매와 마찬가지로 시효중단의 효력을 인정할 수 없다."라고 하였습니다(대법원 1996. 4. 12. 선고 95다15537 판결).

그러므로 판례가 "부동산에 대한 근저당권의 실행을 위한 경매는 그 근저당권설정등기에 표시된 채무자 및 저당부동산의 소유자와의 관계에서 그 절차가 진행되는 것이므로, 그 절차의 개시 전 또는 진행 중에 채무자나 소유자가 사망하였다고 하더라도 그 재산상속인들이 경매법원에 대하여 그 사망사실을 밝히고 자신을 이해관계인으로 취급하여 줄 것을 신청하지 아니한 이상, 그 절차를 속행하여 저당부동산의 낙찰을 허가하였다고 하더라도 그 허가결정에 위법이 있다고 할 수 없다."라고 하였지만(대법원 1998. 12. 23.자 98마2509 결정, 1998. 10. 27. 선고 97다39131 판결), 사망자를 채무자로 진행된 담보권실행을 위한 경매에 상속인들에 대하여 소멸시효중단의 효력이 인정된다고 볼 수는 없을 것으로 보입니다.

따라서 甲이 별도로 상속인들에 대하여 소멸시효중단조치를 취한 바가 없다면, 甲의 잔여채권은 소멸시효가 완성되었다고 할 것입니다.

✪ 소송절차 중단을 간과한 판결에 승계집행문을 부여할 수 있는지

【질의】 ➡ 甲은 乙에 대하여 대여금청구소송을 제기하여 소송진행 중 乙이 사망하였으나, 변론이 종결되고 甲이 승소판결을 받아 항소제기기간도 경과되었습니다. 이러한 경우 甲이 乙의 상속인들의 재산에 강제집행을 하기 위하여 승계집행문을 받을 수 있는지요?

【답변】 ➡ 승계집행문을 받을 수 있습니다.

민사소송법 제233조에 의하면 "①당사자가 죽은 때에 소송절차는 중단된다. 이 경우 상속인·상속재산관리인, 그밖에 법률에 의하여 소송을 계속하여 수행할 사람이 소송절차를 수계(受繼)하여야 한다. ②상속인은 상속포기를 할 수 있는 동안 소송절차를 수계하지 못한다."라고 규정하고 있습니다.

그런데 당사자의 사망에 의한 소송절차중단을 간과한 판결의 효력에 관한 판례를 보면, "당사자가 사망하여 실재하지 아니한 자를 당사자로 하여 소가 제기된 경우는 당초부터 원고와 피고의 대립당사자 구조를 요구하는 민사소송법상의 기본원칙이 무시된 것이므로, 그와 같은 상태하에서의 판결은 당연무효라고 할 것이지만, 일응 대립당사자 구조를 갖추고 적법히 소가 제기되었다가 소송도중 어느 일방의 당사자가 사망함으로 인해서 그 당사자로서의 자격을 상실하게 된 때에는 그 대립당사자 구조가 없어져 버린 것이 아니고, 그 때부터 그 소송은 그의 지위를 당연히 이어 받게 되는 상속인들과의 관계에서 대립당사자 구조를 형성하여 존재하게 되는 것이고, 다만 상속인들이 그 소송을 이어 받는 외형상의 절차인 소송수계절차를 밟을 때까지는 실제상 그 소송을 진행할 수 없는 장애사유가 발생하였기 때문에 적법한 수계인이 수계절차를 밟아 소송에 관여할 수 있게 될 때까지 소송절차는 중단되도록 법이 규정하고 있을 뿐인바, 이와 같은 중단사유를 간과하고 변론이 종결되어 판결이 선고된 경우에는 그 판결은 소송에 관여할 수 있는 적법한 수계인의 권한을 배제한 결과가 되는 절차상 위법은 있지만 그 판결이 당연무효라 할 수는 없고, 다만 그 판결은 대리인에 의하여 적법하게 대리되지 않았던 경우와 마찬가지로 보아 대리권흠결을 이유로 상소{민사소송법 제394조(현행 민사소송법 제424조) 제1항 제4호} 또는 재심{민사소송법 제422조(현행 민사소송법 제451조) 제1항 제3호}에 의하여 그 취소를 구할 수 있을 뿐이며, 이 경우 민사소송법 제394조(현행 민사소송법 제424조) 제2항을 유추하여 볼 때 당사자가 판결 후 명시적 또는 묵시적으로 원심의 절차를 적법한 것으로 추인하면 위의 상소사유 또는 재심사유는 소멸한다고 보아야 한다."라고 하였습니다(대법원 1995. 5. 23. 선고 94다28444 전원합의체판결).

그리고 당사자의 사망에 의한 소송절차의 중단을 간과하고 선고된 판결에 기하여 승계집행문을 부여할 수 있는지에 관하여 "소송계속 중 어느 일방 당사자의 사망에 의한 소송절차 중단을 간과하고 변론이 종결되어 판결이 선고된 경우에는 그 판결은 소송에 관여할 수 있는 적법한 수계인의 권한을 배제한 결과가 되는 절차상 위법은 있지만, 그 판결이 당연 무효라 할 수는 없고, 다만 그 판결은 대리인에 의하여 적법하게 대리되지 않았던 경우와 마찬가지로 보아 대리권 흠결을 이유로 상소 또는 재심에 의하여 그 취소를 구할 수 있을 뿐이므로, 이와 같이 사망한 자가 당사자로 표시된 판결에 기하여 사망자의 승계인을 위한 또는 사망자의 승계인에 대한 강제집행을 실시하기 위하여는 민사소송법 제481조(현행 민사집행법 제31조)를 준용하여 승계집행문을 부여함이 상당하다."라고 하였습니다(대법원 1998. 5. 30.자 98그7 결정, 2002. 9. 24. 선고 2000다49374 판결).

따라서 위 사안에 있어서도 乙의 상속인들이 상소 또는 재심을 청구하는 것은 별론으로 하고, 甲으로서는 일단 승계집행문을 부여받아 乙의 상속인들의 재산에 상속지분에 따른 강제집행을 할 수 있을 것으로 보입니다.

391 상속의 질의 답변

☯ 채권자대위권의 행사로 지출한 비용이 집행비용에 해당하는지

> **【질의】** ➡ 甲은 乙에 대한 물품대금채권을 지급 받기 위하여 乙의 아버지 망 丙의 사망으로 乙이 상속받은 부동산의 공유지분에 가압류를 하기 위하여 대위상속등기를 하면서 그 부동산에 대한 乙의 공유지분에 가압류하였습니다. 그 후 승소확정판결을 받아 乙의 위 부동산에 대한 공유지분에 대한 강제집행을 신청하였습니다. 이 경우 대위상속등기신청에 소요된 비용을 집행비용으로 보아 위 부동산공유지분의 경매절차에서 지급 받을 수 있는지요?

【답변】 ➡ 별도로 신청하여야 합니다.

집행비용의 부담에 관하여 민사집행법 제53조에 의하면 "①강제집행에 필요한 비용은 채무자가 부담하고 그 집행에 의하여 우선적으로 변상을 받는다. ②강제집행의 기초가 된 판결이 파기된 때에는 채권자는 제1항의 비용을 채무자에게 변상하여야 한다."라고 규정하고 있으며, 민사집행규칙 제24조 제1항에 의하면 "법 제53조 제1항의 규정에 따라 채무자가 부담하여야 할 강제집행비용으로서 그 집행에 의하여 변상 받지 못한 비용과 법 제53조 제2항의 규정에 따라 채권자가 변상하여야 할 금액은 당사자의 신청을 받아 집행법원이 결정으로 정한다."라고 규정하고 있습니다.

그리고 수임인의 비용상환청구권에 관하여는 민법 제688조에 의하면 "①수임인이 위임사무의 처리에 관하여 필요비를 지출한 때에는 위임인에 대하여 지출한 날 이후의 이자를 청구할 수 있다. ②수임인이 위임사무의 처리에 필요한 채무를 부담한 때에는 위임인에게 자기에 갈음하여 이를 변제하게 할 수 있고, 그 채무가 변제기에 있지 아니한 때에는 상당한 담보를 제공하게 할 수 있다. ③수임인이 위임사무의 처리를 위하여 과실 없이 손해를 받은 때에는 위임인에 대하여 그 배상을 청구할 수 있다."라고 규정하고 있습니다.

그런데 채권자대위권의 행사로 지출한 비용이 집행비용에 해당하는지에 관하여 판례를 보면, "채권자대위권을 행사하는 경우 채권자와 채무자는 일종의 법정위임의 관계에 있으므로, 채권자는 민법 제688조를 준용하여 채무자에게 그 비용의 상환을 청구할 수 있고, 그 비용상환청구권은 강제집행을 직접 목적으로 하여 지출된 집행비용이라고는 볼 수 없으므로, 지급명령신청에 의하여 지급을 구할 수 있다."라고 하였습니다(대법원 1996. 8. 21.자 96그8 결정).

따라서 위 사안의 경우 甲은 대위상속등기에 소요된 비용을 위 부동산공유지분의 경매절차에서 집행비용으로서 지급 받을 수는 없을 것이고, 소송제기 또는 지급명령신청 등으로 별도의 집행권원을 확보한 후 지급 받아야 할 것으로 보입니다.

◎ 공동상속인 중 1인에게만 송달된 상속세액결정통지의 효력

【질의】 ➡ 甲·乙·丙은 丁의 공동상속인으로서 丁의 유산을 상속받았습니다. 그런데 위 상속에 따른 상속세의 결정된 과세표준과 세액을 통지하면서, 납세의무자를 '甲외 2인'으로 기재하고 甲·乙·丙의 성명과 각 상속지분 등이 기재된 상속지분명세서를 첨부한 납세고지서를 호주상속인인 甲에게만 송달하였습니다. 이 경우 甲에 대한 납세고지의 효력이 乙·丙에게도 미치는지요?

【답변】 ➡ 乙과 丙에게도 효력이 미칩니다.

과세표준과 세액의 결정통지에 관하여 상속세및증여세법 제77조에 의하면 "세무서장 등은 제76조의 규정에 의하여 결정한 과세표준과 세액을 상속인·수유자 또는 수증자에게 대통령령이 정하는 바에 의하여 통지하여야 한다. 이 경우 상속인 또는 수유자가 2인 이상인 경우에는 대통령령이 정하는 바에 의하여 그중 1인에게만 통지할 수 있으며, 이 통지의 효력은 상속인 또는 수유자 모두에게 미친다."라고 규정하고 있으며, 이에 관하여 같은법시행령 제79조에 의하면 "①세무서장 등은 법 제77조의 규정에 의하여 과세표준과 세액을 통지하는 경우에는 납세고지서에 과세표준과 세액의 산출근거를 명시하여 통지하여야 한다. 이 경우 지방국세청장이 과세표준과 세액을 결정한 것에 대하여는 지방국세청장이 조사·결정하였다는 것을 명시하여야 한다. ②제1항의 통지는 상속인 또는 수유자가 2인 이상인 경우에는 다음 각호의 1에 해당하는 자 1인에게만 할 수 있다.

　1. 법 제67조의 규정에 의하여 상속세과세표준신고서를 제출한 자
　2. 국세기본법시행령 제12조의 규정에 의한 대표자
　3. 호주승계인"이라고 규정하고 있습니다.

그리고 관련 판례를 보면, "납세의무자를 '甲외 7인'으로 기재하고 공동상속인들의 성명과 각 상속지분 등이 기재된 상속지분명세서를 첨부한 납세고지서를 호주상속인(현재는 호주승계인)인 甲에게만 송달한 경우, 甲에 대한 납세고지의 효력은 다른 공동상속인들에게도 미친다는 이유로 상속세부과처분이 나머지 공동상속인들에 대한 관계에서 부존재한다고 볼 수 없고, 각 상속인별 부담세액을 기재하거나 그러한 계산명세서를 첨부하지 아니한 납세고지절차상의 하자는 중대·명백한 하자라고 볼 수 없다."는 이유로 상속세부과처분이 당연무효라고도 할 수 없다고 하였습니다(대법원 2000. 11. 28. 선고 99두3089 판결).

따라서 위 사안에 있어서도 호주승계인 甲에게 송달된 위 과세표준과 세액의 결정통지의 효력은 다른 공동상속인인 乙과 丙에게도 미친다고 할 것으로 보입니다.

그러나 납세고지서에 과세표준과 세액의 계산명세가 기재되어 있지 아니하거나 그 계산명세서를 첨부하지 아니하였다면 적법한 납세의 고지라고 볼 수 없고, 또한 공동상속인 중 1인에 대하여만 과세표준과 세액을 결정, 통지하는 경우에도 그 납세고지서에 납세의무자인 공동상속인들의 성명은 물론 납세의무자별로 각 그 재산의 점유비율에 응하여 세분된 세액으로 부과세액을 특정하여야 하고(대법원 2000. 3. 10. 선고 98두19650 판결), 납세고지서에 공동상속인들이 부담하여야 할 세액과 그 계산명세를 기재하지 아니한 채 납세의무자를 '甲외 4'라고만 표시하고 상속세총액과 그 산출근거만을 기재하여 고지한 상속세부과처분은 비록 공동상속인 각자에게 고지되었다 하여도 그 부과, 고지방식에 하자가 있어 전부 위법하게 됩니다(대법원 1997. 3. 25. 선고 96누4749 판결, 2000. 3. 10. 선고 98두19650 판결).

◎ 고유재산상속분을 초과하는 협의 분할시 증여로 볼 수 있는지

【질의】 ➡ 저는 아버지 乙이 사망한 후 협의분할에 의하여 다른 상속인 丙.丁의 상속분까지 취득하였습니다. 이 경우 저로서는 위와 같은 협의분할에 의하여 고유의 상속분을 초과하는 상속재산을 취득하였는바, 이 경우 저의 고유상속분을 초과하는 부분의 재산취득에 관하여 丙.丁으로부터 그들의 상속분을 증여 받은 것으로 보아 증여세를 부과할 수 있는지요?

【답변】 ➡ 부과할 수 없습니다.

증여의제 과세대상에 관하여 상속세및증여세법 제32조에 의하면 "특수관계에 있는 자로부터 경제적 가치를 계산할 수 있는 유형·무형의 재산(금전으로 환가 할 수 있는 경제적 이익 및 법률상 또는 사실상의 권리를 포함)을 직접적이거나 간접적으로 무상이전을 받은 경우에는 그 무상으로 이전된 재산에 대하여 증여세를 부과한다."라고 규정하고 있습니다.

그런데 협의분할에 의하여 고유상속분을 초과하는 재산을 취득한 경우 이를 다른 공동상속인으로부터 증여 받은 것으로 볼 수 있는지에 관하여 판례를 보면, "공동상속인 상호간에 상속재산에 관하여 협의분할이 이루어짐으로써 공동상속인 중 일부가 고유의 상속분을 초과하는 재산을 취득하게 되었다고 하여도 이는 상속개시 당시에 소급하여 피상속인으로부터 승계 받은 것으로 보아야 하고 다른 공동상속인으로부터 증여 받은 것으로 볼 수 없으며, 그러한 상속재산분할협의는 상속인 전원이 참여하여야 하나 반드시 한 자리에서 이루어질 필요는 없고, 순차적으로 이루어질 수도 있다."라고 하였습니다(대법원 2001. 11. 27. 선고 2000두9731 판결, 1996. 2. 9. 선고 95누15087 판결).

따라서 위 사안에 있어서도 귀하가 협의분할로 인하여 고유의 상속분을 초과하여 丙·丁의 상속분을 상속받게 되었다고 하여도, 이를 丙·丁으로부터 증여 받은 것으로 보아 증여세가 부과되지는 않을 것으로 보입니다.

◎ 사실혼 관계 배우자의 임차권승계

【답변】 ➡

　　민법은 사실상의 혼인관계에 있는 배우자에게 상속권을 인정하지 않지만, 주택임대차보호법에서는 임차인과 사실상 혼인관계에 있던 사람을 보호하기 위하여 일정범위 내에서 임차권의 승계를 인정하고 있는 바, 임차인이 상속인 없이 사망한 경우에는 사실상 혼인관계에 있던 배우자가 단독으로 주택임차권을 상속하고, 상속인이 있는 경우에도 임차인과 가정공동생활을 하지 않은 상속인인 경우에는 사실상의 혼인관계에 있던 배우자와 사망한 임차인의 2촌 이내의 친족이 공동으로 임차권을 상속받게 됩니다.(주택임대차보호법 제9조)

◆ 이혼시 재산분할 명목으로 증여한 부동산이 채권자취소권의 대상이 되는지

【질의】 ➡ 甲은 乙에 대한 7,000만원의 대여금채권을 가지고 있으나, 변제기가 경과된 후에도 변제를 받지 못하고 있었습니다. 그런데 乙은 가정에 소홀하고 처인 丙을 폭행하는 등 가정불화를 일으켜 협의이혼을 하면서 乙의 유일한 재산인 아파트를 처인 丙에게 이혼에 따른 재산분할 등의 명목으로 증여하였습니다. 이 경우 甲이 위 증여행위를 사해행위로 보아 취소시킬 수 있는지요?

【답변】 ➡ **재산분할에 정도를 벗어난 부분만 취소할 수 있습니다.**

민법 제406조 제1항에 의하면 "채무자가 채권자를 해함을 알고 재산권을 목적으로 한 법률행위를 한 때에는 채권자는 그 취소 및 원상회복을 법원에 청구할 수 있다. 그러나 그 행위로 인하여 이익을 받은 자나 전득(轉得)한 자가 그 행위 또는 전득 당시에 채권자를 해함을 알지 못한 경우에는 그러하지 아니하다."라고 하여 채권자취소권(債權者取消權)을 규정하고 있습니다.

그런데 이혼에 따른 재산분할을 함에 있어 정신적 손해(위자료)를 배상하기 위한 급부로서의 성질까지 포함하여 분할할 수 있는지 및 그 재산분할이 사해행위로서 채권자취소권의 대상이 되기 위한 요건 및 취소의 범위에 관하여 판례를 보면, "이혼에 있어서 재산분할은 부부가 혼인 중에 가지고 있었던 실질상의 공동재산을 청산하여 분배함과 동시에 이혼 후에 상대방의 생활유지에 이바지하는데 있지만, 분할자의 유책행위에 의하여 이혼함으로 인하여 입게 되는 정신적 손해(위자료)를 배상하기 위한 급부로서의 성질까지 포함하여 분할할 수도 있다고 할 것인바, 재산분할의 액수와 방법을 정함에 있어서는 당사자 쌍방의 협력으로 이룩한 재산의 액수 기타 사정을 참작하여야 하는 것이 민법 제839조의2 제2항

의 규정상 명백하므로, 재산분할자가 이미 채무초과의 상태에 있
다거나 또는 어떤 재산을 분할한다면 무자력이 되는 경우에도 분
할자가 부담하는 채무액 및 그것이 공동재산의 형성에 어느 정도
기여하고 있는지 여부를 포함하여 재산분할의 액수와 방법을 정할
수 있다고 할 것이고, 재산분할자가 당해 재산분할에 의하여 무자
력이 되어 일반채권자에 대한 공동담보를 감소시키는 결과가 된다
고 하더라도 그러한 재산분할이 민법 제839조의2 제2항의 규정
취지에 반하여 상당하다고 할 수 없을 정도로 과대하고, 재산분할
을 구실로 이루어진 재산처분이라고 인정할 만한 특별한 사정이
없는 한 사해행위로서 채권자취소권의 대상이 되지 아니하고, 위
와 같은 특별한 사정이 있어 사해행위로서 채권자취소권의 대상이
되는 경우에도 취소되는 범위는 그 상당한 부분을 초과하는 부분
에 한정된다고 할 것이다."라고 하였습니다(대법원 2001. 5. 8.
선고 2000다58804 판결, 2000. 7. 28. 선고 99다6180 판
결).

또한, "상당한 정도를 벗어나는 초과부분에 대하여는 적법한 재
산분할이라고 할 수 없기 때문에 이는 사해행위에 해당하여 취소
의 대상으로 될 수 있을 것이나, 이 경우에도 취소되는 범위는 그
상당한 정도를 초과하는 부분에 한정하여야 하고, 위와 같이 상당
한 정도를 벗어나는 과대한 재산분할이라고 볼 만한 특별한 사정
이 있다는 점에 관한 입증책임은 채권자에게 있다."라고 하였습니
다(대법원 2001. 2. 9. 선고 2000다63516 판결, 2000. 9.
29. 선고 2000다25569 판결, 2000. 7. 28. 선고 2000다
14101 판결).

따라서 위 사안에서도 甲은 위 판례의 취지에 비추어 재산분할
의 상당한 정도를 벗어난 부분에 대하여는 丙을 상대로 사해행위
취소의 소를 제기하여 그 가액의 배상을 청구해볼 수도 있을 것이
지만, 재산분할의 상당한 정도를 벗어나는 과대한 재산분할이라고
볼 만한 특별한 사정이 있다는 점에 관한 입증책임은 甲에게 있습

니다. 그리고 이 경우 법원은 乙과 丙의 혼인에서 이혼에 이르기까지의 경위, 혼인생활 중 乙명의로 아파트를 취득한 사정, 두 사람이 이혼 후 소유하게 되는 재산의 정도와 함께 乙이 丙에게 위 아파트를 재산분할로 양도함으로써 乙에게는 집행가능 한 재산이 거의 없게 되는 사정, 甲이 乙에 대하여 가지는 채권의 액수 등 모든 사정을 참작하여 乙이 丙에게 위 아파트 전체를 재산분할로서 양도하는 것이 그 상당성을 넘는 것으로 보일 경우 협의이혼에 따른 위자료 상당액을 제외한 재산분할의 액수를 확정한 다음 그 초과부분에 한하여 사해행위로서 취소를 명하게 될 것으로 보입니다.

◎ 채권자취소권 행사시 피담보채권액을 초과하여도 가능한지

【질의】 ➡ 甲은 乙에 대한 3,000만원의 대여금채권을 가지고 있는데, 乙은 다른 채권자에 대한 채무도 많아 채무초과의 상태에서 그의 유일한 재산인 주택과 대지를 처 丙에게 증여하였습니다. 甲은 乙과 丙의 증여계약을 사행행위로서 취소하도록 소송을 제기하려고 하는바, 이 경우 대지의 가격만으로도 甲의 채권을 초과하므로 대지의 처분행위만의 취소를 청구하여야 하는지, 아니면 지상건물인 주택의 처분행위도 취소를 청구할 수 있는지요?

【답변】 ➡ 주택의 처분행위도 청구할 수 있습니다.

채권자취소권에 관하여 민법 제406조 제1항은 "'채무자가 채권자를 해함을 알고' 재산권을 목적으로 한 법률행위를 한 때에는 채권자는 그 취소 및 원상회복을 법원에 청구할 수 있다. 그러나 그 행위로 인하여 이익을 받은 자나 전득(轉得)한 자가 그 행위 또는 전득 당시에 채권자를 해함을 알지 못하는 경우에는 그러하지 아니하다."라고 규정하고 있습니다.

그리고 위 규정에 의한 사해행위취소를 할 경우 채무자의 처분행위의 취소의 범위는 취소를 구하는 채권자의 채권의 구제에 필요한 한도 내에서 취소하여야 함이 원칙입니다.

그런데 채권자취소권에 의하여 취소할 수 있는 범위에 관련된 판례를 보면, "채권자취소권에 의하여 일출한 재산의 처분행위를 취소함에 있어 그 취소의 범위는 채권자의 채권의 구제에 필요한 한도에서 취소하여야 함이 원칙이나, 다른 채권자가 배당요구 할 것이 명백하거나 목적물이 불가분인 경우와 같이 특별한 사정이 있는 경우에는 취소채권자의 채권액을 넘어서까지도 취소를 구할 수 있다."라고 하였습니다(대법원 1997. 9. 9. 선고 97다10864 판결, 2001. 9. 4. 선고 2000다66416 판결).

또한, "동일인의 소유인 토지와 건물의 처분행위를 채권자취소
권에 의하여 취소하는 경우 그 중 대지의 가격이 채권자의 채권액
보다 다액이라 하더라도 대지와 건물 중 일방만을 취소하게 되면
건물의 소유자와 대지의 소유자가 다르게 되어 가격과 효용을 현
저히 감소시킬 것이므로 전부를 취소함이 정당하다."라고 하였습
니다(대법원 1975. 2. 25. 선고 74다2114 판결).

따라서 위 사안에 있어서도 대지의 가액만으로 甲의 채권구제에
필요한 한도를 넘는다고 하여도 건물의 처분행위도 취소를 청구할
수 있을 것으로 보입니다.

◎ 증여의사로 부동산소유권이전등기 후 증여계약해제가 가능한지

【질의】 ➡ 저는 3년 전 제소유 부동산을 함께 사는 자식명의로 아무런 조건 없이 소유권이전등기를 해주었습니다. 그런데 자식내외의 태도가 옛날 같지 않더니 최근에는 부동산을 매매하여 2분의 1씩 나누어 갖고 분가하여 살자고 합니다. 이 부동산을 되돌려 받고 싶은데 가능한지요?

【답변】 ➡ 가능하지 않습니다.

위 사안에서 귀하는 자식에게 증여를 한 것으로 보이며, 민법은 증여에 특유한 해제원인으로 다음과 같은 내용을 규정하고 있습니다.

첫째, 증여의 의사가 서면으로 표시되지 아니한 경우에는 각 당사자는 이를 해제할 수 있습니다(민법 제555조). 이것은 증여자가 경솔하게 증여하는 것을 방지함과 동시에 증여자의 의사를 명확하게 하여 후일에 분쟁이 생기는 것을 피하려는데 그 목적이 있으며, 서면에 의한 증여란 증여계약당사자간에 증여자가 자기의 재산을 상대방에게 준다는 증여의사가 문서를 통하여 확실히 알 수 있는 정도로 서면에 나타난 증여를 말하는 것으로서, 비록 서면의 문언자체는 증여계약서로 되어 있지 않더라도 그 서면의 작성에 이르게 된 경위를 아울러 고려할 때 그 서면이 바로 증여의사를 표시한 서면이라고 인정되면 이를 여기서 말하는 서면에 해당한다고 보아야 할 것이고, 위 증여의 의사표시는 수증자에 대하여 서면으로 표시되어야 합니다(대법원 1998. 9. 25. 선고 98다22543 판결).

즉, 소유권이전등기신청행위를 법무사에게 위임하는 위임장과 부동산매매에 관한 매도증서 등도 위 규정의 서면에 해당한다고 볼 수 있습니다(대법원 1993. 3. 9. 선고 92다18481 판결). 위 규정의 의사가 표시된 서면의 작성시기에 관하여는 법률상 아무런 제한이 없으므로 증여계약이 성립한 당시에는 서면이 작성되지 않았다 하더라도 그 후 그 계약이 존속하는 동안 서면을 작성한 때에는 그때부터 서면에 의한 증여로 됩니다(대법원 1992. 9. 14. 선고 92다4192 판결).

그러나 서면에 의하지 아니한 증여의 해제도 이미 이행한 부분에 대하여는 영향을 미치지 않습니다(민법 제558조). 이행이라 함은 증여자가 약속대로 재산을 수증자(受贈者)에게 수여하는 것을 말합니다. 동산의 증여에 있어서는 인도(引渡)가 이행이며, 부동산의 증여에 있어서는 소유권이전등기를 한 때에 이행한 것이 됩니다.

둘째, 수증자의 증여자에 대한 일정한 망은(忘恩)행위가 있는 때에는 증여자가 증여계약을 해제할 수 있습니다(민법 제556조). 즉, 증여자 또는 그 배우자나 직계혈족에 대한 범죄행위가 있는 때와 증여자에 대하여 부양의무 있는 경우에 이를 이행하지 아니하는 때입니다. 망은행위에 의한 해제권은 해제권자인 증여자가 망은행위가 있었음을 안 날로부터 6개월을 경과하거나, 또는 증여자가 수증자에 대하여 용서의 의사를 표시한 때에는 소멸합니다. 수증자의 망은행위를 이유로 계약을 해제하더라도, 증여자가 이미 이행한 부분이 있는 때에는, 그 부분에 대하여는 영향을 미치지 않습니다.

셋째, 증여계약 후에 증여자의 재산상태가 현저히 변경되고, 그 이행으로 생계에 중대한 영향을 미칠 경우에는, 증여자는 증여를 해제할 수 있습니다(민법 제557조). '그 이행으로 인하여 생계에 중대한 영향을 미치는 경우인지'의 여부를 증여자가 속하는 계급·지위 등을 고려하여 객관적으로 결정하여야 하며, 증여자의 생존상 필수품을 구입할 수 없게 된 경우에도 해당됩니다. 이 증여자의 재산상태 악화에 의한 해제에 있어서도 해제할 수 있는 것은 아직 이행하지 않은 부분에 한하며, 이미 이행한 부분에 대하여는 영향을 미치지 않습니다.

따라서 귀하의 경우 위의 어떤 경우에 해당되는지 구체적 사정을 알 수 없으나 위의 증여계약해제사유가 있다고 하여도 귀하는 이미 자식에게 소유권이전등기를 해주었다면, 증여계약은 이미 이행된 것이므로 해제가 불가능하다고 보여집니다(대법원 1991. 8. 13. 선고 90다6729 판결, 2001. 9. 18. 선고 2001다29643 판결).

참고로 해제조건부증여의 경우에는 그 증여로 인한 부동산소유권이전등기를 마쳤다 하더라도 그 해제조건이 성취되면 그 소유권은 증여자에게 복귀한다고 할 것이고, 이 경우 당사자간에 별단의 의사표시가 없는 한 그 조건성취의 효과는 소급하지 아니하나, 조건성취 전에 수증자가 한 처분행위는 조건성취의 효과를 제한하는 한도 내에서는 무효라고 할 것이고, 다만 그 조건이 등기되어 있지 않는 한 그 처분행위로 인하여 권리를 취득한 제3자에게 위 무효를 대항할 수 없습니다(대법원 1992. 5. 22. 선고 92다5584 판결).

◎ 사망으로 인한 손해배상청구시 부의금도 손익상계가 되는지

【질의】 ➡ 甲이 교통사고로 인하여 사망하였는데, 그 손해배상금액 (장례비 등 포함)을 산정 함에 있어서 조객들로부터 받은 부의 금을 그 사고로 인한 이득이라고 보아 손익상계를 할 수 있는지 요?

【답변】 ➡ 손익상계를 할 수 없습니다.

불법행위로 인하여 피해자가 사망하였을 경우 그 손해액을 산정함에 있어서 장례비용 등도 손해액에 포함됨이 분명하나, 장례에 있어서 조객들이 유족에게 지급한 부의금이 그 사고로 인한 이득으로서 손익상계대상이 되어 공제되어야 하느냐에 의문을 가질 수 있습니다. 부의금의 손익상계여부는 부의금의 성질을 어떻게 볼 것인가에 따라서 그 가능여부가 결정될 것입니다.

이에 대하여 판례는 "사람이 사망한 경우에 부조금 또는 조위금 등의 명목으로 보내는 부의금은 상호부조의 정신에서 유족의 정신적 고통을 위로하고 장례에 따르는 유족의 경제적 부담을 덜어줌과 아울러 유족의 생활안정에 기여함을 목적으로 증여되는 것이다."라고 하였습니다(대법원 1992. 8. 18. 선고 92다2998 판결). 또한, "장례에 있어 조객으로부터 받는 부의금은 손실을 전보하는 성질의 것이 아니므로 이를 재산적 손해액산정에서 참작할 것이 아니다."라고 하였습니다(대법원 1976. 2. 24. 선고 75다1088 판결).

따라서 위 사안에 있어서도 甲이 교통사고로 인하여 사망하게 된 손해배상액에서 부의금을 손익상계 하여서는 아니 될 것으로 보여집니다.

◎ 증여이전등기로 인해 부과된 증여세가 국세기본법상 당해세인지

> **【질의】 ➡** 저는 乙의 부동산에 근저당권을 설정하였는데, 그 부동산은 乙이 그 아버지 丙으로부터 증여를 받아 증여를 원인으로 한 소유권이전 등기된 부동산이었습니다. 그런데 乙이 저의 근저당권부 채권을 변제하지 않아 제가 위 부동산에 대한 담보권 실행을 위한 경매를 신청하였는바, 이 경매절차에서 위 증여로 인한 증여세가 당해세로서 저의 근저당권보다 우선하여 변제 받게 되는지요?

【답변】 ➡ 증여세가 우선합니다.

국세기본법 제35조 제1항 제3호에 의하면 법정기일 전에 전세권·질권 또는 저당권의 설정을 등기 또는 등록한 사실이 대통령령이 정하는 바에 의하여 증명되는 재산의 매각에 있어서 그 매각금액 중에서 국세 또는 가산금을 징수하는 경우의 그 전세권·질권 또는 저당권에 의하여 담보된 채권에 대하여는 국세가 우선하지 않지만, 그 재산에 대하여 부과된 국세와 가산금(당해세)은 제외한다고 규정하고 있습니다.

그런데 근저당권설정 당시 이미 등기부상 증여를 원인으로 하여 근저당설정자명의로 소유권이전등기가 마쳐져 있었던 경우, 이에 대하여 부과된 증여세가 국세기본법 제35조 제1항 제3호 단서에서 말하는 '그 재산에 대하여 부과된 국세' 즉, 이른바 당해세에 해당하는지에 관하여 판례를 보면, "국세기본법 제35조 제1항 제3호는 공시를 수반하는 담보물권과 관련하여 거래의 안전을 보장하려는 사법적(私法的) 요청과 조세채권의 실현을 확보하려는 공익적 요청을 적절하게 조화시키려는데 그 입법의 취지가 있으므로, 당해세가 담보물권에 의하여 담보되는 채권에 우선한다고 하더라도 이로써 담보물권의 본질적 내용까지 침해되어서는 아니 되고, 따라서 국세기본법 제35조 제1항 제3호 단서에서 말하는 '그 재산에 대하여 부과된 국세'라 함은 담보물권을 취득하는 사람이 장래 그 재산에 대하여 부과될 것을 상당한 정도로 예측할 수 있는 것으로서 오로지 당해 재산을 소유하고 있는 것 자체에 담세력을 인정하여 부과되는 국세만을 의미하는 것으로 보아야 한다."라고 하였습니다.

또한, 위 판례는 "부동산에 대하여 근저당권설정 이전에 이루어진 증여를 원인으로 하여 부과된 증여세는 위 부동산 자체에 관하여 부과된 것이고, 근저당권설정 당시 이미 등기부상 증여를 원인으로 하여 근저당설정자 명의로 소유권이전등기가 마쳐져 있었으므로, 근저당권자로서는 장래 이 증여를 과세원인으로 하여 증여세가 부과될 것을 상당한 정도로 예측할 수 있다고 봄이 상당할 것이고, 따라서 위 증여세는 국세기본법 제35조 제1항 제3호 단서에서 말하는 '그 재산에 대하여 부과된 국세' 즉, 이른바 당해세에 해당한다."라고 하였습니다(대법원 2001. 1. 30. 선고 2000다47972 판결, 2002. 6. 14. 선고 2000다49534 판결).

따라서 위 사안의 경우에 있어서도 귀하가 근저당권을 설정하기 이전에 채무자 乙에게로 증여로 인한 소유권이전등기가 되어 있었으므로 그 증여에 대한 증여세는 당해세로 인정되어 귀하의 근저당권보다 우선할 것으로 보입니다.

◘ 사망한 자로부터 재산을 증여 받은 상속인의 상속분

【답변】 ➡

공동상속인 중 사망한 자로부터 재산을 증여 또는 유증 받은 특별수익자가 있는 경우 그의 상속분은 증여 받은 재산이 자기의 상속분보다 부족한 부분의 한도에서 인정되며, 만일, 특별수익액이 상속분을 초과하여 다른 공동상속인의 유류분을 침해하는 경우에는 그 한도에서 반환해야 할 경우도 있습니다.(91.1.18. 서울고법 89르2400).

판례는 민법상 특별수익자에 대한 상속분규정의 취지는 그 수증재산을 상속분의 선급으로 다루어 공동상속인들 사이의 공평을 기하기 위한 것이므로 특별수익자의 상속분 산정방법은 상속개시 당시 사망한 자의 적극재산 가액에서 생전 증여 가액을 가산하여 각 공동상속인별 법정상속분을 산출하고, 이로부터 특별수익자의 증여재산을 공제하는 계산방법으로 해야한다고 하였습니다(민법 제1008조, 95.3.10. 대법 94다16571, 96.2.9. 대법 95다17885).

◈ 박 근 영 ◈

◆ 1983 : 전남대 법대 졸업

◆ 1995 : 제37회 사법시험 합격

◆ 1998 : 사법연수원 27기 수료

◆ 현 변호사 박근영사무소 운영(서울)

상속의 질의답변&서식　　정가 14,000원

2005년 8월 15일 인쇄

2005년 8월 25일 발행

　감　수 : 박 근 영

　발행인 : 김 현 호

　발행처 : 법률미디어

1 5 2 - 0 5 0

서울 구로구 구로동 636-62 (구로유통B/D B동 308호)

TEL : 2636-2911~3,　FAX : 2636-3012

등록 : 1979년 8월 27일 제5-22호

Home : www.bubmun.co.kr

● ISBN 89-5755-054-2 13360